トコトンやさしい 決算書の読み方

著
税理士 中野裕哲
税理士 渋田貴正

ナツメ社

普段の仕事や生活がこんなに変わる

巻頭特集 1

決算書が読めるとこんなことができる!

できること 1 身の回りの情報を深く理解できる!

経済関連のニュースには、決算や決算書にまつわる記事や用語がたくさん出てきます。

決算書を読めるようになれば、これらの情報に対する理解力がアップし、関係記事も具体的なイメージをもってとらえられるようになります。

こうした力は、ビジネスの基礎力を高めることにもつながっていきます。

できること 2 計画的なお金の使い方を身につけることができる!

決算書の考え方を理解することは、家計の管理にも役立ちます。

将来どんな出費があるのかや、今いくら積み立てておけばいいのかといったことも、決算書をつくるルールを知っておくことで意識できるようになります。

先を見据えて計画的にお金を管理するために、ぜひ決算書の考え方を知っておきましょう。

できること3

企業の業績を理解でき、よい投資判断ができる!

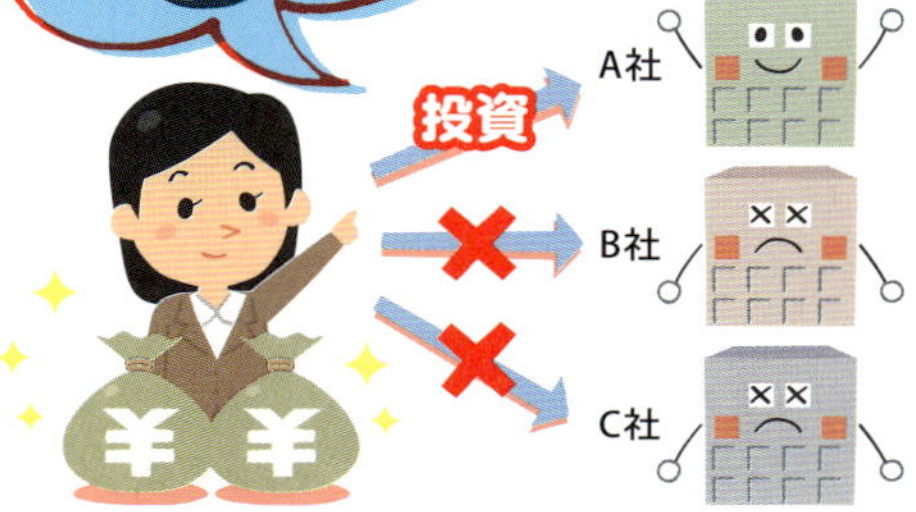

株式などの投資を行ううえで、投資先の会社の業績を理解することは基本です。

決算書は会社の業績を表す、最も基礎的な書類です。

決算書を理解すれば、必ず投資で儲けられる、というわけではありませんが、少なくとも投資をするなら、決算書を読めるようになっておくべきです。

できること4

起業力、経営力を伸ばすことができる!

決算書は会社の状態を表すものです。自社の決算書を理解して、それを日々の業務に反映していくことで、経営者としての感覚が身につき、将来の出世や、起業などにつながる力がアップします。

経営者は自社の決算書を読みこなすことで、会社の状態をより明確に理解でき、どうすればより会社が強くなるのかといったことや、経営方針などをしっかりと打ち出せるようになります。

できること5

ビジネスを数字で理解し、賢い判断ができる!

決算書の読み方を正しく理解すれば、自社や他社の業績、収益構造、コスト構造などを、「なんとなく」ではなく、正確な数字として把握できるようになります。

ビジネスを数字で把握できるようになれば、日々の業務でも具体的な数値目標を立てられるようになり、仕事を効率化でき、判断の精度も上がっていきます。

巻頭特集 2

決算の基本がイメージしやすくなる!

「家計」と「会計」見比べ図解

Q 「家計」と「会計」ってどう違うの?

A 家のためにつくるのが「家計」、多くの人のためにつくるのが「会計」。

●家計と会計の違い

	家　計	会　計
作成方法	家庭内のお金を管理するため、どのような項目を使うのか、どのような形式を使うのかといったルールも各家庭でそれぞれです。	決算書は多くの人がいろいろな目的のために使用するため、各社共通の会計ルールに基づいてつくられています。
重視するもの	家計では、現金を中心に考えます。これからどのくらいの収入があって、いくら使ったのかということの管理が重要です。	会計では、将来的にいくら受け取れるのか、いくら支払う必要があるのかといったことを、現金の動きとは切り離して考えます。
開示	家計は、家のためにつくるもの。通常は外部に開示しませんし、作成する時期も、1週間に1回、1か月に1回などそれぞれです。	決算書は、毎年1回作成され、投資家や金融機関などに必要に応じて開示されます。外部への情報提供ツールとして活用されています。

ツケで支払う

会計に置き換えると……

買掛金《かいかけきん》

ローンを組んで支払う

会計に置き換えると……

借入金《かりいれきん》

日用品を買う

会計に置き換えると……

販管費

家を買う

会計に置き換えると……

固定資産

はじめに

あなたは、「決算書」と聞いて、どんなイメージを持ちますか？

経理の人が電卓やパソコンを駆使して作る、細かい文字の並んだ書類、というイメージでしょうか？　それとも、専門用語が並んだ難解な書類というイメージでしょうか？

いずれにしても、今まで関わるチャンスがあまりなく、読みこなすためのハードルも高い書類だった、という方が多いのではないでしょうか。

実は、そういうわけでもありません。決算書は会社の情報の宝庫であり、ビジネスや投資に関わるすべての人が読めるようになっておくべき書類なのです。決算書を読みこなすことができるようになれば、あなたのビジネスや投資のレベルが格段にアップするといっても過言ではありません。
なぜなら、ビジネスも投資も情報戦です。決算書という武器を使いこなせるかどうかで、情報量で人と差がついてしまうことは明白です。

本書は「決算書の読み方がわからないけれど、わかるようになりたい！」という方たちのために、決算書の読み方を初心者でもスイスイわかるようにやさしく解説した本です。読み進めていけば、決算書がどんなルールで作られているのかがわかり、読み方や活用の仕方もわかります。

さぁ、筆を執ります。本書があなたの人生をより充実させるきっかけとなることを願って。

税理士　中野裕哲
税理士　渋田貴正

本書の特長と使い方

この本は、スイスイ読める解説と楽しいイラストで決算書の読み方を解説した、「決算書」入門書の決定版です。

特に、これから経理部署に配属されたり、経営に関わったりする20～30代の方々に向けて書いていますが、まったく異なる分野の人でもスイスイ読み進められるように、イメージが膨らむ例をたくさん紹介しています。どうか気楽に、読み進めてみてください。

参照ページで調べやすい!

別のページに解説がある言葉や説明には参照ページを記載しているので、関係するページをすぐに調べることができます。

重要なところがすぐわかる!

特に重要な言葉は赤文字で、重要な説明はマーカーで示しているので、重要なところがすぐにわかります。

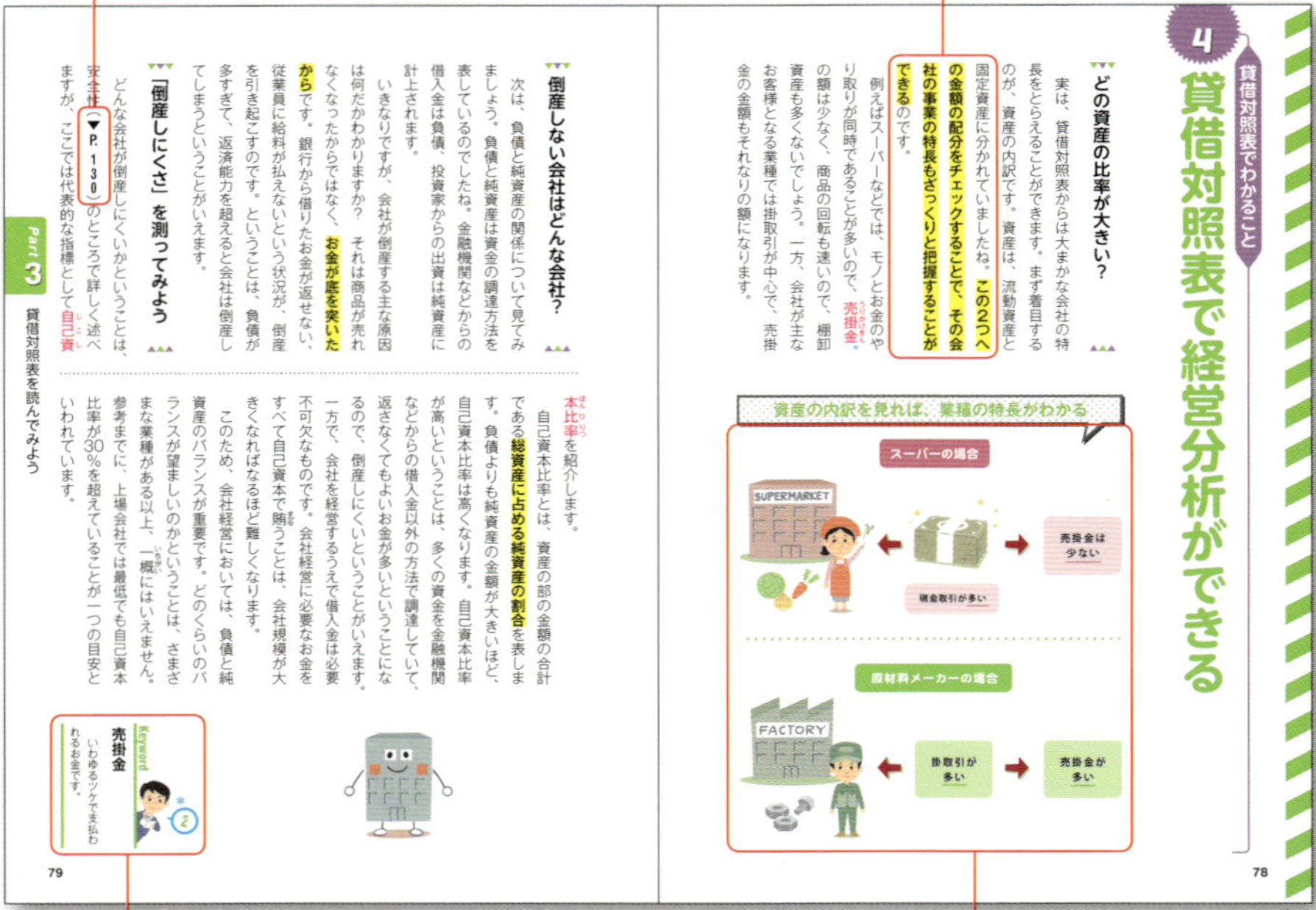

4 貸借対照表でわかること

貸借対照表で経営分析ができる

どの資産の比率が大きい?

実は、貸借対照表からは大まかな会社の特長をとらえることができます。まず着目するのが、資産の内訳です。資産は、流動資産と固定資産に分かれていましたね。この2つへの金額の配分をチェックすることで、その会社の事業の特長もざっくりと把握することができるのです。

例えばスーパーなどでは、モノとお金のやり取りが同時であることが多いので、売掛金《うりかけきん》*の額は少なく、商品の回転も速いので、棚卸資産も多くないでしょう。一方、会社が主なお客様となる業種では掛取引が中心で、売掛金の金額もそれなりの額になります。

78

倒産しない会社はどんな会社?

次は、負債と純資産の関係について見てみましょう。負債と純資産は資金の調達方法を表しているのでしたね。金融機関などからの借入金は負債、投資家からの出資は純資産に計上されます。

いきなりですが、会社が倒産する主な原因は何だかわかりますか? それは商品が売れなくなったからではなく、お金が底を突いたからです。銀行から借りたお金が返せない、従業員に給料が払えないという状況が、倒産を引き起こすのです。ということは、負債が多すぎて、返済能力を超えると会社は倒産してしまうということがいえます。

「倒産しにくさ」を測ってみよう

どんな会社が倒産しにくいかということは、安全性（▼P.130）のところで詳しく述べますが、ここでは代表的な指標として自己資《じこし》本比率《ほんひりつ》を紹介します。

自己資本比率とは、資産の部の金額の合計である総資産に占める純資産の割合を表します。負債よりも純資産の金額が大きいほど、自己資本比率は高くなります。自己資本比率が高いということは、多くの資金を金融機関などからの借入金以外の方法で調達していて、返さなくてもよいお金が多いということになるので、倒産しにくいということがいえます。

一方で、会社を経営するうえで借入金は必要不可欠なものです。会社経営に必要なお金をすべて自己資本で賄《まかな》うことは、会社規模が大きくなればなるほど難しくなります。

このため、会社経営においては、負債と純資産のバランスが重要です。どのくらいのバランスが望ましいのかということは、さまざまな業種がある以上、一概《いちがい》にはいえません。参考までに、上場会社では最低でも自己資本比率が30%を超えていることが一つの目安といわれています。

Keyword
売掛金
いわゆるツケで支払われるお金です。

Part 3 貸借対照表を読んでみよう

79

Keyword で言葉の意味がわかる!

本文中に出てくる専門用語は「Keyword」として「*」マークをつけ、ページの下部で解説しています。

イラストでイメージがわく!

本文の内容を補足するイラストをたくさん掲載しているので、本文と合わせて見ることで理解度がグンと上がります。

スイスイわかる3つのステップ

1 まずは本文を読む

Part1から読んでも、読みたいところから読み始めてもかまいません。イラストを見ながら読んでいけば、「決算書とは何か」がわかってきます。

2 Part8で実際の決算書を見る

Part8では、実在する企業の実際の決算書を取り上げています。２社の決算書を比較して解説しているので、決算書の基本的な読み方がわかります。

3 自分が知りたい企業の決算書を見る

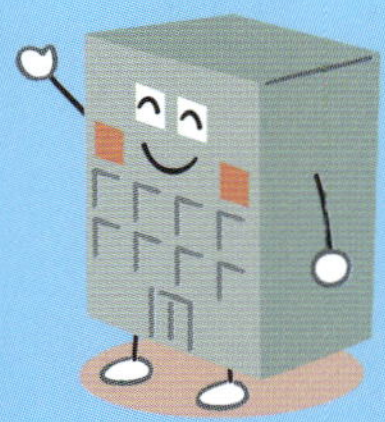

この本で決算書の読み方をマスターしたら、気になっている企業や、自分の会社の決算書を見てみましょう。今まで見えなかったことが見え、イメージが変わるかもしれませんよ。

もくじ

基本編 Part 3

貸借対照表を読んでみよう

基本編 Part 4

キャッシュ・フロー計算書を読んでみよう

応用編 Part 5

決算書から「ほんとに会社が儲かっているか」を知ろう

応用編 Part 6

決算書から「会社がつぶれないか」を知ろう

応用編 Part 7 決算書から「会社がもっと大きくなるのか」を知ろう

チャレンジ編 Part 8 有名企業の決算書を見てみよう！

基本編

Part

1

決算書の基本のき

さあ、いよいよ決算書の読み方を解説していきます。
まずは、決算書がどういう役割を果たすものなのか、
そして決算書を読むことでどのようなよいことが
あるのかを知っておきましょう。

1

決算書って何だろう？

そもそも「決算」って何だろう？

毎年、5～6月ごろになると、新聞を賑《にぎ》わせる「決算」という言葉。経理部でもない限り意識しない言葉かもしれませんが、会社にとってはとても大事なイベントを指す言葉です。

会社は、投資家や銀行など**会社を助けてくれる人や組織**、税金の納め先である**国**、そして**会社自体**のために、会社の状態を正確に把握しておく必要があります。このために毎年、**1年間に行ったさまざまな取引や、会社が所有しているお金などを集計してまとめる作業**が必要となります。このことを「決算《けっさん》」といい、決算の結果をまとめたものを「決算書《けっさんしょ》」と呼んでいます。

決算までにかかる道のり

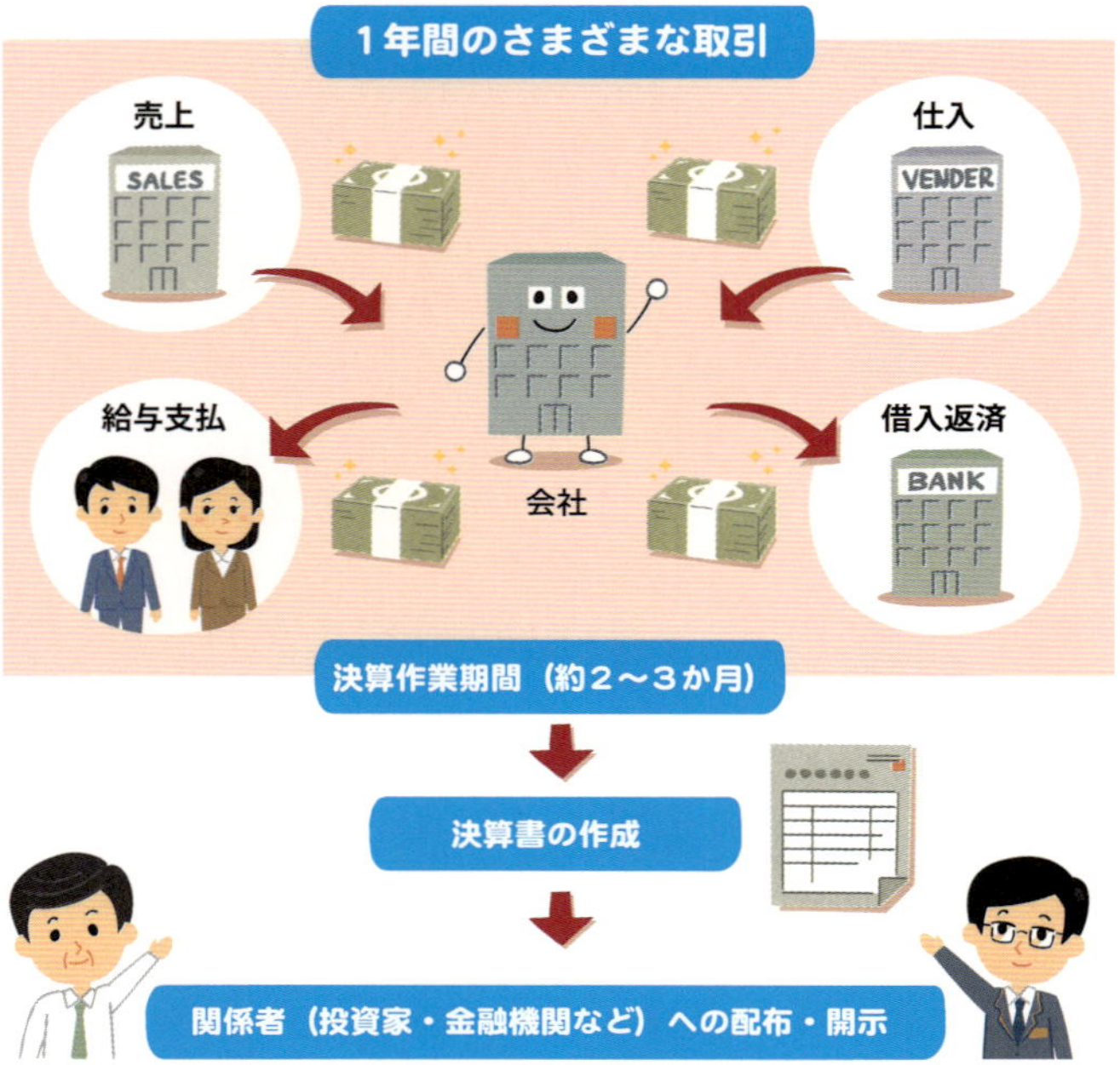
1年間のさまざまな取引
売上
SALES
仕入
VENDER
会社
給与支払
借入返済
BANK
決算作業期間（約2～3か月）
決算書の作成
関係者（投資家・金融機関など）への配布・開示

決算書は3つの表からできている

「決算書」は1枚の書類ではなく、主に3つの表(**財務《ざいむ》3表《さんぴょう》**)から構成されています。

一つ目は、**損益計算書《そんえきけいさんしょ》**です。利益(profit)と、損失(loss)の頭文字をとって、P《ピー》/L《エル》と呼ぶこともあります。会社が儲かっている(**黒字《くろじ》**)か、損している(**赤字《あかじ》**)かがわかります。

二つ目は、**貸借対照表《たいしゃくたいしょうひょう》**です。英語名のbalance sheetの略称からB《ビー》/S《エス》と呼ぶこともあります。**会社が持っているお金やモノ**のほか、**どのくらい借金があるか**などもわかります。

三つ目が、**キャッシュ・フロー計算書《けいさんしょ》**です。C《シー》/F《エフ》とも呼ばれます。**会社にどのようにお金がはいってきて、何にお金を使っているのか**がわかります。実際の決算書には細かい事項がいろいろ載っていますが、まずは財務3表が何かを知ることで、決算書がぐんと理解しやすくなります。

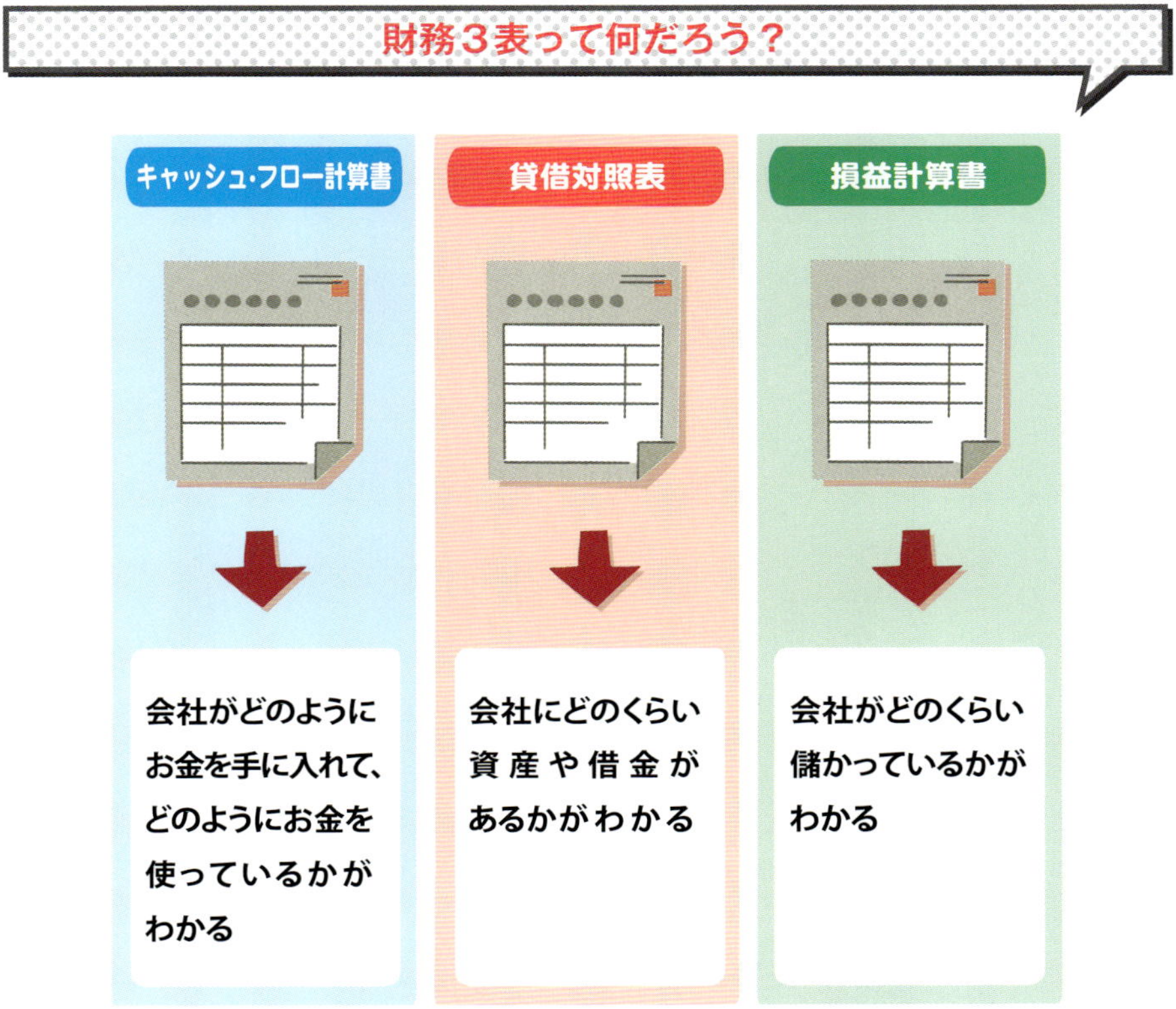
財務3表って何だろう？
キャッシュ・フロー計算書
会社がどのようにお金を手に入れて、どのようにお金を使っているかがわかる
貸借対照表
会社にどのくらい資産や借金があるかがわかる
損益計算書
会社がどのくらい儲かっているかがわかる

決算書にはこんな役割がある

そもそも、なぜ1年ごとに決算をしなければならないのでしょうか。もちろん法律でも定められていますが、ほかにも理由があります。

「繁忙期《はんぼうき》」という言葉が表すように、多くの会社は1年のサイクルで動いています。会社の正しい業績（成績）を表示するには、**繁忙期もそうでない時期もひっくるめた1年という期間がちょうどよい**のです。

さらに、1年ごとに決算を行うことで、会社自体も**どの事業がどのくらい儲かっているのか、会社にどのくらいの資産や借金があるのか**といった会社の持つ「**稼ぐ力**」を正確に把握できます。これは、会社の方向性を決めるための判断材料になりますし、決算書の結果がよければ投資家などからも資金を集めやすくなります。

社員にとっても自社の業績は気になるところです。決算書の見方を知っておけば、いざ決算書を目にしたとき、自部署の成績の分析や、他社の研究などに活かすことができます。

また、決算書には**外部に向けて会社の状態をアナウンスする**という役割もあります。投資家や金融機関など、会社の業績に影響を受ける外部の利害関係者のことを**ステークホルダー**＊といいますが、ステークホルダーも自分が関わっている会社の状態はできる限り把握しておきたいところです。決算書を作成すれば、ステークホルダーに会社の業績を知らせることができます。

上場会社のように、株主や取引する金融機関などの数が多い場合は、3か月ごとに決算を行って業績を開示することで、ステークホルダーが行動を決めやすくしています。このように3か月単位での決算を**四半期決算《しはんきけっさん》**といい、上場会社はすべてこの四半期決算が義務づけられています。

Keyword ＊1

ステークホルダー

会社の活動により影響を受ける者のこと。投資家や金融機関など直接的に関係がある者のほか、周辺の住民など間接的な関係にあるものを含めることもあります。

決算でよく出てくる言葉

年度

期決算を行うための１つの期間。
通常は１年間で、日本では４月から
翌月３月の会社が多い。

期首　期末

年度の初日と末日。
４月から翌年３月が年度であれば、
４月１日が期首、３月31日が期末。

決算書で会社の１年間の成績がわかる

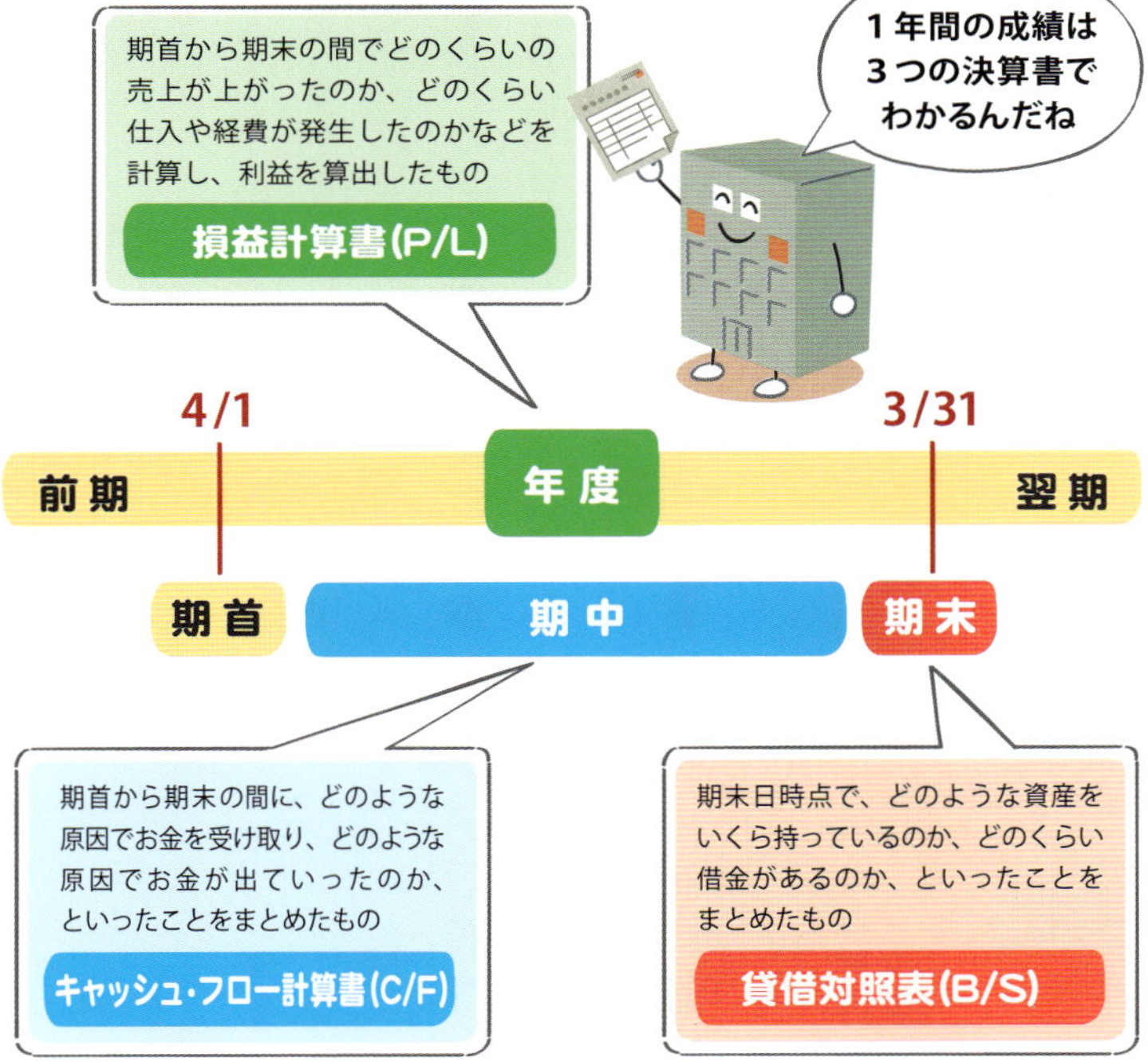

期首から期末の間でどのくらいの売上が上がったのか、どのくらい仕入や経費が発生したのかなどを計算し、利益を算出したもの
損益計算書(P/L)
１年間の成績は３つの決算書でわかるんだね
4/1
3/31
前期
年度
翌期
期首
期中
期末
期首から期末の間に、どのような原因でお金を受け取り、どのような原因でお金が出ていったのか、といったことをまとめたもの
キャッシュ・フロー計算書(C/F)
期末日時点で、どのような資産をいくら持っているのか、どのくらい借金があるのか、といったことをまとめたもの
貸借対照表(B/S)

2

決算書を理解するメリット

決算書が必要な人ってどんな人？

ビジネスパーソンにとっての決算書

ビジネスパーソンにとって決算書を理解する最大のメリットは、**ビジネスにおける判断力が格段にアップすること**です。決算書の読み方を正しく理解することができれば、自社や他社の業績や収益構造、コスト構造などを、「なんとなく」ではなくはっきりしたイメージをもって把握できるようになります。また、それを活かして今後、自社が目指していく方向性を考えたり、業績の改善につなげたりすることもできます。

自社と他社の決算書を比較することで、自社の強みや弱みを知ることができるようになり、他社に打ち勝つためにはどうすればよいのか、考える力がつきます。情報を収集する力や理解する力がアップし、ビジネスパーソンとしての基礎力を高めることが可能です。

決算書を読む力は、**管理職を目指すのであれば、必ず身につけたい**ところです。管理職ともなれば、経営に関する意思決定をする場面も多く訪れます。そんなときはやはり**数字の面からとらえる**ということが重要になります。

日頃から決算書をとおしてビジネスの数字に慣れ親しんでおけば、管理職になったあとの仕事にも必ず役立ちます。上司の的確な判断力は、長い経験上の勘によるものと思えるものでも、実は**ビジネスを数字でとらえる力が優れていることが背景にある**のです。

経営者にとっての決算書

会社の経営者は、何年も先を見据えて意思決定をしていく必要があります。例えば、**新規事業への投資や、事業の統廃合などを行う場合、決算書は重要な情報源になります**。

また、資金を調達するために出資を募《つの》ったり、銀行などの金融機関からお金を借りようとしたりする場合にも、決算書は重要な役割を果たします。**資金の出し手としては、事業の将来性も重要ですが、今会社がどのような状態なのかということも気になります**。決算書を読めば、大体の会社の状況がわかるのです。

ときどき、決算書の数字をよく見せようとする、決算の不正がニュースになります。名の知れた大企業までが手をそめることがあるくらいですから、決算書の内容の良しあしが、いかに会社の経営に大きな影響を与えるか、というのがわかろうというものです（決算書でウソをつくことは、お金の出し手をだますことであり、もちろん違法です）。

これから会社を立ち上げようとする人や、個人事業主として独立しようとする人にとっても、決算書の見方を理解することはきわめて重要です。

起業して、一国一城の主《あるじ》になるからには、日常の業務から経営の意思決定まで、さまざまな業務を一人でこなしていかなければなりません。そんなときに意思決定の重要な指針となるのが決算書です。

自分の会社がどのくらい儲かっているのか、どのくらいまで経費を使っても大丈夫なのか、といったことなどから、**将来的にどのくらいお金を会社に貯めて事業を拡大していくのか、**といったことまで、決算書をベースに考えていくことができます。これから経営者になろうとする人にとっても、決算書を読む力は大切なスキルといえます。

決算書の使いみち（従業員の場合）

営業担当社員の場合

新たに取引を始めたい会社を選ぶとき など

企画担当社員の場合

競合他社の分析や、自社の事業の将来性を分析するとき など

決算書の使いみち（経営者の場合）

銀行や投資家への情報提供

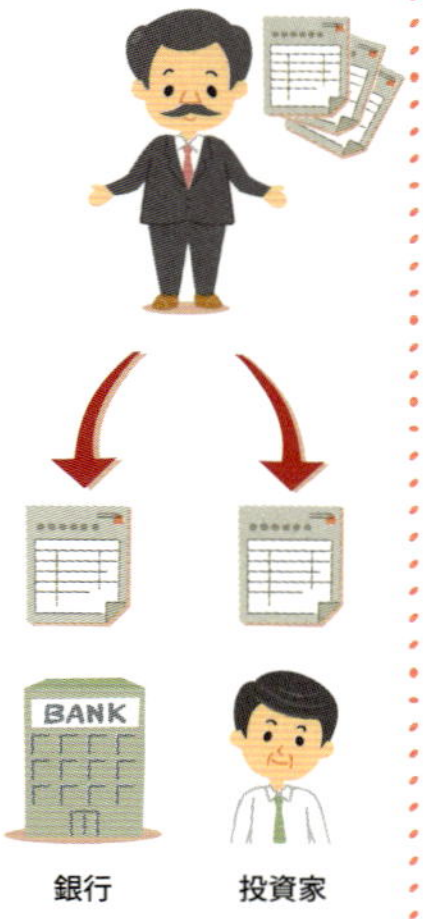

日々の経営状況の把握

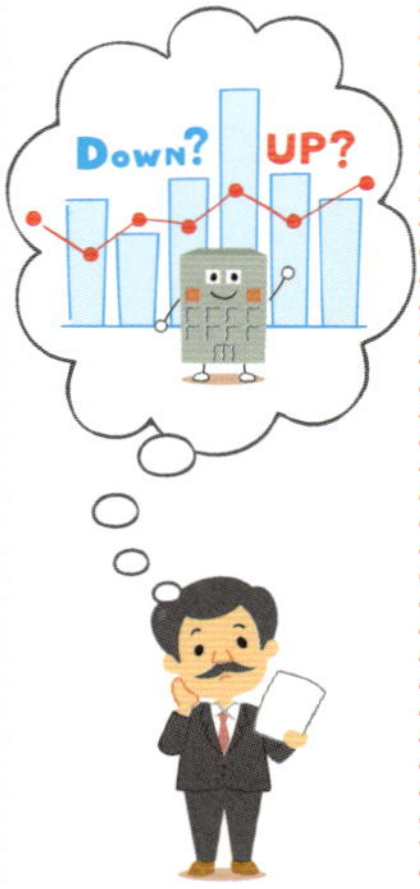

将来的な事業拡大に向けての情報源

投資をする人にとっての決算書

かつては難しいイメージのあった株式投資も、今ではネットでクリックひとつでできる時代になりました。株式に投資をする人口も年々増えてきています。

決算書の情報は、大手の投資銀行などはもちろんのこと、**趣味レベルの個人投資家でも、投資先を選択する際に活用できます**。上場会社は、自社ホームページにIR情報というコーナーを設けています。IRはInvestor Relationsの略で、日本語では「投資家向け広報」などと訳されます。IR情報のコーナーには過去数年分の決算書が開示されており、誰でもダウンロードできるようになっています。

また、**金融庁が管理しているEDINETというサイトでは、すべての上場会社の決算書（有価証券報告書）を無料でダウンロードすることが可能です**。

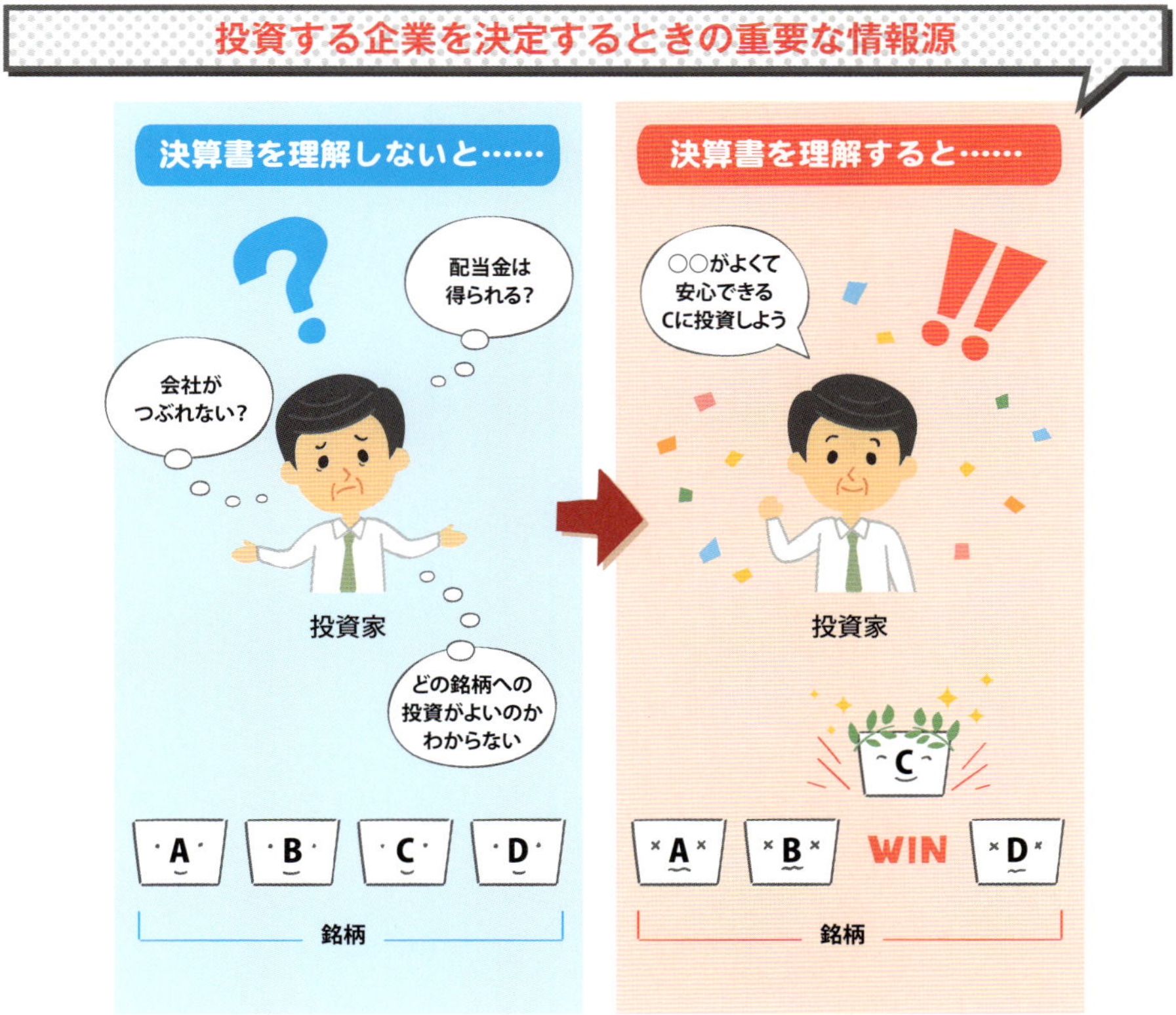

投資する企業を決定するときの重要な情報源
決算書を理解しないと……
配当金は得られる？
会社がつぶれない？
投資家
どの銘柄への投資がよいのかわからない
A
B
C
D
銘柄
決算書を理解すると……
○○がよくて安心できるCに投資しよう
投資家
C
A
B
WIN
D
銘柄

3 決算書の活用方法

決算書ってどうやって使うの？

決算書で情報公開！

「百聞《ひゃくぶん》は一見に如《し》かず」。まずは、会社の決算書を見てみましょう。上場会社の決算書は、厳密には「**有価証券報告書**《ゆうかしょうけんほうこくしょ》」という名前で公開されています。有価証券報告書には、貸借対照表、損益計算書、キャッシュフロー計算書のほかに、事業の内容や従業員数などさまざまな情報が掲載されています。

上場会社は、内部状況やビジネスの展望などを公開することで、投資家や金融機関といったステークホルダーに情報を提供しています。上場会社の決算書はカンタンに入手できるので、競合分析や個人的な投資をする際の判断材料にも利用できます。

一方、非上場会社では、決算書の公開は**官**《かん》**報**《ぼう》（政府が発行する、法律の施行や改正、会社の決算や合併などの情報が載った新聞のようなもの）や新聞の片隅に簡易的な損益計算書と貸借対照表程度を掲載して行っている場合がほとんどで、インターネットで公開している会社はごく少数です。また、非上場会社は公開する内容も上場会社のように豊富ではありません。このため、**非上場会社の決算書の内容を確認することは、上場会社に比べて困難**です。ただし、非上場会社でも、取引先や融資を受けている金融機関には、しっかりした決算書を渡しています。

どんな会社においても、決算書はステークホルダーにとって重要な情報源なのです。

決算書を公開する方法

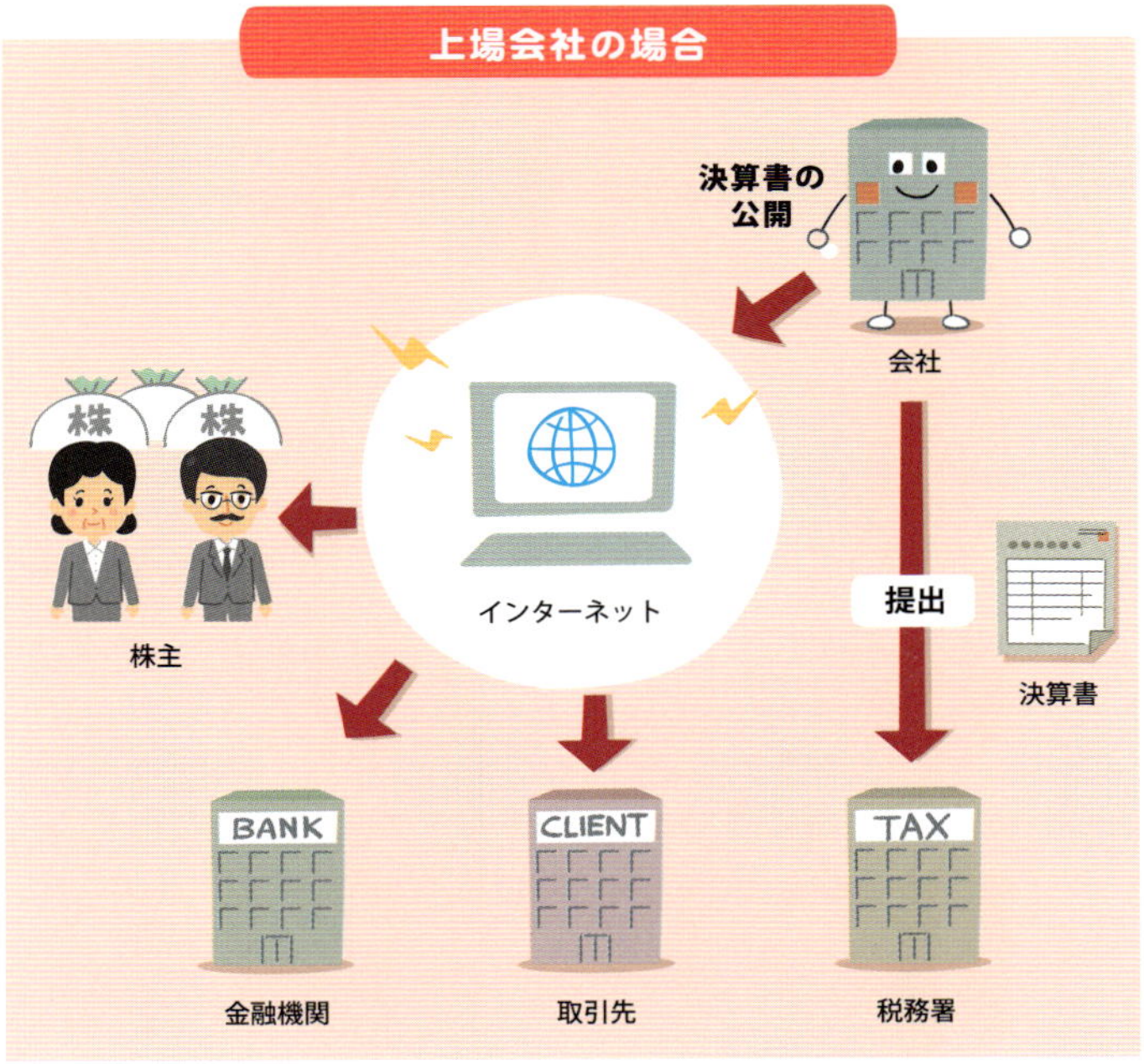
上場会社の場合
決算書の
公開
会社
インターネット
株
株
株主
提出
決算書
BANK
CLIENT
TAX
金融機関
取引先
税務署

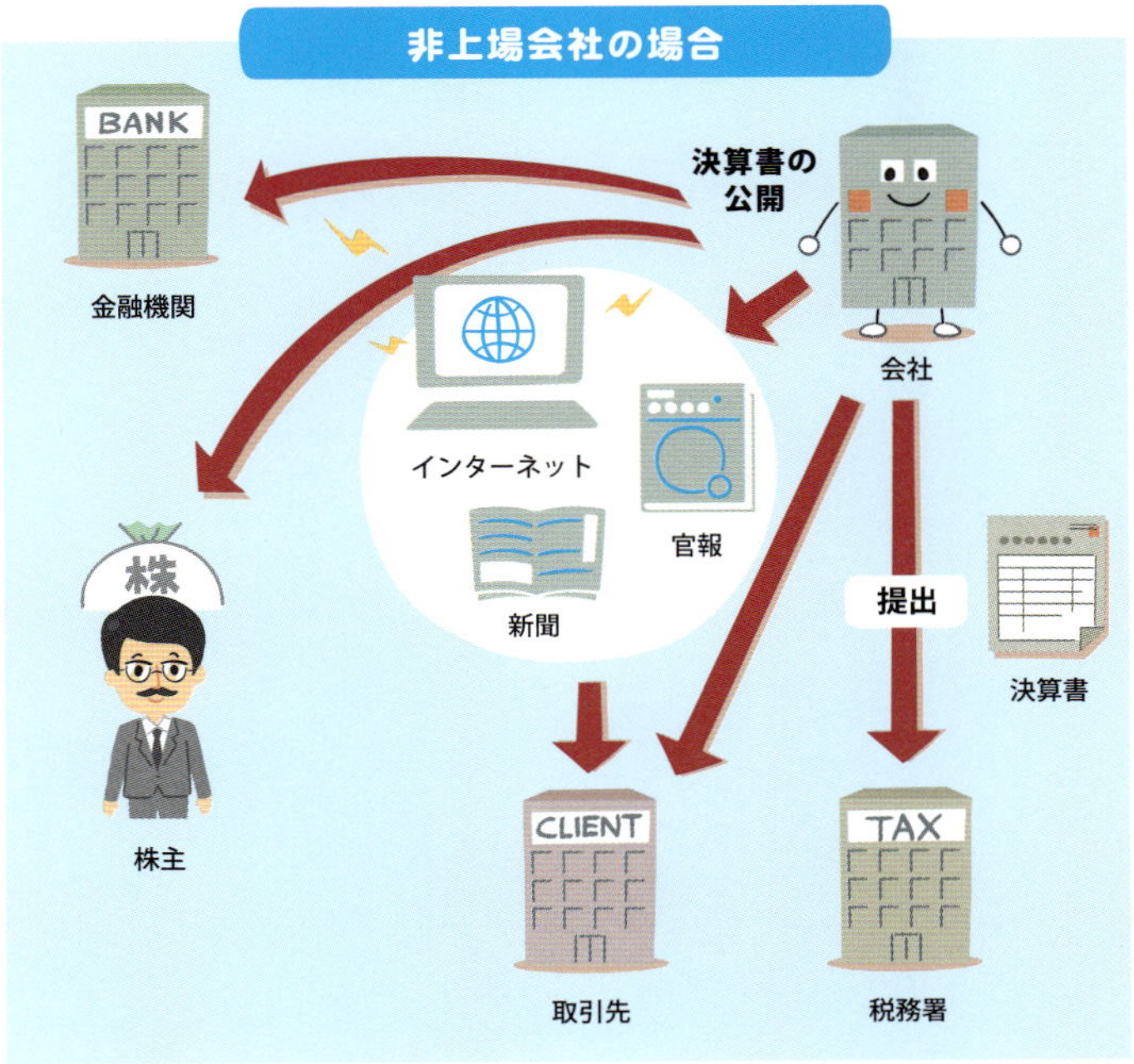
非上場会社の場合
BANK
金融機関
決算書の
公開
会社
インターネット
官報
新聞
株
株主
提出
決算書
CLIENT
TAX
取引先
税務署

決算書を理解して広い視野を持とう

ある事業の売上が100万円で、費用が90万円かかったといわれれば、10万円儲かった、と思ってしまいますね。でも、この答えには、そもそもいくらお金を投資したのか、という視点が抜け落ちてしまっています。

決算書を理解すれば、このように中途半端な浅い計算に終わることなく、**長期的視点に立ってビジネスをとらえることができる**ようになります。数字への理解が浅いままでは、どうしても目先の数字にとらわれてしまいがちで、ビジネスへの将来的な影響がどのくらいなのかということまで考えが及ばない場合があります。

経営は長期の視点で考えなければなりません。決算書を理解するということは、まさに経営者の考え方を理解するための土台となるのです。

家計にも決算書を応用できる

決算書は、その考え方を理解すれば、ビジネス以外にも広く活用できます。

例えば、家計にも決算の考え方を適用できます。決算書を理解すれば、それまでなんとなく家計を管理していた人でもより計画的にお金を管理することができるようになります。ちなみに決算書は「今」だけでなく、**引当金**《ひきあてきん》（▼P.30）のように将来かかるお金も見据《みす》えて作成されます。こうした決算書を作る考え方を家計に応用すれば、将来どんな出費があって、今いくら積み立てておけばよいのか、毎月どれくらい節約すればよいのかなど、**先を見据えてお金を管理しようという意識が生まれます**。

こうした意識をもって生活すれば、無理なくお金を貯めることができ、万が一の事態にも余裕をもって対応できます。

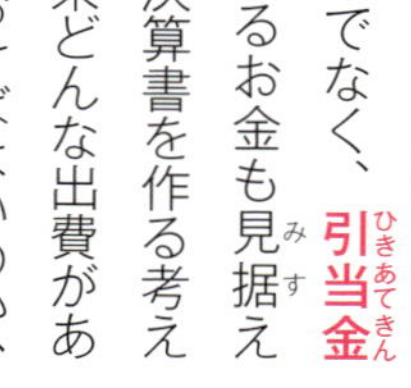

決算書を理解できればものの見方が変わる

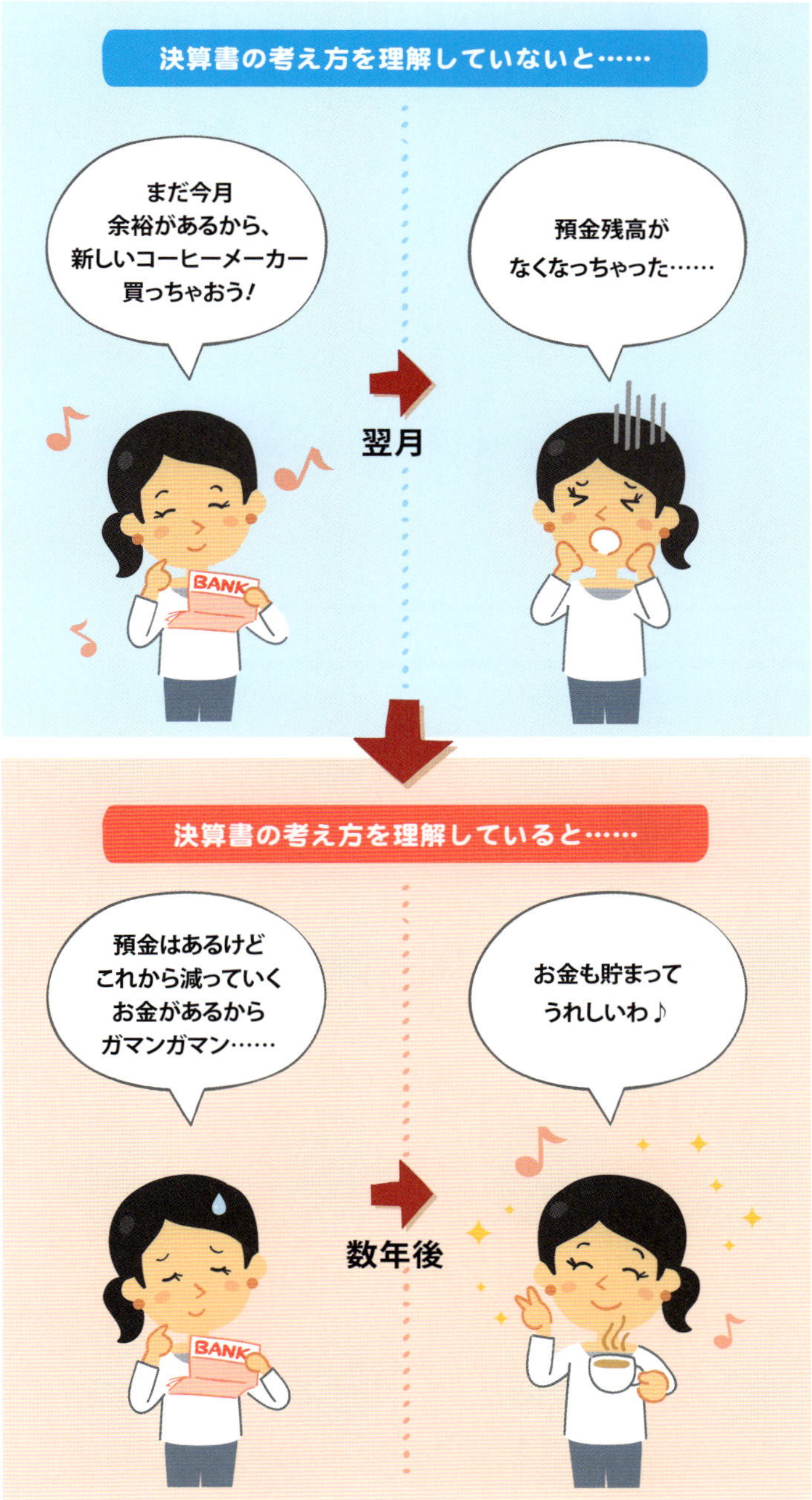

4 「会計」の考え方を知っておこう

「会計」は決算書を作るためのルール

ここまで、決算書がいかに重要かをお伝えしてきました。ここからは、「なぜ他社の決算書を使って自社と比較したり、投資情報として使ったりできるのか」を説明します。

実は、すべての会社は同じルールで決算書を作っているのです。もし各社が自社独自のルールで決算書を作ってしまったら、他社との比較のしようがありません。この**決算書を作るための統一ルールは「会計《かいけい》」と呼ばれ、いくつかの種類があります**。近年は、IFRS（国際会計基準）などの会計ルールも話題ですが、日本ではまだ完全に浸透しているわけではないので、本書では扱いません。

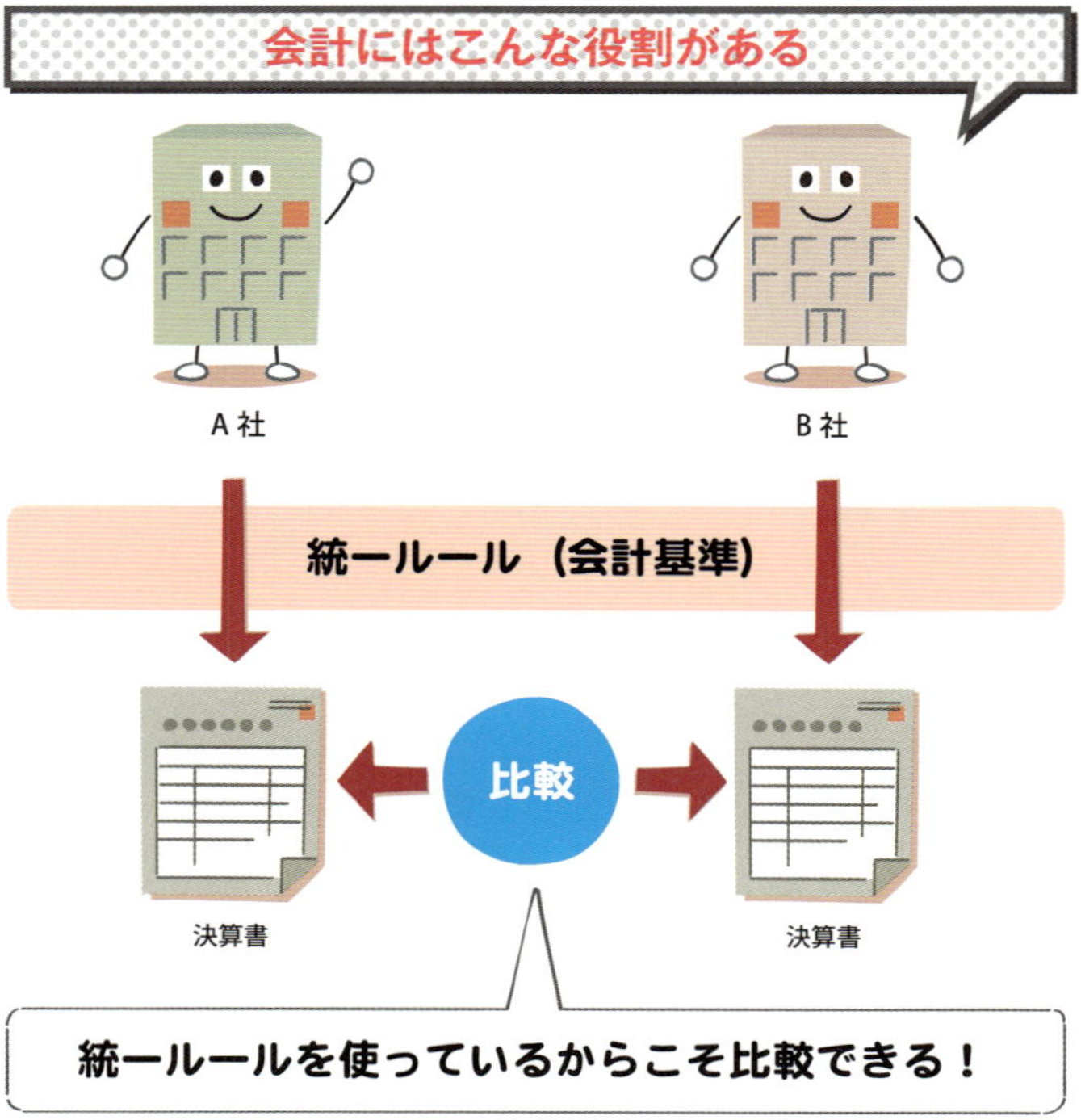
会計にはこんな役割がある
A社
B社
統一ルール（会計基準）
比較
決算書
決算書
統一ルールを使っているからこそ比較できる！

会計ではお金の動きを追わない!?

これから説明する減価償却費《げんかしょうきゃくひ》や引当金《ひきあてきん》に代表されるように、会計には独自のルールがあります。減価償却費と引当金の両方に共通しているのは、**お金の動きと費用の計上の動きがズレる**ということです。

日常の感覚からすると、モノを買ったり、サービスにお金を支払ったりしたそのときに、費用を払っていると思うかもしれません。もちろん家計はお金（現金）があるかないかという視点で考えますので、当然といえば当然です。しかし、会計の世界は違います。減価償却にしても、引当金にしても、特定の期に費用が偏《かたよ》るのを防いで、適切な業績を出すための会計上の手法です。

お金の動き中心の日常感覚とは違う、会計独特の考え方を理解しておけば、決算書を読む際に間違った見方をするのを防ぐことができます。

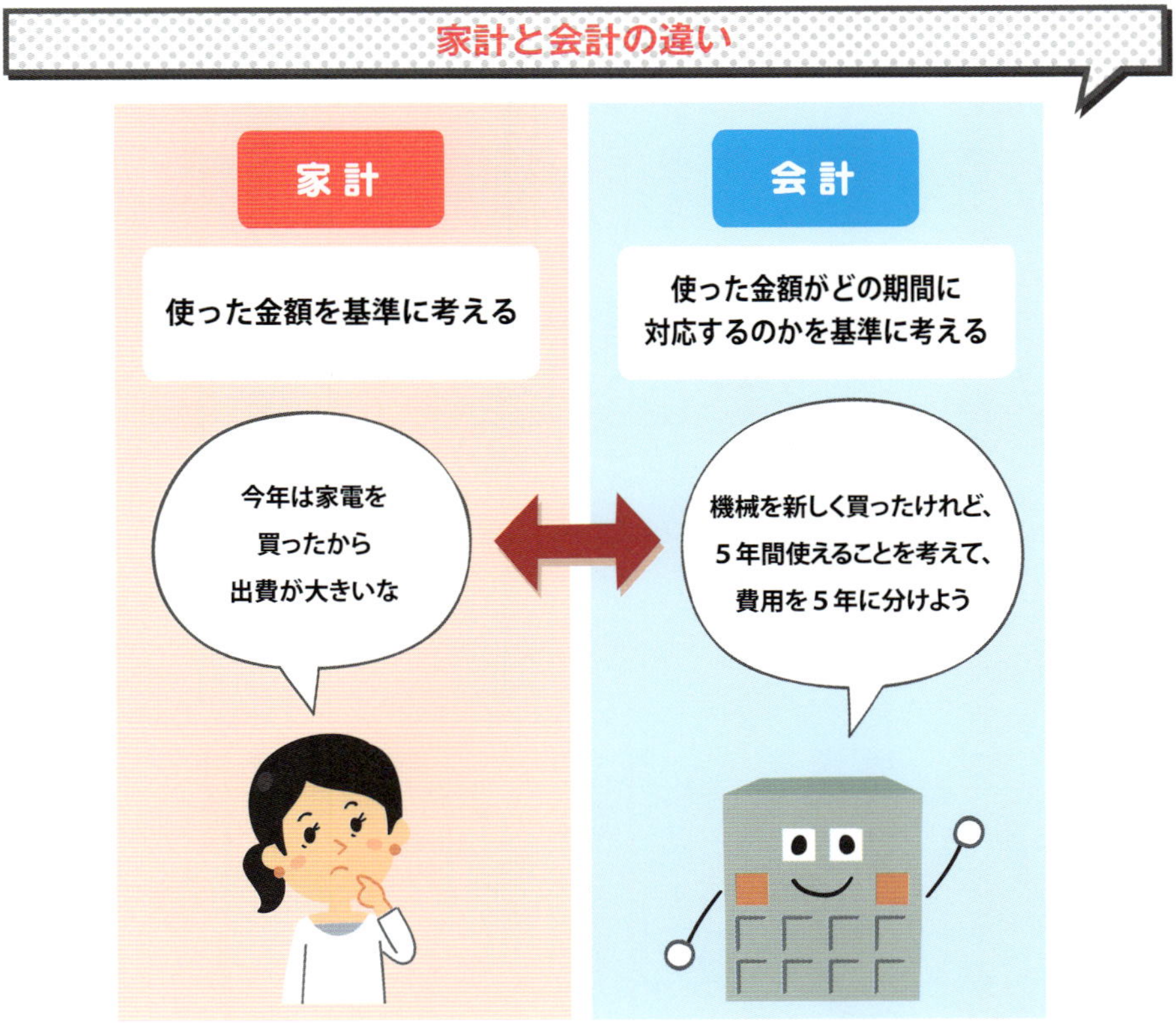
家計と会計の違い
家計
使った金額を基準に考える
今年は家電を買ったから出費が大きいな
会計
使った金額がどの期間に対応するのかを基準に考える
機械を新しく買ったけれど、5年間使えることを考えて、費用を5年に分けよう

ルール① 減価償却

会計ルールには、日常ではあまりなじみのないものがいくつかあります。その一つが減《げん》価償却《かしょうきゃく》です。

仮に、とある会社の工場で少ないコストでもっと多くの商品を作れるようにするために、500万円の機械を購入したとします。この工場の1年の売上は2000万円、商品の原材料費や社員に支払う給料などで会社から出ていく費用が1600万円です。もし機械の購入にかかった500万円を費用計上*したら、100万円の赤字になります。

でも、よく考えてみるとこれはおかしいと思いませんか？　普通、機械は数年～数十年は使用するものなので、購入した年に一度に費用に計上してしまうと、購入した年が赤字になるだけでなく、購入した費用が翌年以降の業績にまったく反映されず、利益が過大に出てしまうことになってしまいます。こうなると、前年との業績対比もできなくなってしまいます。こうした業績のブレをなくすために、会計では減価償却という方法を使って、**機械を購入したお金を、機械を使用する期間に分けて費用計上**していきます。例えば、先ほどの機械が4年間使用できると予測できれば、毎年125万円ずつ費用に計上していきます。

減価償却できるもの

機械のほかにも、社用車、自社ビルや工場、高価な備品など、数年から数十年間にわたって使用するものが減価償却の対象となります。また、モノだけでなく、特許権やソフトウェアなど、形がないものでも長期に使用するものは、固定資産になります。もし、当初予測していた年数が経過しても機械などの固定資産*がいまだ現役である場合は、費用計上はすでに全額終わっていますので、それ以後は経費には計上されないことになります。

Keyword **費用計上**

損益計算書上で売上原価や販管費に計上すること。必ずしもお金の動きとは一致しません。

実際の計算はもう少し複雑ですが、ここでは理解しやすくするために数字を簡単にしています。

Keyword **固定資産**

土地は固定資産に含まれますが、使ったからといって機械のように中古になって価値が減るわけではないので、減価償却は行われません。

一気に費用にしない、減価償却のしくみ

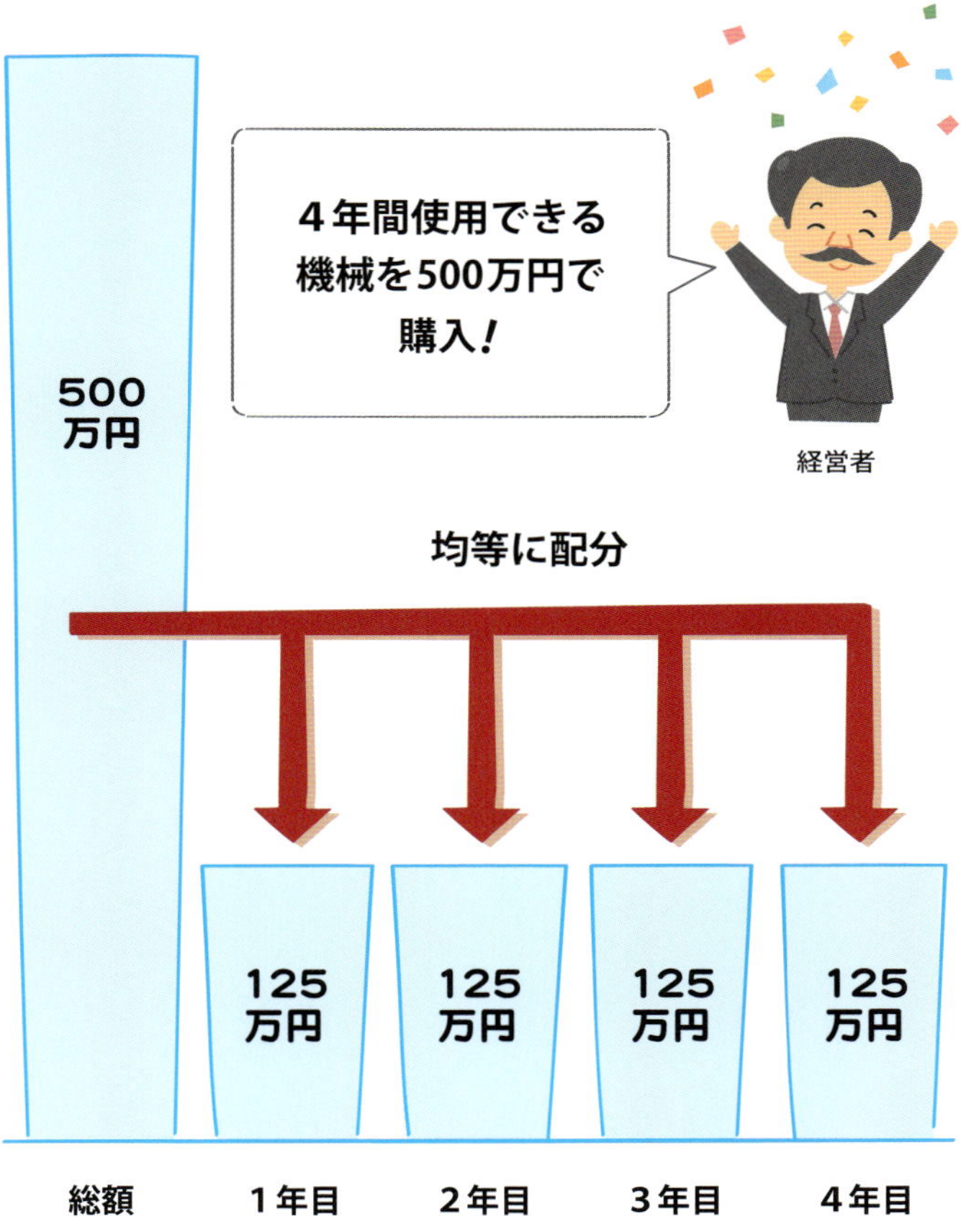

費用を使用期間で配分することで、各年の業績を適切に反映させる

減価償却の方法には、この例のほかに「残っている額の20%」などのように決まった割合で配分していく方法（定率法）があります

ルール② 引当金

減価償却と並んで会計独特のルールとして挙げられるのが引当金《ひきあてきん》*です。引当金とは、**将来発生しそうな費用を、前倒しで計上する方法**です。

例えば、とある会社の工場で、20年置きに大規模な修繕が行われ、毎回20億円かかるとします。この場合、修繕をする期に、一度に20億円を費用として計上してしまうと、修繕をした期に費用が偏ってしまって、その年の正しい業績を把握することができません。修繕が必要なのは、20年の間に徐々に工場の設備が傷んでいくからであって、20年目に工場が突然老朽化《ろうきゅうか》するわけではありません。修繕をする年に費用が偏らないように、費用を各期に配分するしくみが、引当金といわれるものです。

減価償却費が費用計上を遅らせるルールであるのに対して、引当金は費用計上を前倒しにするという点で異なりますが、いずれも適切に毎期の決算に費用を配分するルールです。

引当金は「見積もり」

それでは、実際には修繕に21億円かかった場合はどうなるのでしょうか？　大体の引当金は見積額をベースに毎年均等に費用計上していきます。今回の例では、20年間で20億円ですので、毎年1億円を費用に計上します。修繕を行う期には、それまで引当金の形で19億円が費用に計上してありますので、この場合は、残りの2億円を修繕した期に費用計上します。**引当金はあくまで見積もりで計上しておくもの**なので、実際にかかった費用との差が出るのは当然です。

引当金は種類も多く、大規模修繕のための引当金のほかにも、将来、役員や社員に支払う退職金のための引当金や、売上代金が回収できなかったことに備えて計上する貸倒引当金などさまざまです。

Keyword

*4

引当金

どのような引当金を計上するかは会社が判断することになりますが、好き放題に計上して決算書に記載する利益を調整することを防止するため、発生の可能性が高いなどの要件を満たす必要があります。

前もって費用にしておく、引当金のしくみ

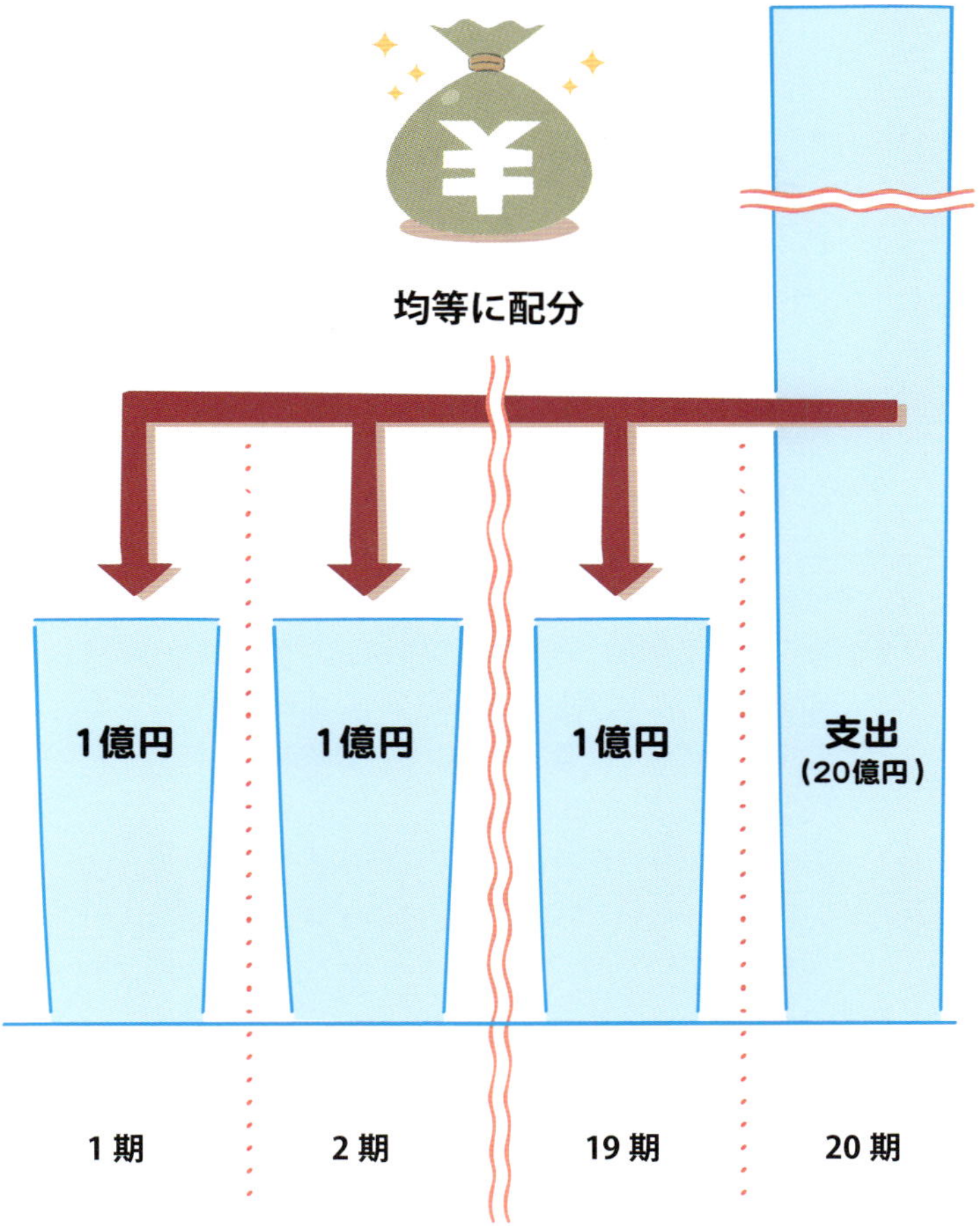

**費用を前倒しで計上することで、
各年の業績を適切に反映させる**

20年後に20億円払って
修繕することになるんだろうな……

上場会社と非上場会社の決算書の違い

上場会社も非上場会社も毎年決算書を作る点では同じですが、決算書を作る目的は大きく異なります。一般に、上場会社の決算書は、主に投資家に向けて作成されています。上場会社の株式は市場で自由に売買できるため、決算書は投資家にとって重要な情報源になります。そのため、あらかじめ定められた会計ルールに基づいて決算書を作成するとともに、作成した決算書について、公認会計士による監査を受けなければなりません。

一方の非上場会社の場合、通常なら株式の売買は滅多に行われません。それでは非上場会社の決算書は主に誰に向けて作成されているのでしょうか？　それは金融機関と税務署です。非上場会社にとっては、資金を調達する先は金融機関が中心のため、決算書は借り入れの際の重要な説明資料になります。また、上場会社のように不特定多数の投資家のために十分な利益を出さなければならないといったことは少なく、どちらかといえば納税額がいくらになるかということに主眼が置かれます。そのため、非上場会社では、金融機関と税務署の目線を意識して決算書が作成されることが多いのです。

基本編

Part 2

損益計算書を読んでみよう

「損益計算書」は、会社がどれだけ儲かって、
どれだけ損をしたのかを示した表です。
一見難しそうな言葉がたくさんありますが、
しくみがわかれば難しくありませんよ。

損益計算書は会社の年間成績表

損益計算書を知ろう

損益計算書《そんえきけいさんしょ》は、**会社がどれだけ儲かって、どれだけ損をしたのかを示した表**です。この章では損益計算書について説明します。

会社が稼いだ金額（**収益**《しゅうえき》といいます）が材料費などの費用よりも多ければ**黒字**《くろじ》、費用のほうが多ければ**赤字**《あかじ》といいます。黒字か赤字かを判断するには、まずいくらの利益が出ているのかを知る必要がありますが、一口に利益といっても会社がお金を稼ぐ方法はいろいろあります。本業でモノやサービスを売って得たお金のほかにも、銀行に預金して得る利息や、自社が保有するビルの一部を他社に貸して得る家賃なども利益に入ります。

損益計算書では、これらの利益を本業との関連の度合いからいくつかの段階に分け、儲かった額や損をした額を表示しています。

①「商品の儲け」は売上総利益で表す

損益計算書では、会社が本業でどれだけ儲けているかということが重要視されます。そのため、本業でどれだけ収益を上げたか（**売**《うり》**上高**《あげだか》といいます）を一番上に表示します。

その次に出てくるのが**売上原価**《うりあげげんか》です。売上原価とは、小売店なら仕入れた商品の代金、製造業なら製造にかかった費用など、**売上のもとになるモノやサービスを作るのにかかった金額の合計**です。そして、売上高から売上原価を引いた金額が**売上総利益**《うりあげそうりえき》*です。

Keyword

売上総利益

粗利《あらり》ともいいます。売上総利益の赤字は、売っている商品が利益を生んでいないことを意味し、いずれ倒産を招くことになります。

損益計算書の例

従業員 100 人のスーパーマーケット ナツメスーパー株式会社の損益計算書

売上高	1,585,000,000
売上原価	1,137,000,000
売上総利益	448,000,000
販売費及び一般管理費	180,800,000
営業利益	267,200,000
営業外収益	3,400,000
営業外費用	15,300,000
経常利益	255,300,000
特別利益	50,000,000
特別損失	500,000
税引前当期純利益	304,800,000
法人税、住民税及び事業税	91,000,000
当期純利益	213,800,000

〈単位：円〉

売上高が高いからといって儲かっているとは限らない!?

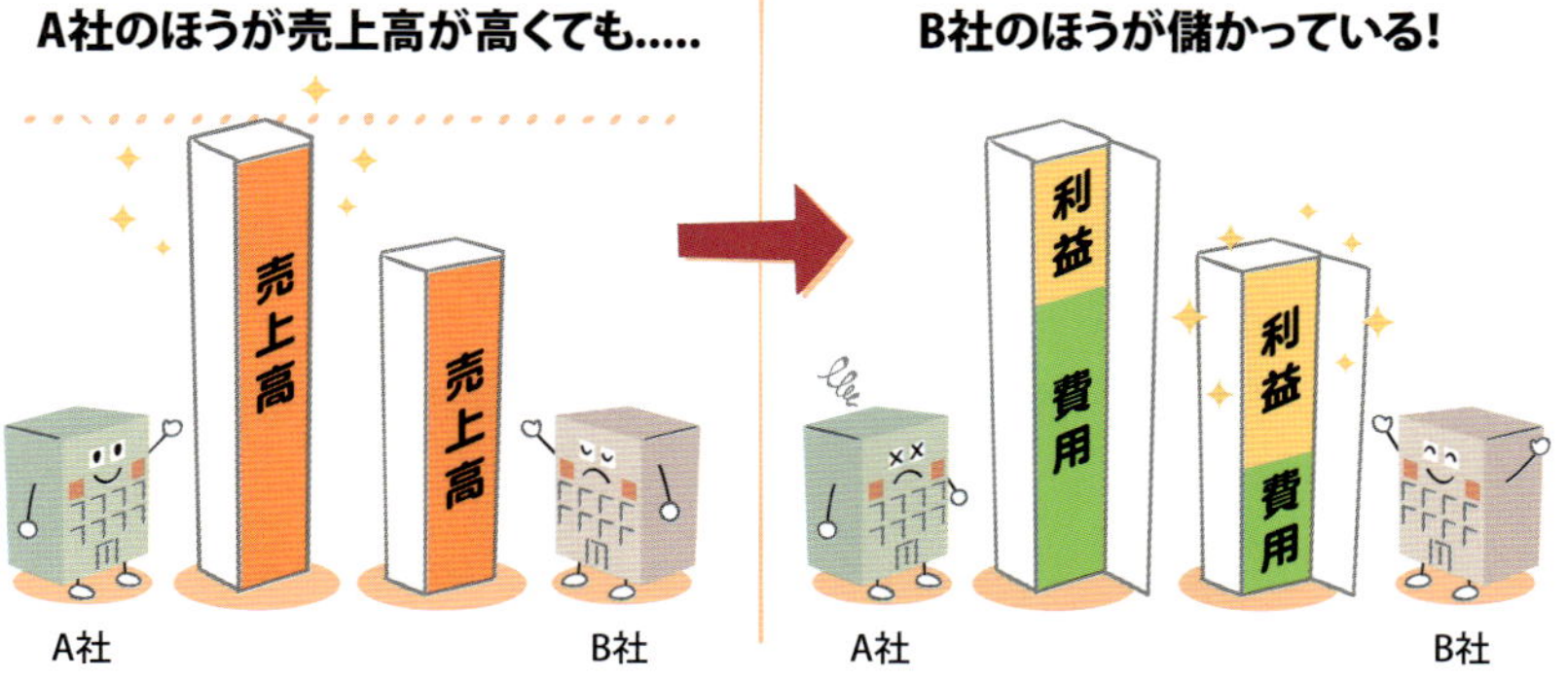

A社のほうが売上高が高くても.....
売上高
売上高
A社
B社
B社のほうが儲かっている!
利益
費用
利益
費用
A社
B社

②「本業の儲け」は営業利益で表す

売上総利益の次は、売上原価以外で本業にかかる費用が表示されます。この費用は**販売費及び一般管理費**といいます。「**販管費《はんかんひ》**」と略されることもあります。例えば、営業部門や管理部門の人件費や交通費、打ち合わせや接待にかかった費用、オフィスの家賃などがそれに当たります。**売上原価と販管費を合計すれば、本業にかかる費用はすべて網羅したことになります**。

そして、売上総利益から販管費を引いたものが、**営業利益《えいぎょうりえき》**（赤字の場合は**営業損失《えいぎょうそんしつ》**）として損益計算書上に表示されます。

営業利益は、本業でどれだけ利益を生み出したかということを表しており、営業利益を出せたか＝ここが黒字かどうかということは会社にとってとても重要なポイントです。

営業利益はこうして割り出す

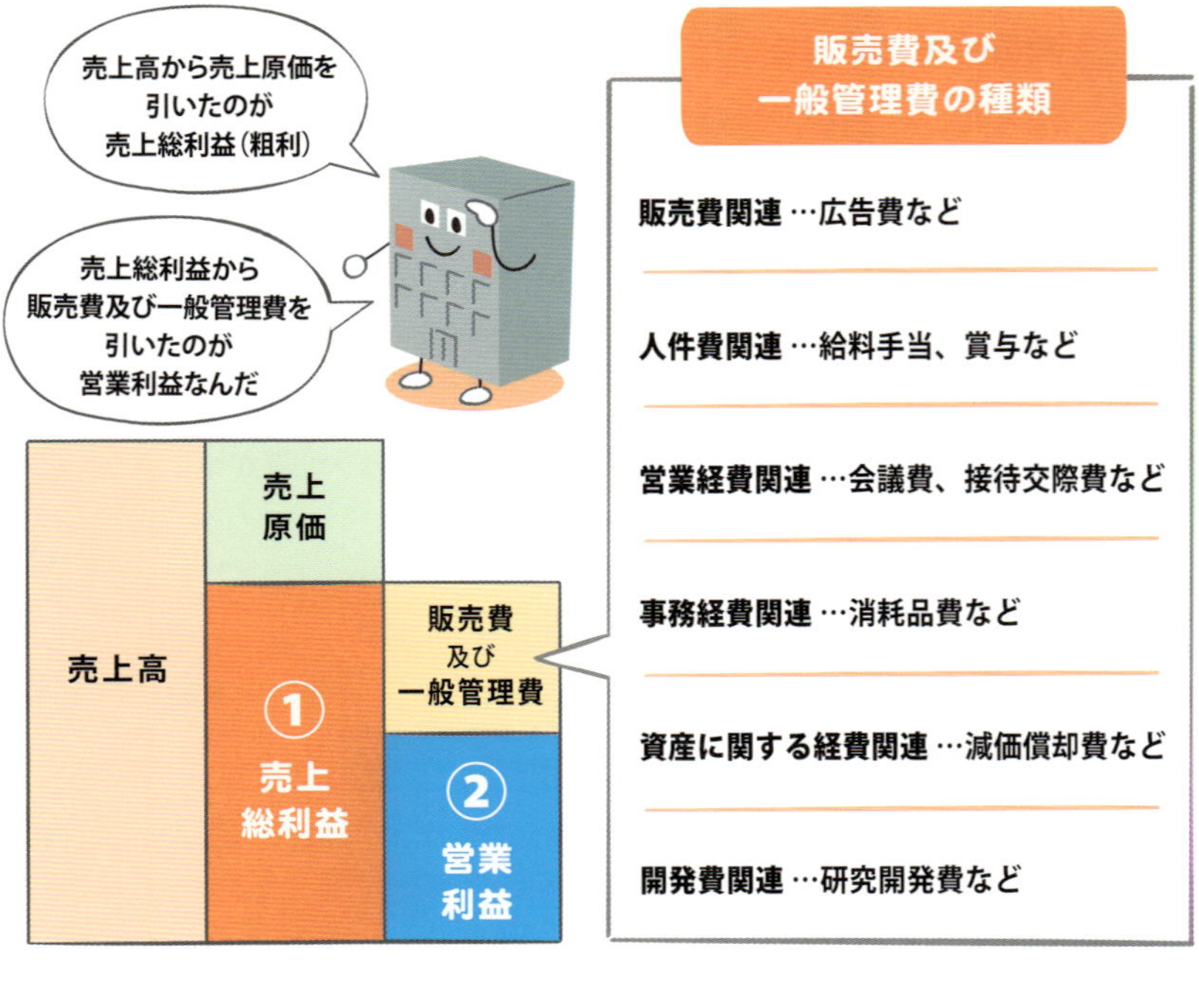

③「本業と本業以外の儲け」は経常利益で表す

前ページで説明した営業利益を見れば本業の儲けがわかりますが、会社は本業以外でもいろいろな活動をしています。そうした本業以外の活動による収益や費用は、**営業外収益**《えいぎょうがいしゅうえき》または**営業外費用**《えいぎょうがいひよう》として損益計算書に表示されます。

営業外収益の代表例は、**預金利息**《よきんりそく》です。ほかに、関係先などの株式を保有している会社の場合は、その株の配当金も営業外収益となります。営業外費用の代表例は、金融機関などから経営のための資金を借りた場合に、金融機関に支払う利息です。利息は営業上かかった費用とはいえないため、営業外費用に含まれます。

営業利益に営業外収益を足《た》し、営業外費用を引いたものを**経常利益**《けいじょうりえき》*2といいます。経常利益は、当期純利益（▼P.37）と区別して「通常の経営から得られる利益」と覚えておきましょう。

④「最終的な利益」は当期純利益で表す

会社は、ときに予期しない事態に見舞われることがあります。例えば、工場が火災にあって、大規模な修理が必要になった場合などです。このように、毎年決まって発生するものではなく、突発的な原因で発生した費用は、損益計算書の「経常利益」の下に、**特別損失**《とくべつそんしつ》として計上されます。逆に、自社が持つ土地を売って得るなどした単発的な利益は、**特別利益**《とくべつりえき》として特別損失と同様に「経常利益」の下に表示されます。経常利益に対して、特別利益を足し、特別損失を差し引いたものを**税引前当期純利益**《ぜいびきまえとうきじゅんりえき》といいます。

さらに税引前当期純利益から、会社が納税すべき法人税などの金額を引いた金額を**税引後当期純利益**《ぜいびきごとうきじゅんりえき》といいます。当期純利益は、一時的、突発的な収益や費用を含めた、その期に会社が獲得した利益を表しています。

Keyword
経常利益
「ケイツネ」と呼ばれることもあります。

経常利益、当期純利益はこうして割り出す

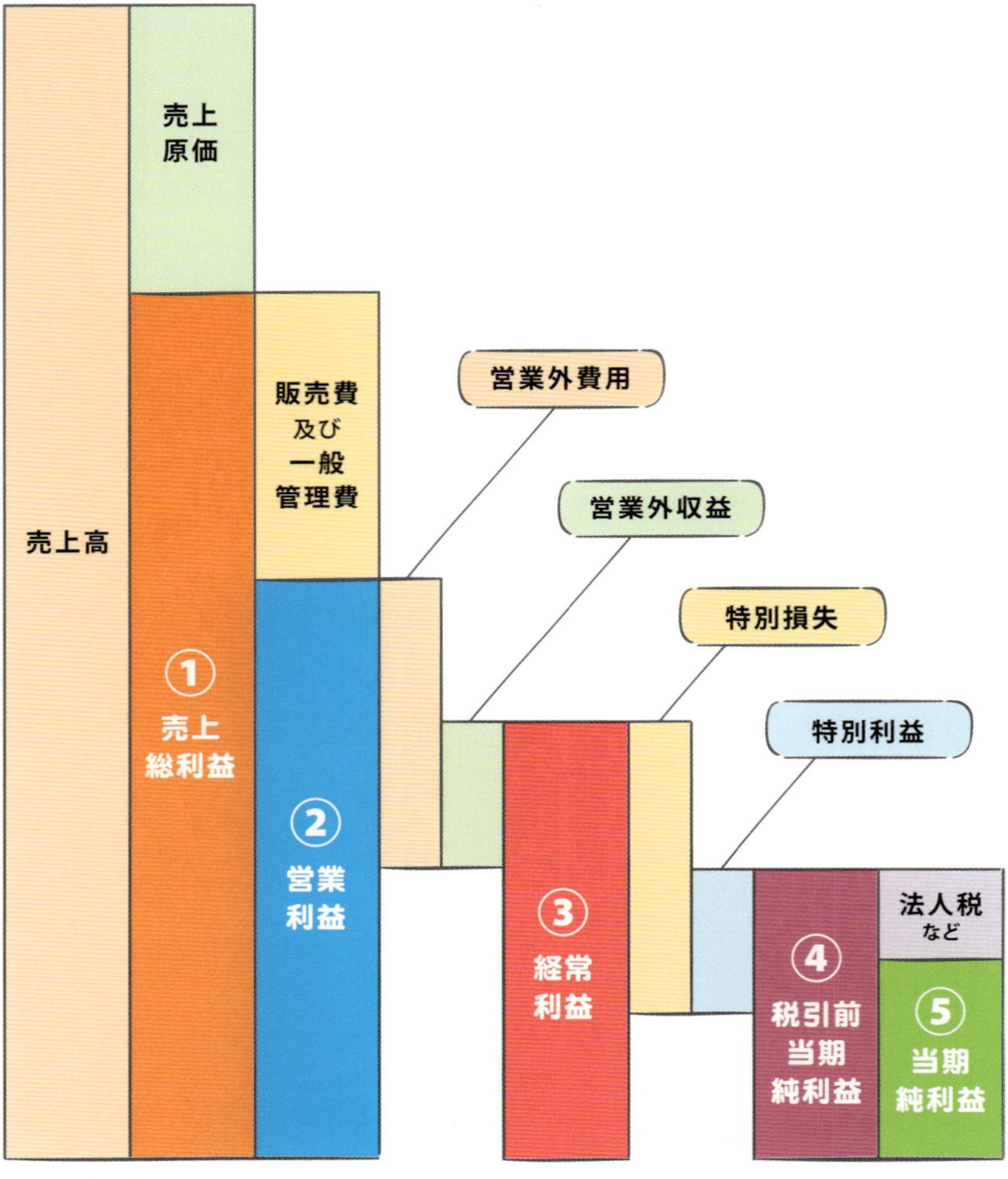

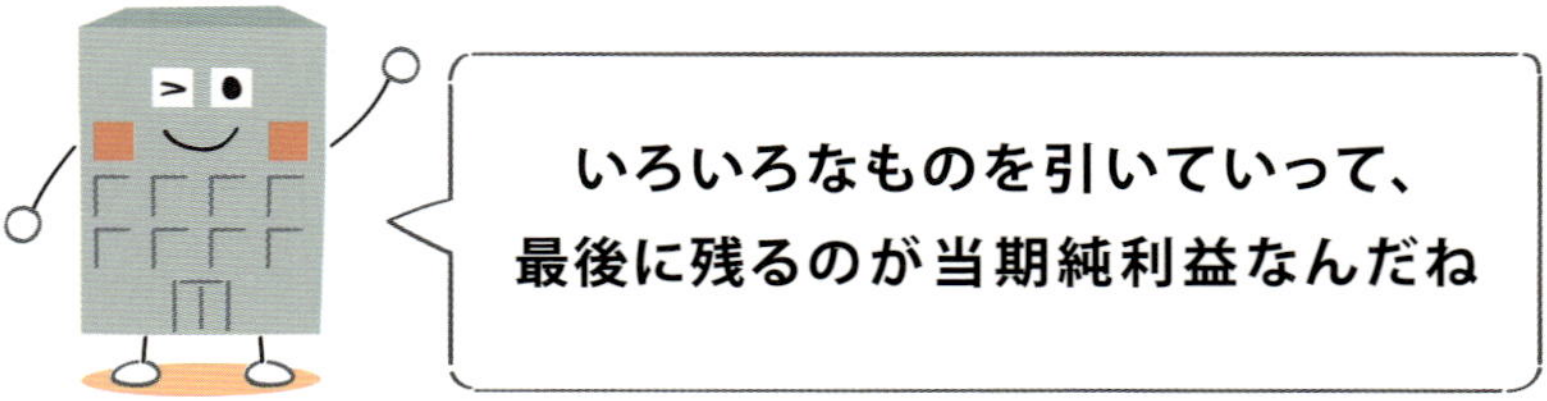

各利益段階のまとめ

①売上総利益	本業による利益	商品やサービス自体の利益
②営業利益		本業に関わる経費も加えた利益
③経常利益	本業以外の損益も加えた経済活動全体の利益	
④税引前当期純利益	一時的な要因による損益も加えた利益	
⑤当期純利益	国への納税額も考慮した最終的に会社に残る利益	

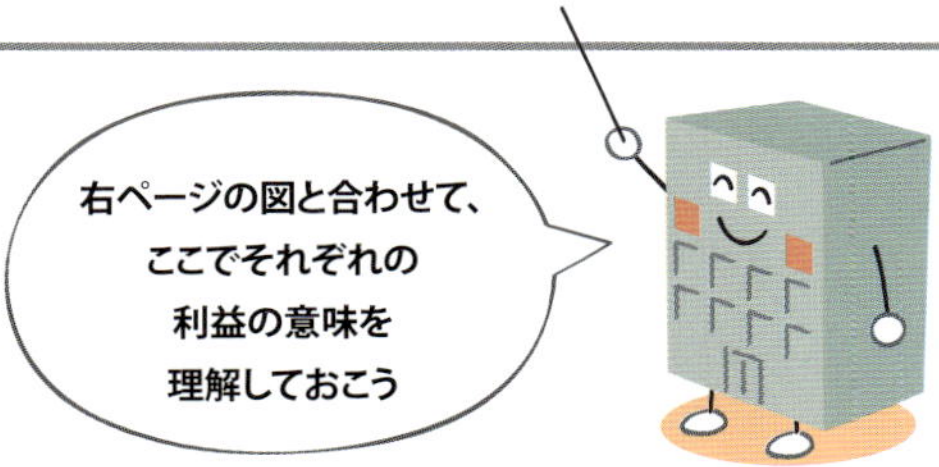
右ページの図と合わせて、ここでそれぞれの利益の意味を理解しておこう

売上総利益
黒字にしなければなりません

営業利益
ここが黒字であれば、会社全体として稼ぐ力があるということです

経常利益
黒字であることが最低条件です。ここの黒字が大きいほど、利息の支払能力があると見なされ、金融機関もお金を貸しやすくなります

当期純利益
ここが黒字であることは投資家の取り分となるべき利益があることを意味するので、投資家にとっては重要なポイントです

2 損益計算書は業績把握のためにある！

売上総利益は黒字が必須

前の節では、損益計算書の各段階での利益の計算方法について大まかに説明してきましたが、さらにイメージを確かなものにするために各項目を一つひとつ見ていきましょう。

まずは売上総利益です。**売上総利益は、売上高から売上原価を引いた金額**でしたね。

「売上」は、日常的に使われる言葉なのでイメージしやすいと思います。売上原価は、要するに売ったものを仕入れたとき、あるいは製造したときのお金です。**仕入れたものを売ってお金を稼ぐ会社にとって、売上総利益の黒字は、会社経営の必須要件といえます。**

売上高と売上原価の関係

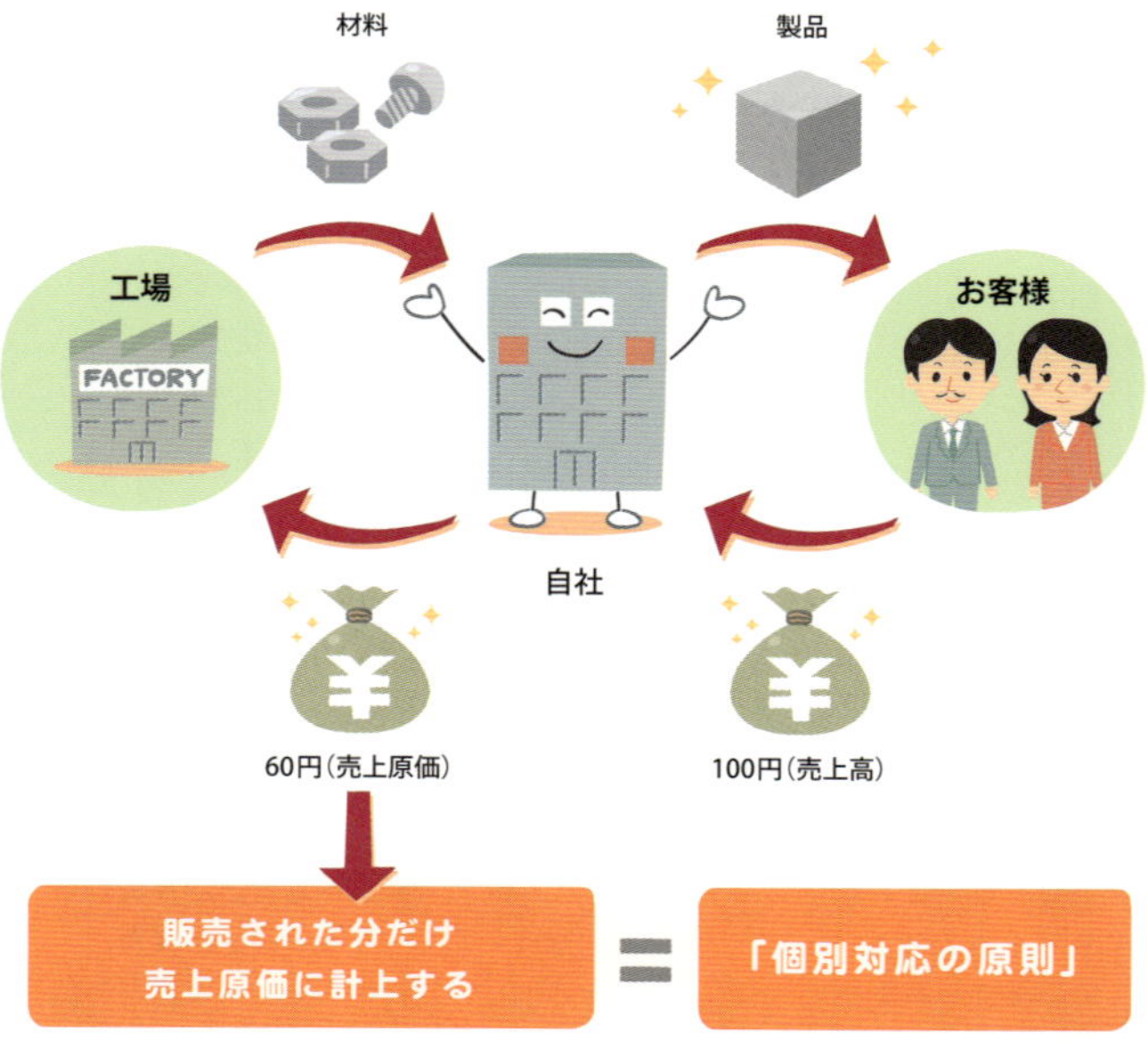

材料
製品
工場
FACTORY
お客様
自社
60円（売上原価）
100円（売上高）
販売された分だけ
売上原価に計上する
=
「個別対応の原則」

販管費は期間対応で計算

売上と売上原価は、「○円で仕入れて×円で売った」というように商品一つひとつの売上に当てはめていく（個別対応させる）ことができます。一方で、交通費や人件費などの販管費は、どの商品を売るために使った分かといった細かい管理が難しく、個別対応させることができません。そのため、**販管費はどの商品に使ったかではなく、どの期間に使ったかという点に着目し、期間対応により計上**します。

ところで、会社に勤めている人なら「コスト削減」という言葉をよく聞くと思います。このコスト削減では、販管費を削る場合が多いのです。商品の仕入代金を減らすより、交際費やタクシー代を削減するほうが、社員それぞれの努力でできるので簡単なのです。社員が主体的に削減に関わることができるのも、販管費の特長といえます。

費用の対応の原則

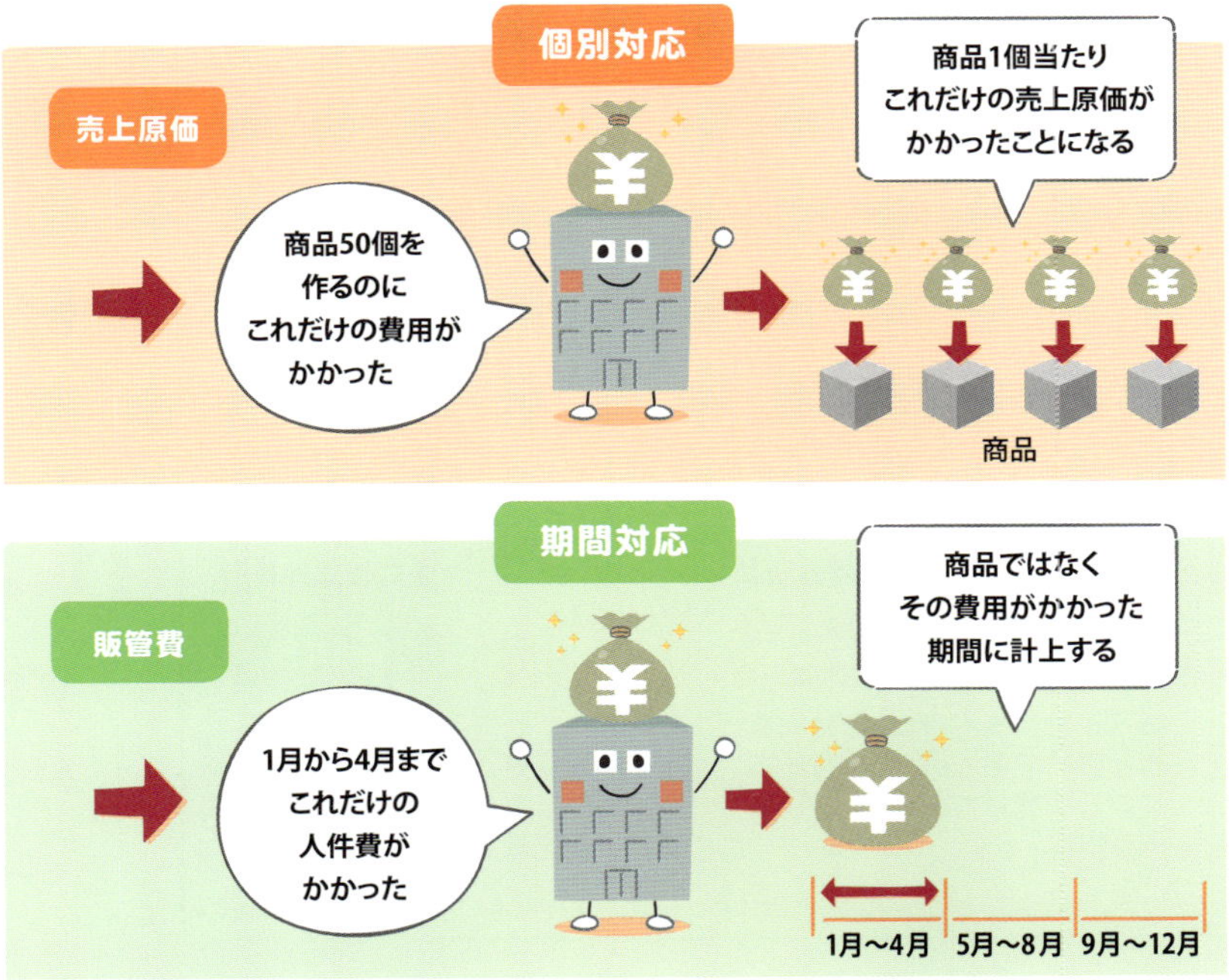

経常利益を出すことは、会社経営の最低条件

経常利益は、**営業利益から、本業以外での活動で発生した営業外収益や、営業外費用を引いたもの**でしたね。

経常利益は、本業やそれ以外の通常の経済活動をすべてひっくるめて得た利益を表します。つまり会社が正常に稼働していれば稼ぎ出せる利益を表しているわけです。この経常利益が黒字であることが、会社として存続していく最低条件といえます。経常利益が赤字、つまり経常損失が続く場合には、会社経営を続けるために、何らかの方策を打つ必要があります。

銀行から借り入れをする場合などにおいても経常利益は重要です。経常利益は、金融機関からの借入金の利息の支払いもすべて引いたうえでの利益なので、銀行にとってはどれだけ利息を払う余力があるのかを見る指標になるのです。

経常利益の黒字が最低条件

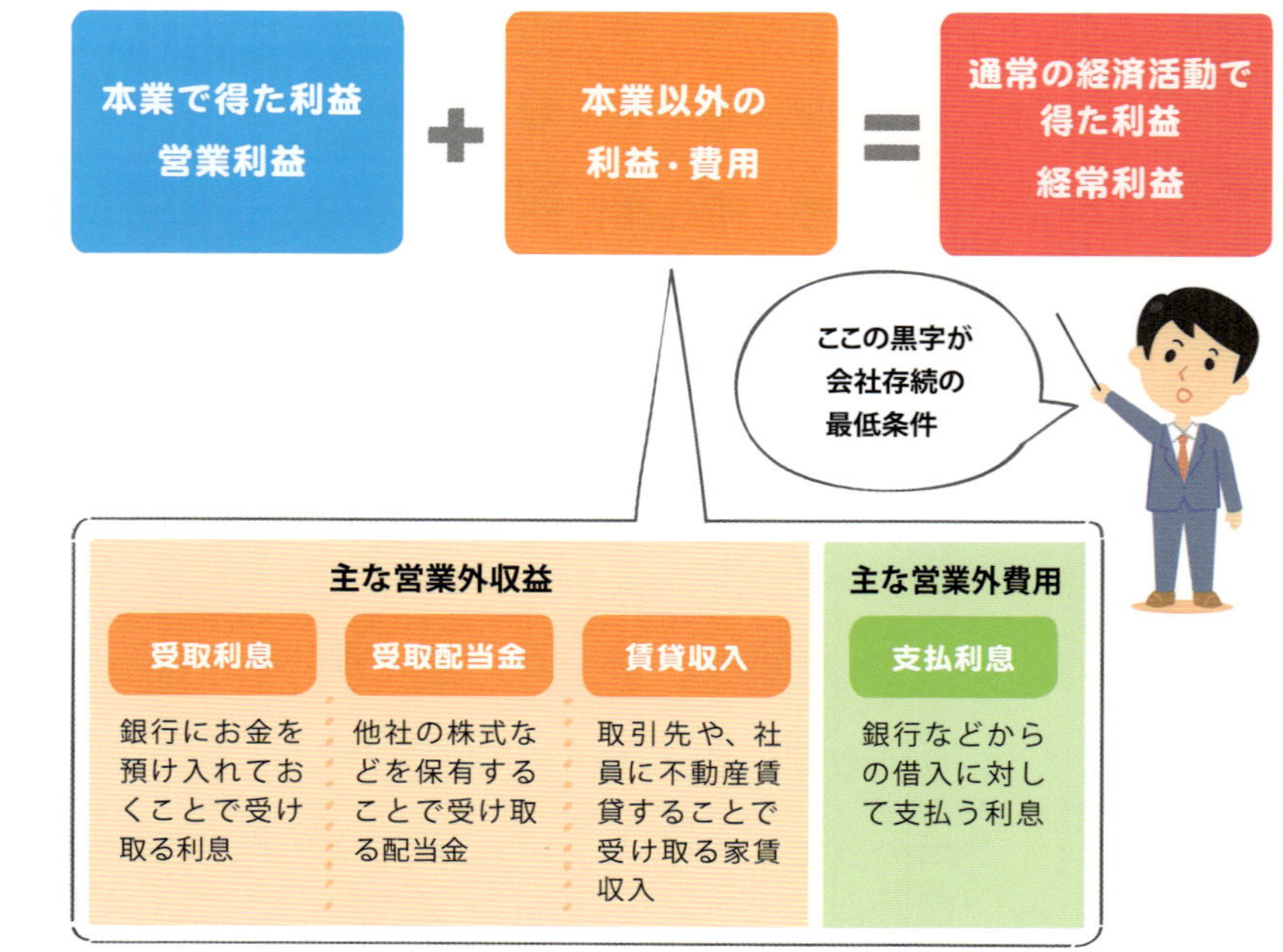

当期純利益がプラスでも安心できない？

最終的に会社がその年度に稼ぎ出した利益である当期純利益は、経常利益から一時的な特別利益や特別損失を加味して計算されます。さらに税引前当期純利益から、法人税などの税金額を引いて当期純利益が計算されます。

当期純利益が赤字となることは会社として避けたいところですが、逆に単純に黒字になったからというだけで喜んではいけません。なぜなら、**会社は稼ぎ出した利益を次の年度以降に投資して成長していく**からです。黒字でも利益の少ないギリギリの黒字では、会社にお金が貯められず、新たな設備の購入や、新規事業への投資をすることもできません。また、株主への配当を行うこともできず、新たな出資を集めにくくなります。会社が成長し続けるには、それだけの当期純利益を稼ぎ出す必要があるのです。

わずかな黒字では会社は成長できない

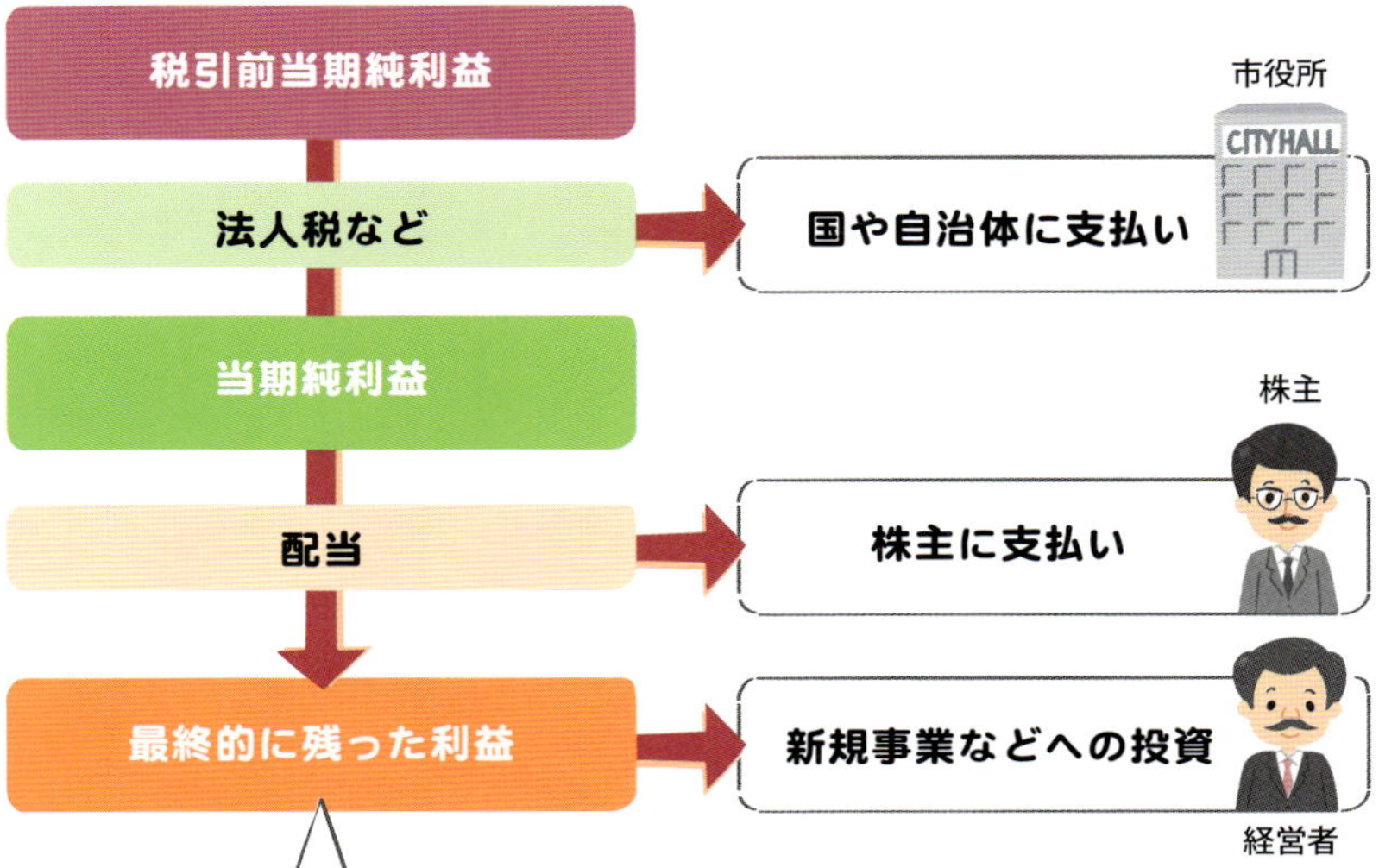

単に黒字というだけでなく、税金や配当を支払って、さらに投資に必要な利益が残っていることが、会社の成長のための要件

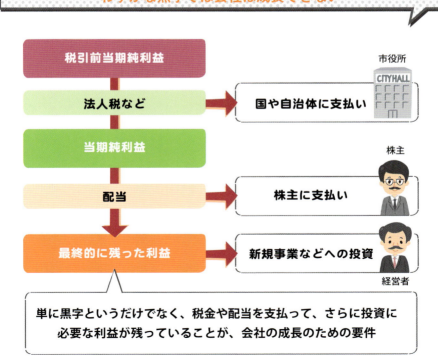

3 損益計算書の用語を知ろう!

商品棚卸高って何だろう?

損益計算書のしくみの次は、読み解くために必要な用語を押さえていきましょう。

損益計算書をよく見ると、売上原価のところに、**期首商品棚卸高《きしゅしょうひんたなおろしだか》**や**期末商品棚卸高《きまつしょうひんたなおろしだか》***という言葉が並んでいる場合があります。「期首」は会社の活動単位である期の始め、「期末」は期の終わりという意味です。では「棚卸」とは何なのでしょうか?

棚卸《たなおろし》*とは、**仕入れた商品などのうち、期末までに使わなかったものを集計する作業**です。例えば、キャベツを100個仕入れて、80個だけが売れたとします。この場合、売上原価に計上できるのは売れた80個分に対応する仕入代金だけです。売れ残った20個分を、期末商品棚卸高にするのです。また、「今期90個しか仕入れなかったけど前期の分が10個余っていたから今期は100個販売した」という場合、売上原価としては販売した100個分計上する必要があります。

しかし、今期仕入れたのは90個だけ。このままだと100個の売上に対して90個分の売上原価しか計上できません。でも前期の余り10個に対応する仕入金額を、期首商品棚卸高にすれば、この問題は解決するのです。

このように、商品としてモノを扱う、つまり**在庫***を持つ会社の売上原価は、**期首商品棚卸高とその期に仕入れた金額の合計額から期末商品棚卸高を引いた差額**となります。

Keyword *3
期首(期末)商品棚卸高
売上原価に明示されない場合もあります。

Keyword *4
棚卸
製造業では材料なども含まれます。

Keyword *5
在庫
商品などを将来販売するために保有しておく分のことです。

売上原価の計算方法（小売業の場合）

売上原価 ＝ 期首商品棚卸高 ＋ その期の仕入額合計 － 期末商品棚卸高

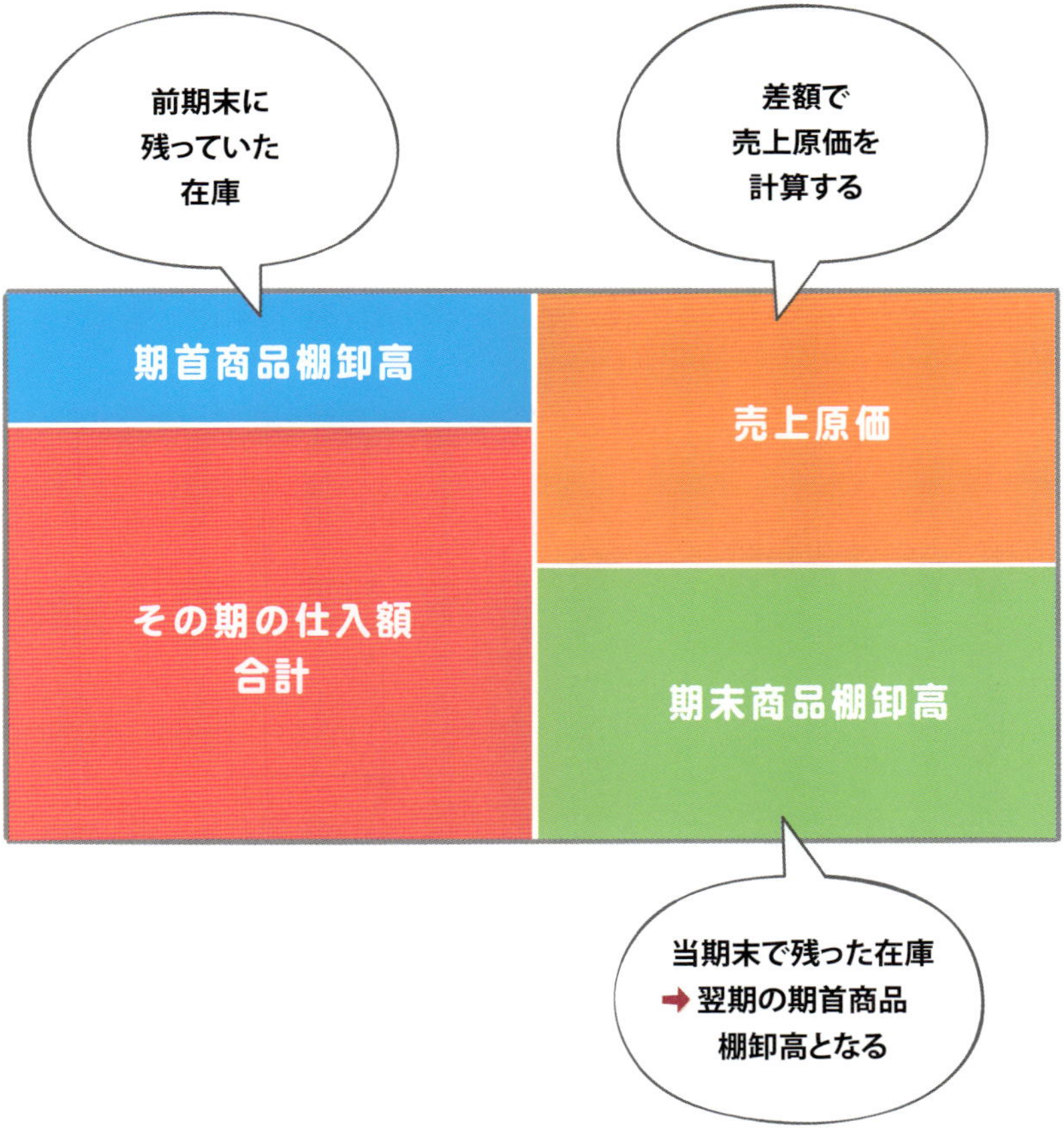

売上原価は、期首商品棚卸高と
その期の仕入額合計から、
期末商品棚卸高を引いたもの

「法人税等」って何だろう？

会社の最終的な利益である当期純利益は、税引前当期純利益から法人税等を引いて計算する、と**P.37**で説明しました。ここでは、この「法人税等」の中身を知っておきましょう。

法人税等は、決算書では「**法人税、住民税及び事業税***」と記載されます。これは、国に納める法人税、自治体に納める法人住民税、そして事業税の合計額です。

この3つの税金は、**税引前当期純利益に対して課税**されます。社員の給料から商品の材料費、接待費など、会社の経営にかかる**すべての費用を加えた税引前当期純利益をもとに税額を計算**します。そのため、最後のところに出てくるのです。

会社の税率は、法人税、住民税、事業税の3つの税金をセットで考えるのが基本だと覚えておきましょう。

「法人税等調整額」って何だろう？

「法人税、住民税及び事業税」の下に「法人税等調整額」という項目が記載されることがあります。

実際の計算には細かい知識が必要ですが、決算書を理解するうえでは、「法人税、住民税及び事業税」の合計額と、「法人税等調整額」の合計額が、会社が負担すべき税金である、と覚えておけば十分でしょう。

「法人税等」ではない税金は販管費

会社では、法人税等のほかにも、固定資産税、印紙税、自動車税などさまざまな税金を納めています。これらは法人税等と異なり、**利益に対して課税されるわけではありません。販管費の中の一項目である「租税公課」という項目に計上されます**（消費税については**P.77**参照）。

Keyword

*6

法人税、住民税及び事業税

会社の税引前当期純利益に対して、一定の税率で課税される税金のことです。

会社が納める税金の種類

税金の種類	計算方法	損益計算書上の項目名
法人税	利益が増えれば増え、利益が減れば減る	法人税、住民税及び事業税
法人住民税	利益が増えれば増え、利益が減れば減る（一部のみ固定額）	
事業税	利益が増えれば増え、利益が減れば減る	
	利益に関係なく計算できる（外形標準課税※）	租税公課（販管費の一部）
印紙税 自動車税 固定資産税 など	利益に関係なく計算できる	
消費税	P.77 参照	

※会社の規模に応じて課税される税

（例）

税引前当期純利益	4,060,176
法人税、住民税 及び 事業税	664,498
法人税等調整額	587,563
法人税等合計	1,252,061
当期純利益	2,808,115

法人税、住民税及び事業税：法人税などの計算方法に従って計算された税額

法人税等調整額：会計上の利益と税金計算上の利益のズレを調整

法人税等合計：会計上の税金費用として、計上すべき額

4

損益計算書でわかること

損益計算書で経営分析ができる

固定費と変動費

費用を分析することで、何にどれくらいのお金を使っているのかがわかり、会社の状況が把握しやすくなります。損益計算書上では、使いみちごとに費用が分類されていますが、ここでは使いみちとは別の切り口から分類してみましょう。まずは、売上の上下に応じて金額が動く費用とそうでない費用に分けます。これにより、いくら売上を上げれば黒字になるかがわかります。

会社の費用には、**売上が0円でも必ずかかるお金**（**固定費《こていひ》**）**と、売上が0円であればかからないお金**（**変動費《へんどうひ》**）とがあります。固定費の代表が、オフィスの家賃と給料です。変動費の代表格は、売上原価です。売上原価は商品やサービスを売った分だけ計上するため、売上が0円であれば売上原価も0円です。

固定費は変動費にできる!?

こうして見ると、会社にとって固定費を減らすのはとても大変なのがわかります。固定費を減らしたい会社に有効な対策の一つが**固定費の変動費化**です。例えば、商品の生産を外部業者に委託《いたく》して自社工場の維持コスト（土地代や機械の整備代など）をなくしたり、社員への給料の一部を歩合制《ぶあいせい》*や変動制のボーナスに移して、会社の業績に応じて変動させたりすることで、固定費を減らすことができるのです。

Keyword

歩合制

営業担当の場合などで、売った額などに応じて給与を決める方法のことです。

変動費と固定費

費用の種類	費用の種類	費用の種類
固定費	売上に関係なく一定	家賃、給料など
変動費	売上が増えれば増え、 売上が減れば減る	売上原価、配送料、 外注加工費など

実際の損益計算書には、固定費と変動費の区分が明示されていないので、実際に他社の損益計算書を分析する場合には推計する必要があります

売上	10,000
変動費	3,000
固定費	4,000
営業利益	3,000

売上が増えた場合

売上	20,000
変動費	6,000
固定費	4,000
営業利益	10,000

売上が伸びても固定費は変わらない
➡固定費が低いほど、売上の伸び率以上に利益の伸び率が大きい

売上が減った場合

売上	5,000
変動費	1,500
固定費	4,000
営業利益	-500

売上が減っても固定費は変わらない
➡固定費が大きいほど、赤字が膨らんでしまう

どれだけ固定費を減らせるかが、経営の安定のために重要です

どれだけ売れれば利益が出るの？

固定費と変動費に分解することで、どのくらい売上を上げれば利益が出るのかも分析できるようになります。

固定費は売上にかかわらず一定の費用、変動費は売上に応じて上がっていく費用です。固定費が100万円、変動費が売上1個当たり5000円の会社を考えてみましょう。この場合、商品の売上が100個であれば、変動費が5000円×100個と固定費が100万円で、合計150万円となります。このとき、売上高を販売個数で割ったもの（**販売《はんばい》単価《たんか》**といいます）が150万円÷100個＝1万5000円であれば、利益がちょうど0円となります。

この、**利益がちょうど0円になる売上高**のことを、**損益分岐点売上高《そんえきぶんきてんうりあげだか》**といいます。その名のとおり、損失になるか利益になるかの分かれ目の売上高のことです。

損益分岐点売上高を下げるには？

損益分岐点売上高は、**低ければ低いほど、少ない販売量で利益が出ます**。この損益分岐点売上高を下げるには、次のような方法があります。

一つの方法は、お客様と交渉して**販売単価を上げる**ことです。しかし、これはすなわちお客様が支払うお金が増えることを意味します。しっかりした理由がない限り、販売単価を上げることは、お客様の理解を得にくいものです。そこで取られる方法が、**固定費の削減と売上1個当たりの変動費の低減**です。固定費を減らす方法の代表は、固定費の変動費化（▶P.48）です。会社によっては、早朝出勤で業務に集中する時間を増やすなど、就業時間を工夫して人件費削減に成功した例もあります。変動費を減らすには、不要な作業を省く、外部業者に支払う金額の交渉をする、などが考えられます。

損益分岐点をグラフで見てみよう

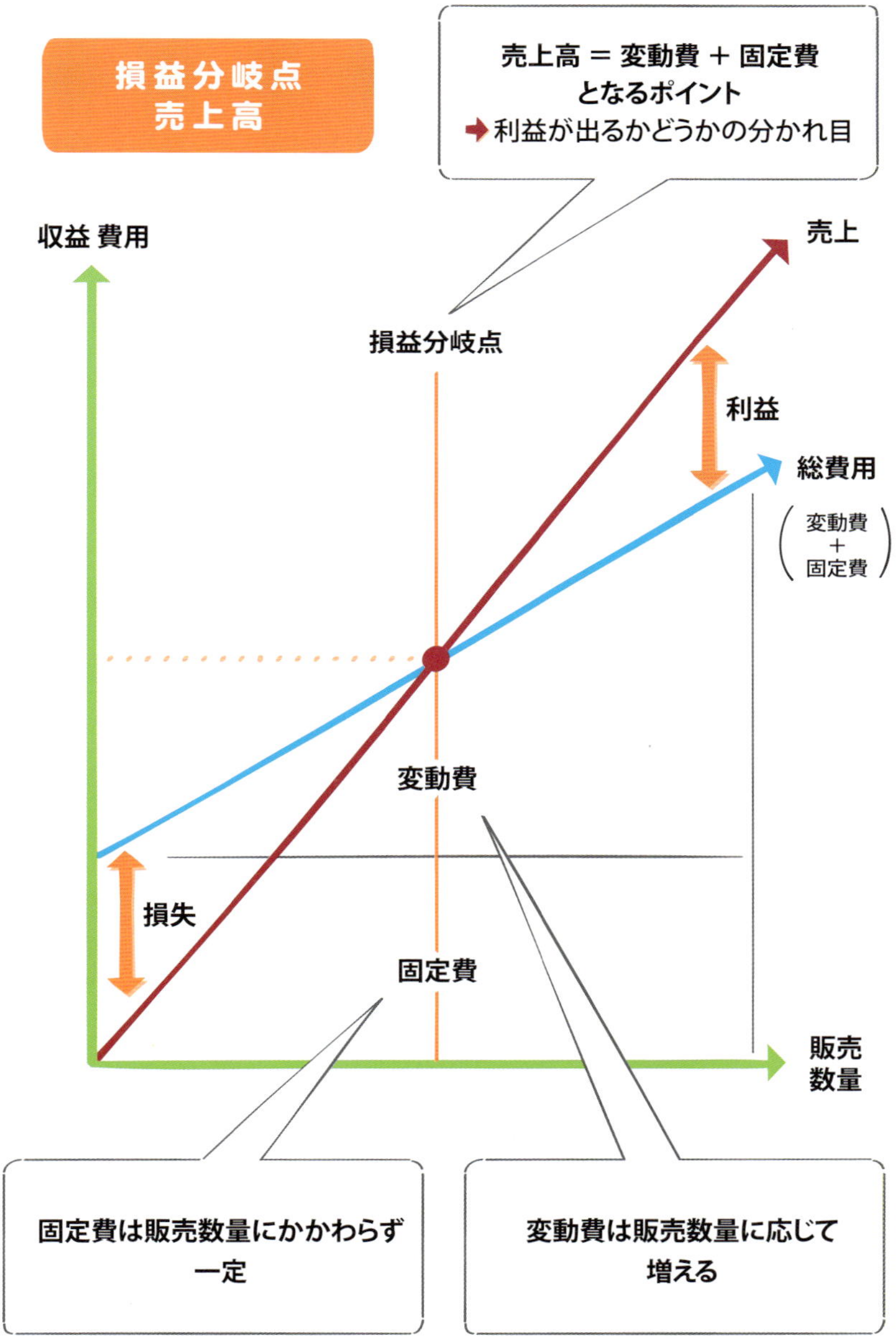

直接費・間接費とは？

　費用を変動費と固定費に分解することで、損益分岐点売上高がいくらなのかを知ることができました。ですが、これでは各製品を作るのにいくらかかっているかという原価の計算や、事業ごとにいくら儲かっているのかがわかりません。そこで使われるのが、**費用を直接費と間接費に分ける**という考え方です。**直接費**《ちょくせつひ》とは売上に直結する費用、**間接費**《かんせつひ》とは売上とは直接結びつかない費用をいいます。直接費の代表例は、材料費、製造に携わる従業員の人件費、そのほか製造現場でかかる諸経費などです。

　一方、間接費の代表例は、経理や人事部などの従業員の給料や、本社での諸経費などです。直接費と間接費の区分は、特に製造業や多くの事業を抱える大企業において重要となってきます。

直接費と間接費の関係

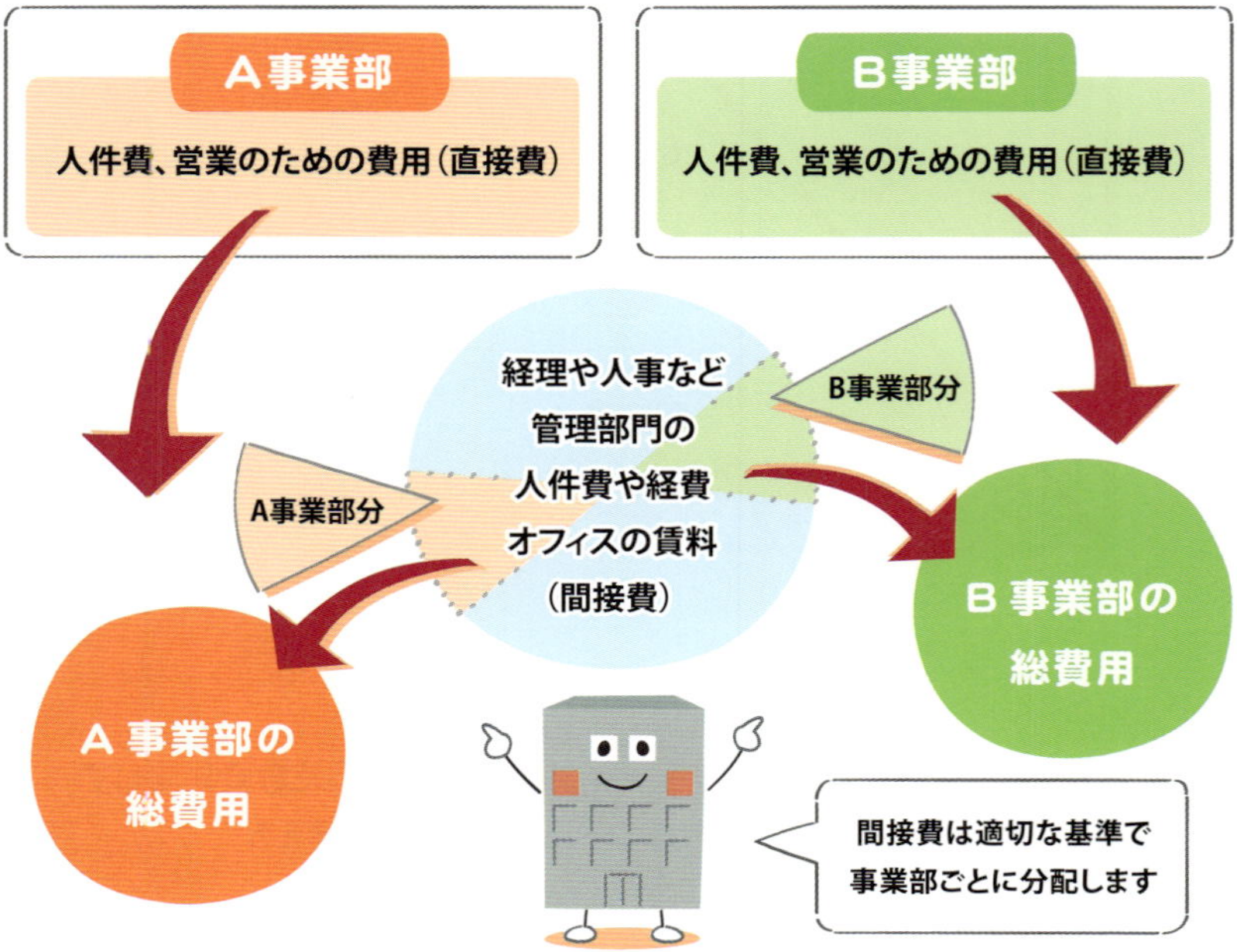
A事業部
人件費、営業のための費用（直接費）
B事業部
人件費、営業のための費用（直接費）
経理や人事など
管理部門の
人件費や経費
オフィスの賃料
（間接費）
A事業部分
B事業部分
A事業部の
総費用
B事業部の
総費用
間接費は適切な基準で
事業部ごとに分配します

利益の額は業種でさまざま

どのくらいの利益を出せば、会社として成長できるかという明確な基準はありません。業種によって平均的な売上規模も違いますし、大規模な工場が必要な製造業と設備がほとんど不要なコンサルティング業とでは、投資する金額も大きく異なります。

このため、利益が多いか少ないかを数字だけで判断することはできません。売上規模や業種を考慮せず、損益計算書に表示されている金額だけでイメージしてしまうことは避けましょう。後ほど詳しく説明しますが、どのくらいの利益を上げればよいかという目安になるものとして、**売上高《うりあげだか》利《り》益率《えきりつ》**（▼P.116）があります。利益を売上高で割った比率で、売上に対してどのくらい利益を残せたかを表します。

このように、比率で考えることが分析においては重要です。

利益の額は数字だけでは判断できない

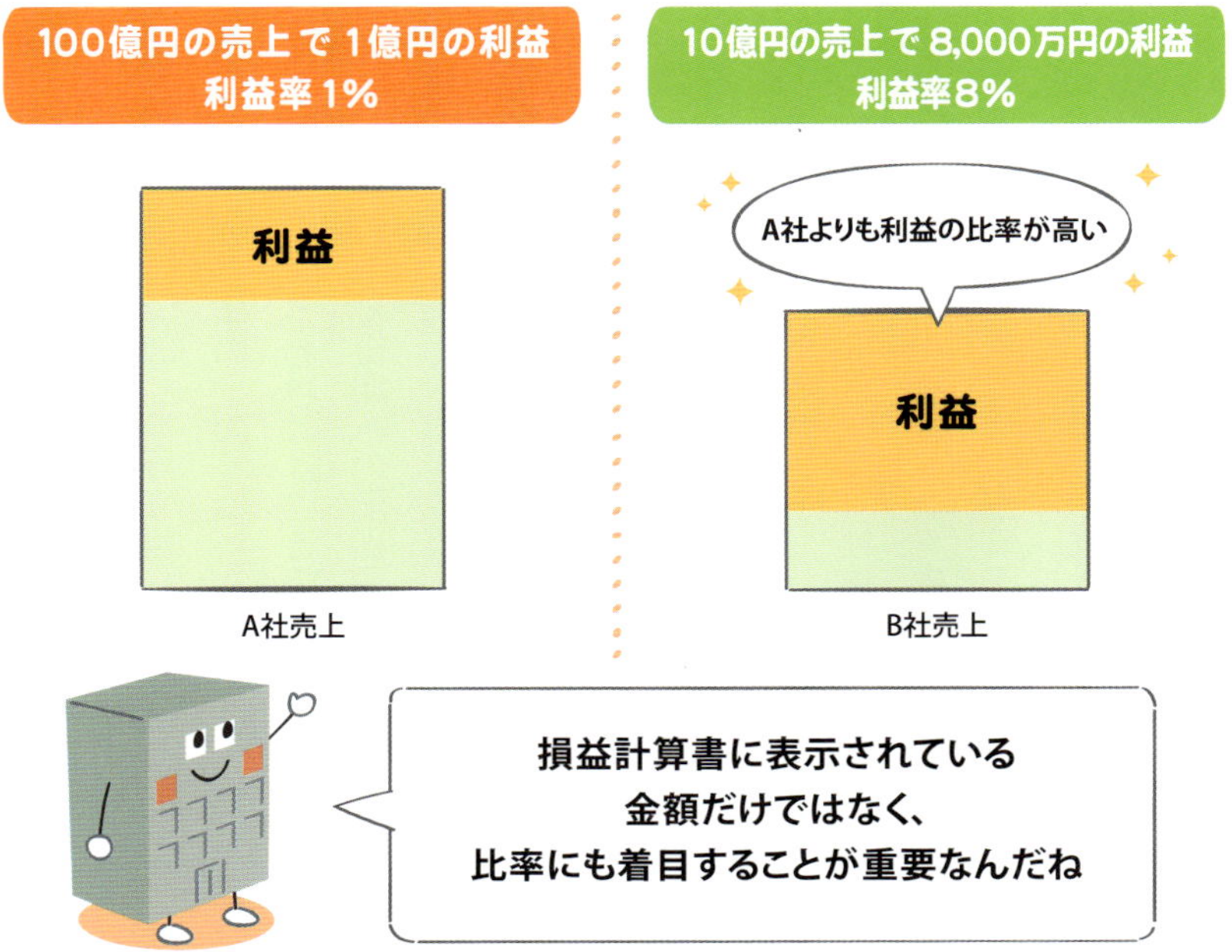
100億円の売上で 1億円の利益
利益率 1%
利益
A社売上
10億円の売上で 8,000万円の利益
利益率8%
A社よりも利益の比率が高い
利益
B社売上
損益計算書に表示されている
金額だけではなく、
比率にも着目することが重要なんだね

会社は価値を生み出しているか

会社は商品の材料のほか、備品や外注費など、事業活動に必要なモノやサービスを購入し、それをもとに売上を上げています。**売上高から外部業者に支払うべき費用を引いた金額は、その会社が生み出した価値**ということになり、「付加価値《ふかかち》」と呼ばれます。付加価値は、給料として従業員に支払われたり、配当として投資家に配分されたりします。

まったく同じ設備を使って、同じモノを製造している会社でも、付加価値は異なってきます。主に労働の質が影響しています。

付加価値の配分

付加価値の最大の特長は、**従業員の人件費を費用ではなく利益の配分ととらえる**点です。付加価値は、給料として従業員に支払われたり、配当として投資家に配分されたりします。**社員一人ひとりが生み出す付加価値の平均金額**を労働生産性《ろうどうせいさんせい》といいます。従業員が、付加価値を生み出すのに効果的な働き方をすればするほど、労働生産性は高くなります。

通常は、労働生産性が高いほど社員の給料も高くなりますが、付加価値の全額を給料として従業員に支払ってしまうわけにはいきません。お金の出し手である投資家への配当も行わないと、誰も会社に対してお金を投資してくれなくなるからです。

労働分配率

付加価値のうち、給料などの人件費が占める割合を労働分配率《ろうどうぶんぱいりつ》といいます。

会社は、高い付加価値を目指しつつ、社員のモチベーションや他社の人件費なども考慮して労働分配率を決定します。労働分配率を下げすぎれば優秀な人材の確保が難しくなり、労働生産性が低くなる可能性があります。一方、上げすぎれば人件費が高くなってしまい利益を圧迫してしまいます。

付加価値の考え方

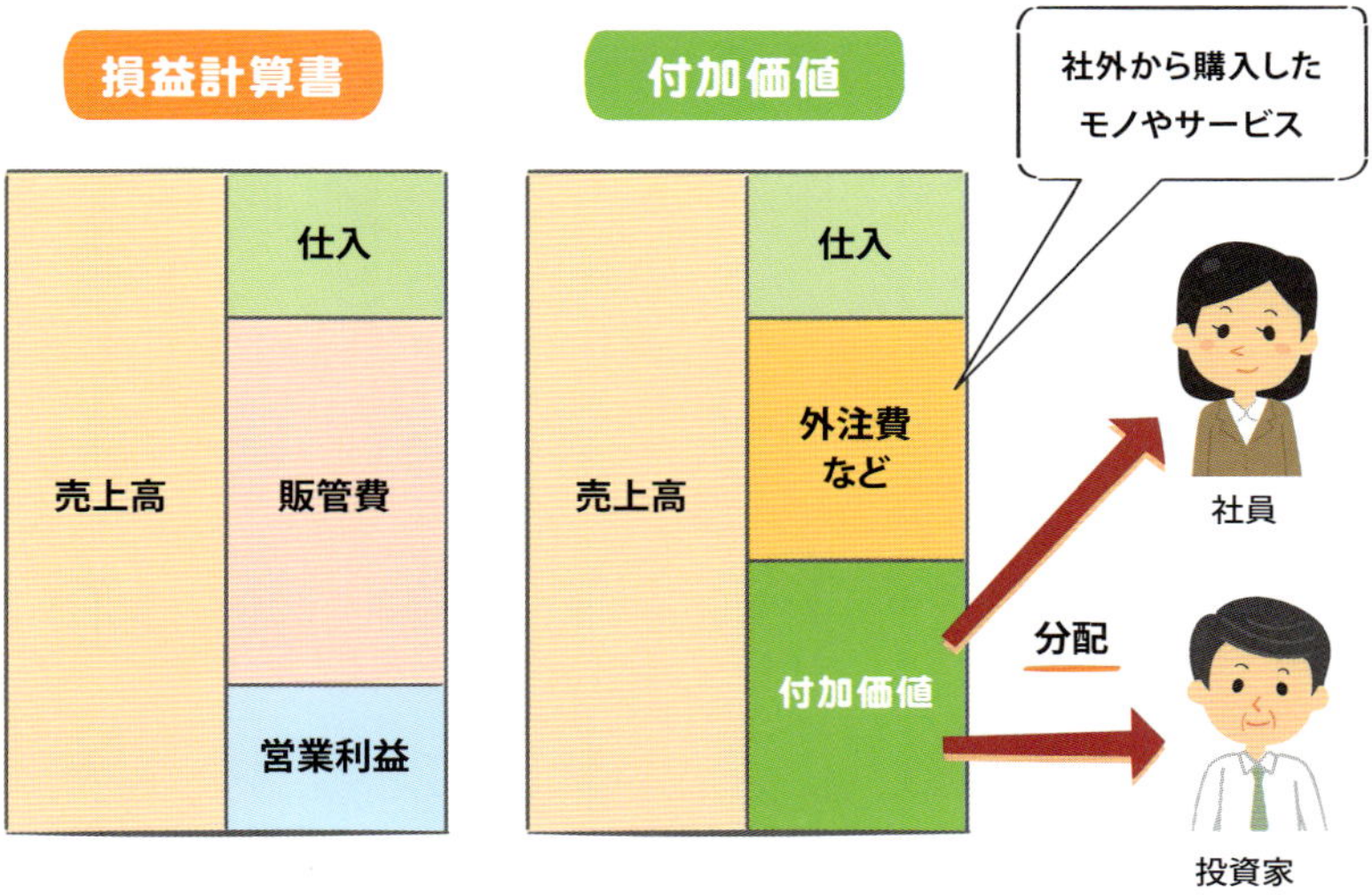

付加価値

付加価値 ＝ 売上 － 外部購入費用※

※仕入や外注費など、他社から購入した分

労働生産性

労働生産性 ＝ 付加価値 ÷ 従業員数

従業員１人当たり、どのくらい
付加価値を生み出しているかを表します

労働分配率

労働分配率 ＝ 人件費 ÷ 付加価値

付加価値のうち、どのくらいが従業員に
分配されているかを表します

損益計算書の骨組みとなる会計のルール

売上は実現したときに計上

損益計算書で真っ先に出てくる売上高。企業規模を表す数字としても、売上高が引き合いに出されるので、損益計算書の中では最もなじみのある言葉かもしれません。とはいっても、実際にどのような基準で売上高が計上されているかといったことはよく知らないという方も多いのではないでしょうか?

売上高が計上されるタイミングは**実現主義**《じつげんしゅぎ》と呼ばれています。実現主義とは、**モノやサービスの対価(お金)を受け取ることが決まった時点で売上を計上するルール**です。特に会社間の取引では、モノやサービスを先に提供して対価の支払いは後で、といった**掛取引**《かけとりひき》が行われます。掛取引の場合、提供する側にとっては、提供したときに対価を受け取ることは確定しているため、売上の計上タイミングは代金を受け取るよりも先になります。

日常生活では、実際の現金の動き(いつお金を受け取ったり、支払ったりしたか)を中心に考えがちですが、損益計算書上の売上高は、掛取引のケースからわかるように必ずしも受け取った現金の金額と一致しません。

総額主義と純額主義

売上の計上方法には、**総額主義**《そうがくしゅぎ》と**純額主義**《じゅんがくしゅぎ》*の2つのやり方があります。総額主義は、請求する金額をそのまま売上に計上する方法で、一般的に行われている方法です。

Keyword

*8 **純額主義**

他社の仲介でモノを仕入れてそのまま販売するケースなどで、手数料部分だけを売上に計上する方法です。日本では、今のところ、総額主義が中心です。

売上の計上は実現主義

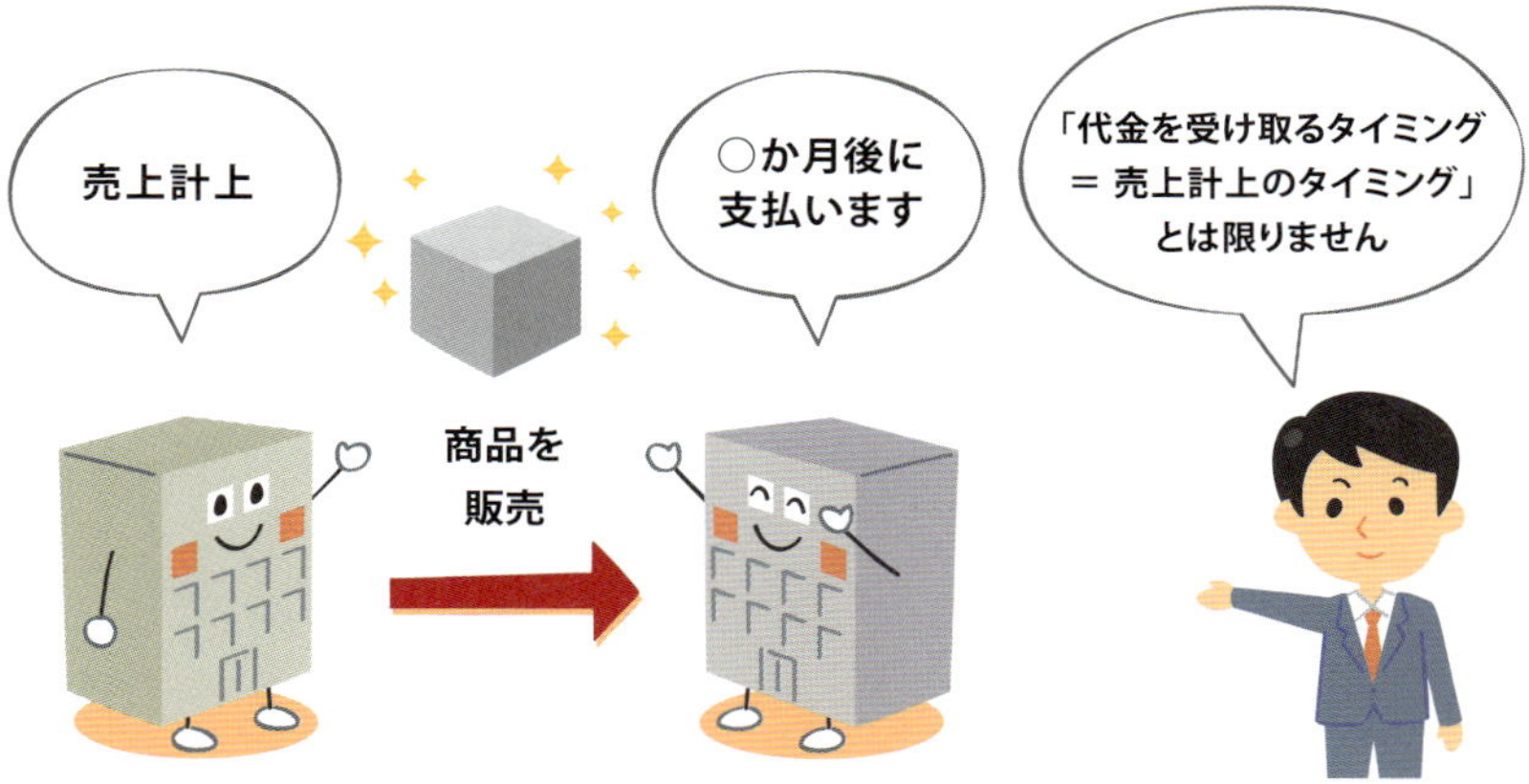
売上計上
商品を
販売
○か月後に
支払います
「代金を受け取るタイミング
＝ 売上計上のタイミング」
とは限りません

種類	計上方法	業種の例
総額主義	売上高を総額で計上	飲食店、製造業など
純額主義	買い手と売り手の仲介の場合などに、手数料分のみを計上	商社、百貨店などのごく一部

利益は同じですが、
総額主義のほうが、
売上高が大きくなります
日本では今のところ、
商社や百貨店も
総額主義が中心です

費用は発生したときに計上

売上はモノやサービスの対価を受け取ることが確定した時点で計上する「実現主義」がルールでした。これに対して、**費用はモノやサービスを消費した時点で計上する**のが原則です。これを**発生主義**《はっせいしゅぎ》といいます。例えば、棚卸資産（▼P.67）は、仕入れたときではなく、販売された分だけを計上することになっていました。これも、発生主義の一つです。

実現主義も発生主義も、お金の動きを追わないという点では共通しています。しかし、費用はお金を使った段階で計上するのに対して、売上はモノを提供しても対価を受け取れることが決まるまでは計上できません。費用の計上はできるだけ早く、売上の計上はできるだけ慎重にすべき、ということです。これを、**保守主義**《ほしゅしゅぎ》**の原則**《げんそく》といいます。

経営者にとっては、できる限り売上を多く計上して会社の規模を大きく見せたいという欲求がありますが、国（金融庁）は保守主義の原則で売上の計上基準を厳格にすることで、会社の実績を正しく損益計算書上に表そうとしているのです。

ちなみに業種によっては、モノを提供するよりも早くお金を受け取ったり、支払ったりする場合もあります。この場合も、お金の動きがあったときではなく、モノやサービスを提供したタイミングで売上や費用を計上します。

基本ルールを知って理解を深めよう

発生主義や実現主義は損益計算書を作るうえでの基本的なルールで、もっと細かいルールもあれば、業種による例外もあります。

決算書を分析するうえでは、こうした細かい知識まで覚える必要はありません。でも、数字を作っているルールさえ理解しておけば、損益計算書を読む力もより一層身につくはずです。

発生主義と実現主義を比べよう

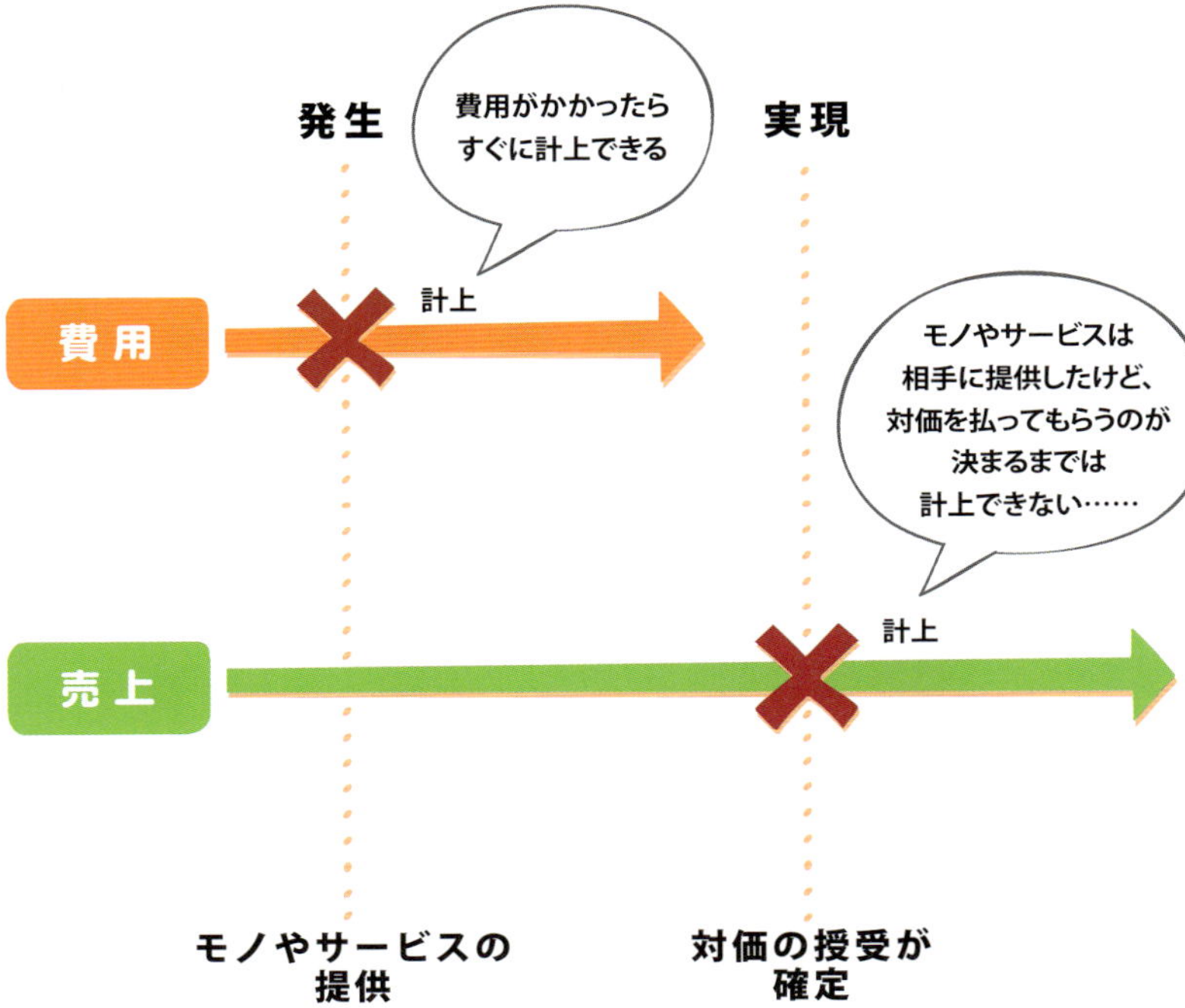

売上は費用に比べて、計上の要件が厳しいといえます

➡ 保守主義の原則

ニュースでよく聞く「粉飾《ふんしょく》決算」って?

粉飾決算とは、守るべき会計のルールに従わず、売上を実際よりも多く計上したり、費用を実際よりも少なく計上したりして、利益を水増しすることです。「不正会計」という言葉が使われることもあります。損益計算書上の黒字を大きくして投資家からの評価を上げるために、主に上場会社によって行われます。通常は、公認会計士による監査で事前に防止されるはずなのですが、まれにその目をすり抜けてそのまま一般に開示されることがあります。この行為は投資家を欺く行為なので、粉飾決算を行った会社は厳しく罰せられます。さらに、株価の下落などで損害を受けた株主から役員が訴えられることもあります。東芝、オリンパスなどの事件が有名ですが、このほかの上場会社でも、規模の大小こそあれ、毎年十数件の不正会計が発覚しています。

一方、非上場会社では、上場会社とは逆に売上を計上しなかったり、経費を架空計上するなど利益を少なくしたりするケースがあります。法人税は利益に対して課税されるため、利益を少なくすれば納税額を少なくできるからです。このような不正会計も、金額によっては「脱税」としてニュースに取り上げられることがあります。

基本編

Part 3

貸借対照表を読んでみよう

「貸借対照表」は、会社がどれだけ
資産や借金を持っているかを示した表です。
左側に資産の部、右側に負債の部と純資産の部が
記載され、左右が釣り合うのが特長です。

1 貸借対照表で会社の財政状態を把握する

貸借対照表とは

貸借対照表《たいしゃくたいしょうひょう》は、一言でいえば、**会社の資産や借金などがどのくらいあるかを表した一覧表**です。損益計算書が一定の期間の売上高などの数字を合計したものであるのに対して、貸借対照表は決算日という一時点の会社の財政状態のみを切り取って一覧にしたものです。

貸借対照表は3ブロックに分けられる

貸借対照表は、大きく3つのブロックに分かれています。一つ目は**資産の部**です。資産の部は、文字どおり**会社がどのような資産を持っているのか**ということを表示します。

二つ目は、**負債の部**です。負債の部には、**会社が負っている債務《さいむ》を表示**します。金融機関からの借入金や、仕入れ先に対して払うべき代金の合計額などが負債の部に表示されます。

三つ目は、**純資産の部**です。ここには、投資家から出資を受けた金額や、**資産にも負債にも該当しない項目**が表示されます。

右の金額と左の金額は同じになる

貸借対照表では、**資産の部は左側、負債の部と純資産の部は右側に表示**されます。そして、**左側の金額の合計額と右側の金額の合計額は必ず一致**します。そのため、貸借対照表は左右が釣り合う（バランスする）ということから、バランスシート（B／S）とも呼ばれます。

貸借対照表は３つのブロックでできている

貸借対照表

○○○○株式会社　　平成××年3月31日 現在　　〈単位：円〉

資産の部 会社がどんな資産を持っているかを表す		負債の部 会社がどんな負債を負っているかを表す	
流動資産		**流動負債**	
・現金預金	××××	・支払手形	××××
・受取手形	××××	・買掛金	××××
・売掛金	××××	・短期借入金	××××
・有価証券	××××	・未払費用	××××
・商品	××××	・未払法人税等	××××
・前払費用	××××	**固定負債**	
・未収収益	××××	・長期借入金	××××
・貸倒引当金	××××	**負債合計**	××××
固定資産		**純資産の部** 投資家からどれだけお金を集めたかということなどを表す	
・有形固定資産	××××	**株主資本**	
├建物	××××	・資本金	××××
├減価償却累計額	××××	・資本準備金	××××
├備品	××××	・利益準備金	××××
└減価償却累計額	××××	・繰越利益剰余金	××××
・無形固定資産		**純資産合計**	××××
└ソフトウェア	××××		
資産合計	××××	**負債・純資産合計**	××××

同じ金額になる！

資産の部 ＝ 負債の部 ＋ 純資産の部

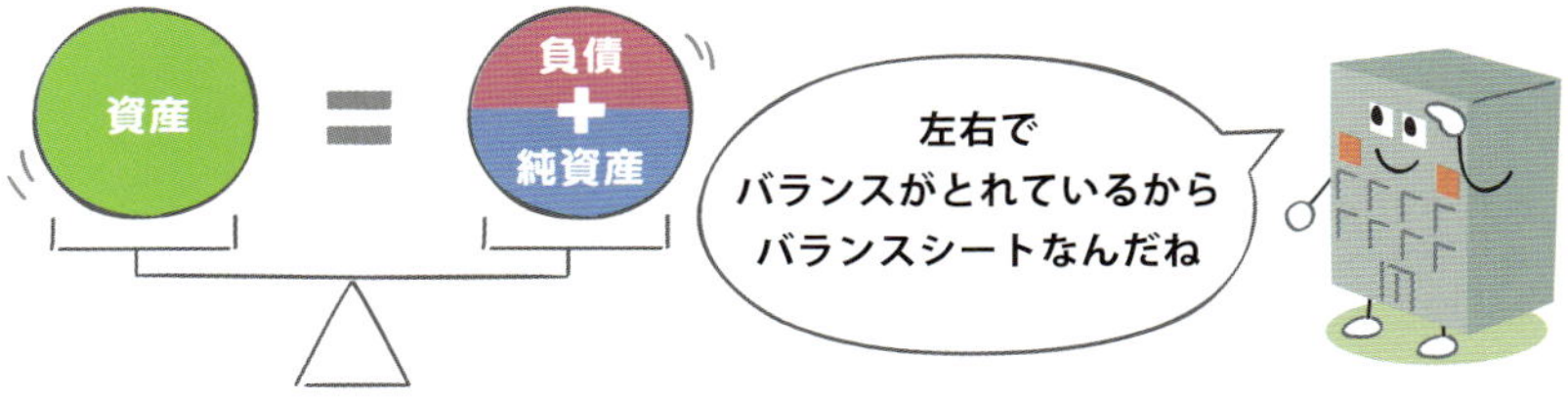
資産
負債
純資産
左右で
バランスがとれているから
バランスシートなんだね

資金の集め方と使い方がわかる

貸借対照表は3つのブロックに分かれていますが、右と左に分かれているのには、ちゃんとした理由があります。それは、**会社がどのように資金を調達して、どんな形で運用しているかということを表すため**です。

右の負債の部や純資産の部は、**資金をどうやって集めた（調達した）のか**を表します。**借入金などの負債は、外部の金融機関などから借りてきたお金**なので、いつか返さなければなりません。このように、負債の部にはいずれ支払わなければならない金額が表示されるため、**他人資本**《たにんしほん》と呼ばれます。**一方、資本金などの純資産は、株主から投資を受けたお金や会社が稼いだ利益の金額**で、返済する必要がないお金です（**自己資本**《じこしほん》といいます）。ただ、返済する必要がないといっても、会社は社長や従業員だけのものではありません。「会社は株主のもの」という言葉があります。

これは、「株主が投資したお金（＝資本金）や、そのお金をもとに会社が稼いだ利益は株主のものである（帰属《きぞく》する）」という考えを表したものです。このため、「自己」は「株主」と置き換えることもできます。実際に純資産の部には「株主資本」という名称で、株主に帰属するお金が表示されます。

他人資本と自己資本を利用して、どのように会社が資金を運用しているかを表すのが、左側の資産の部です。現金や預金として持っているものもあれば、商品などの棚卸資産や、製造に使う機械などに形を変えたものもあります。このように、**調達したお金を会社がどのように使っている（運用している）かということが一目でわかるのが貸借対照表**です。

貸借対照表を見るときは、「**安全にお金を調達できているか**」ということと、「**調達したお金を使って利益を生み出すために、効率的に運用しているか**」というポイントが重要になります。

資金の調達と運用の関係がわかる

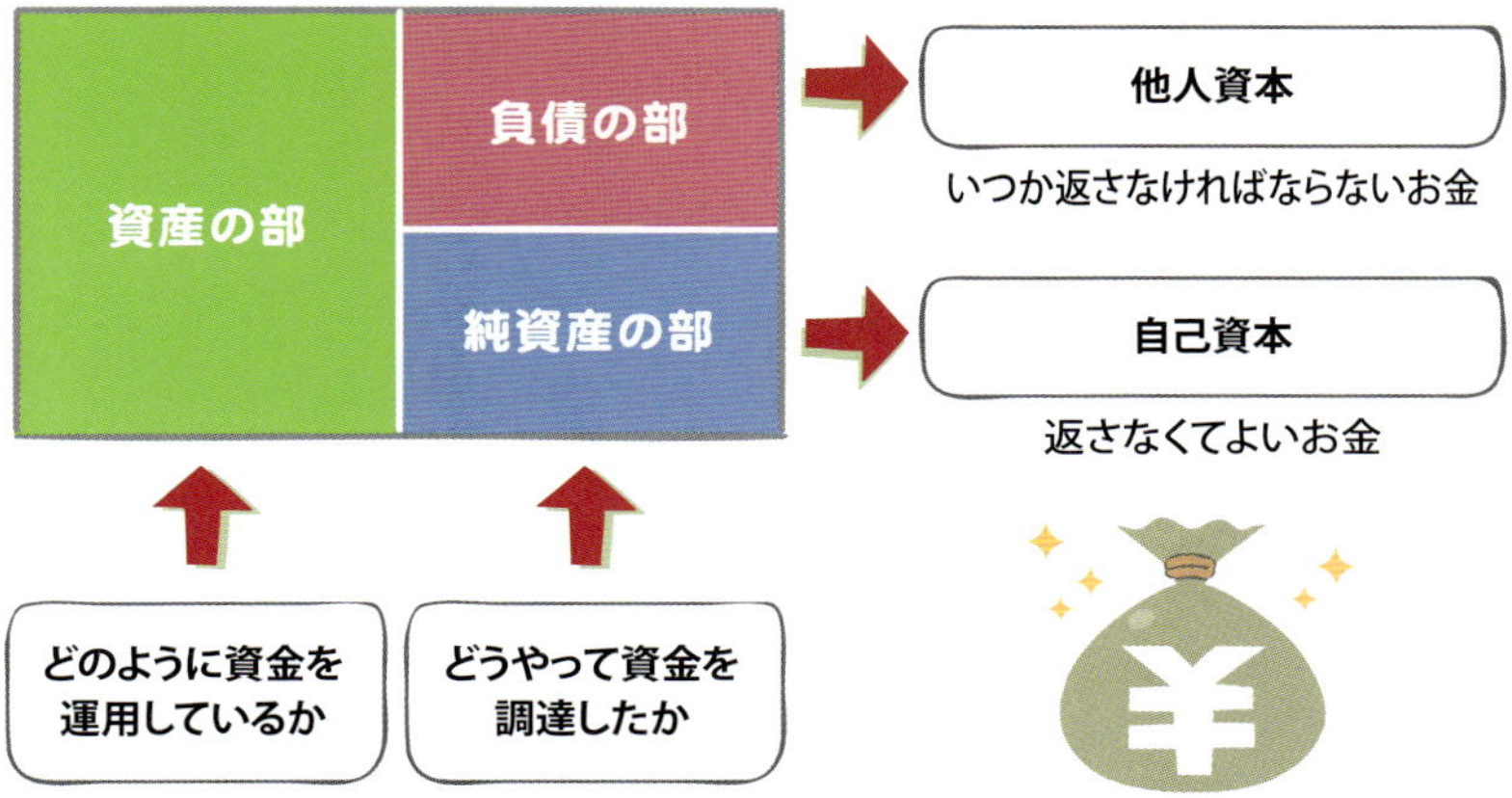
資産の部
負債の部
純資産の部
他人資本
いつか返さなければならないお金
自己資本
返さなくてよいお金
どのように資金を運用しているか
どうやって資金を調達したか

書式が異なる貸借対照表もある（報告式の貸借対照表の例）

ナツメスーパー株式会社

平成××年×月×日　〈単位：円〉

資産の部	
① 流動資産	××××××
② 固定資産	××××××
③ 繰延資産	××××××
資産合計	××××××
負債の部	
① 流動負債	××××××
② 固定負債	××××××
負債合計	××××××
純資産の部	
① 株主資本	××××××
② 評価・換算差額等	××××××
③ 新株予約権	××××××
④ 少数株主持分	××××××
純資産合計	××××××

左右ではなく、
縦に並ぶ様式です
様式が違うだけで、
内容としては同じです
上場会社の決算書で
よく使用されています

2 貸借対照表は会社の財政状態を表すためにある

現金に換えやすいものはどれ？

貸借対照表を見ると、資産の部は**流動資産**《りゅうどうしさん》や**固定資産**《こていしさん》といった項目に分かれています。この区分は、主に**お金（現金）になりやすいかどうか**という見方で分けられます。会社は現金がなければ材料を仕入れることもできず、従業員に給料を支払うこともできません。このように、資産の中でも現金は経営の大切な土台になるものなので、現金化しやすいものほど資産としての重要性が高くなります。区分するときの具体的な基準の一つは、**1年以内に現金化されるかどうか**です。**1年以内に現金化されるなら流動資産、そうでなければ固定資産**、といったように区分されます。

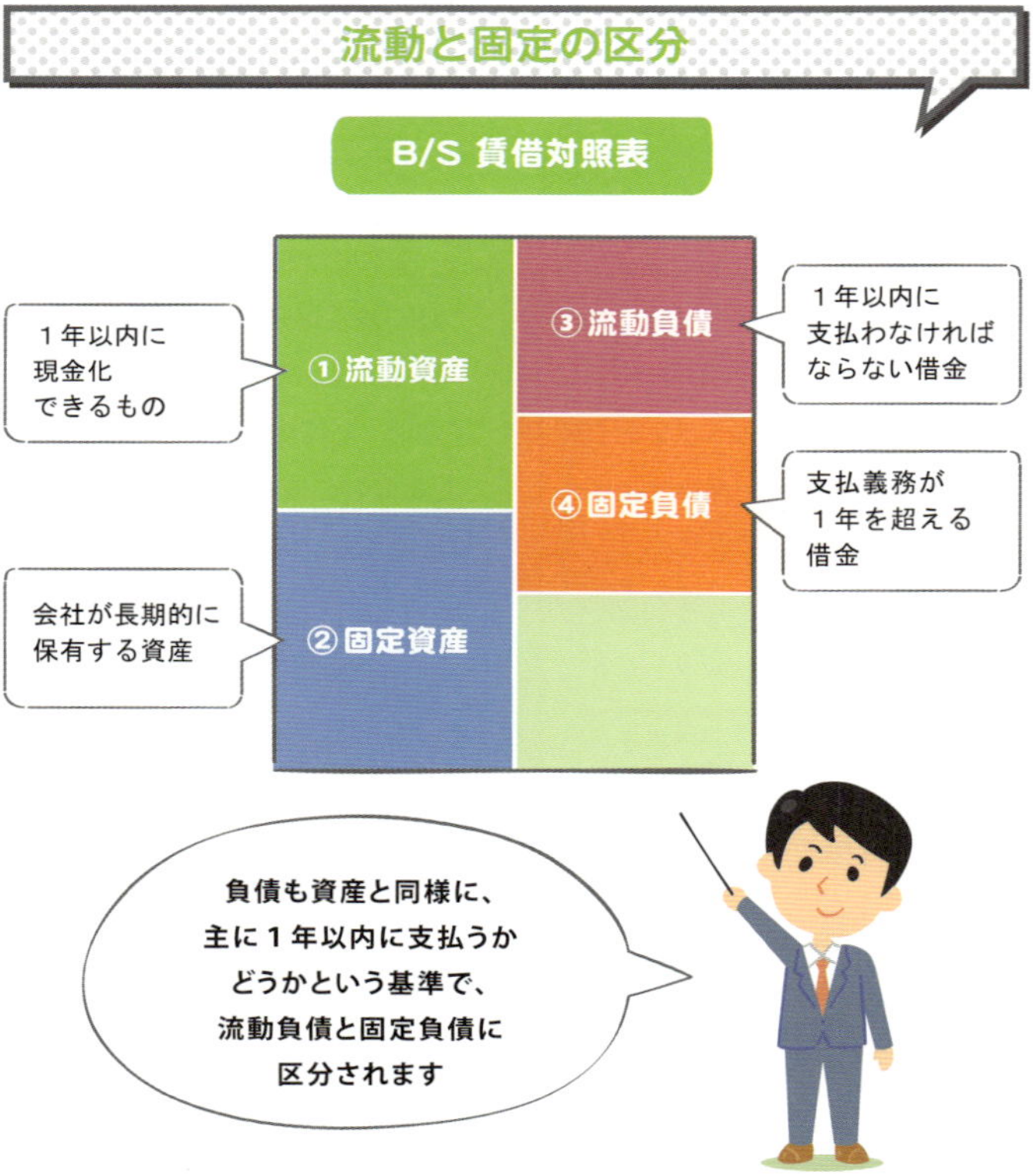
流動と固定の区分
B/S 貸借対照表
1年以内に現金化できるもの
①流動資産
②固定資産
会社が長期的に保有する資産
③流動負債
1年以内に支払わなければならない借金
④固定負債
支払義務が1年を超える借金
負債も資産と同様に、主に1年以内に支払うかどうかという基準で、流動負債と固定負債に区分されます

[資産の部] 流動資産はすぐ現金化できる

具体的に流動資産と固定資産の区分について見てみましょう。

まず流動資産として一番上に記載されているのが**現金及び預金**です。次に、お客様からの入金を待っている状態の**売掛金**《うりかけきん》や**受取手形**《うけとりてがた》などが続きます。お金になりやすいかどうかという点で流動と固定に分かれているので、お金そのものである現金預金はもちろん、そのうち入金される売掛金などは、資産の中で最も流動性が高いといえます。現金や預金、売掛金などのように、流動資産の中でも特に現金に近い（現金性が強い）ものを、**当座資産**《とうざしさん》といいます。

そしてもう一つ流動資産として代表的なものが、**棚卸資産**《たなおろししさん》*です。損益計算書のところでも説明したように（▼P.44）、棚卸資産はおおざっぱにいえば、「仕入れはしたけど期末に残っているもの」です。これも、次の期には販売されて現金化されるだろうという見込みから、流動資産に区分されます。棚卸資産は、業種によって「原材料」「仕掛品」「製品」「商品」などいろいろですが、どれも近いうちに売ったり使ったりするであろうものという点では同じです。

さらに、外部業者などにお金を貸している場合で、1年以内に返済してもらう分などが流動資産となります。

[資産の部] 固定資産はすぐ現金化できない

固定資産として代表的なものは、機械など減価償却《げんかしょうきゃく》（▼P.28）の対象となる資産です。機械などの生産手段は、それ自体を売ってお金に換えるものではなく、長く持ち続けることによって会社の事業活動に役立てるというものです。

このほかにも、回収が1年を超える**貸付金**《かしつけきん》や、関連会社の株式などが固定資産に含まれます。

*1

Keyword

棚卸資産

損益計算書上では、期末棚卸資産高と表示されていましたが、同じものです。

流動資産と固定資産の中身

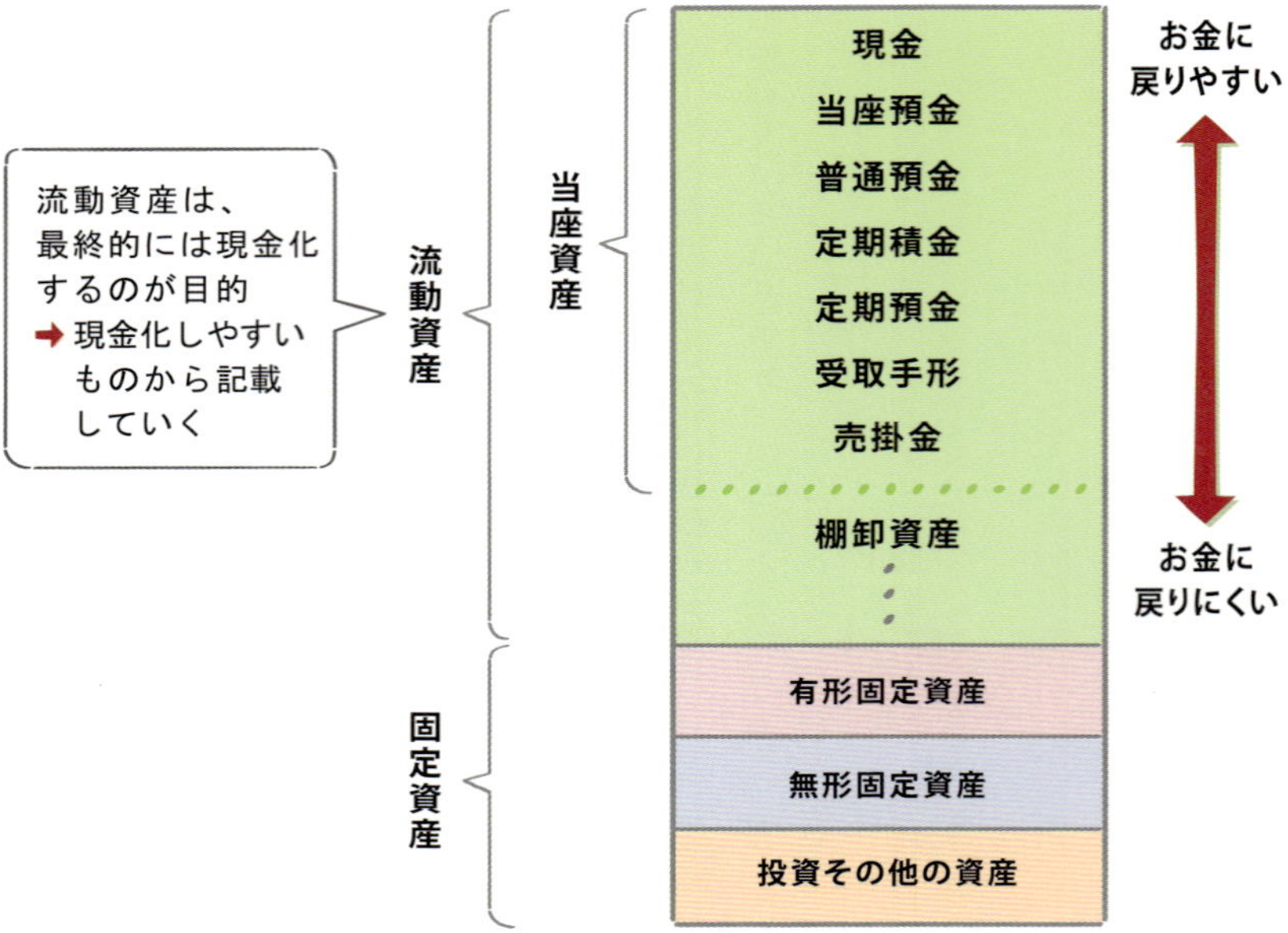

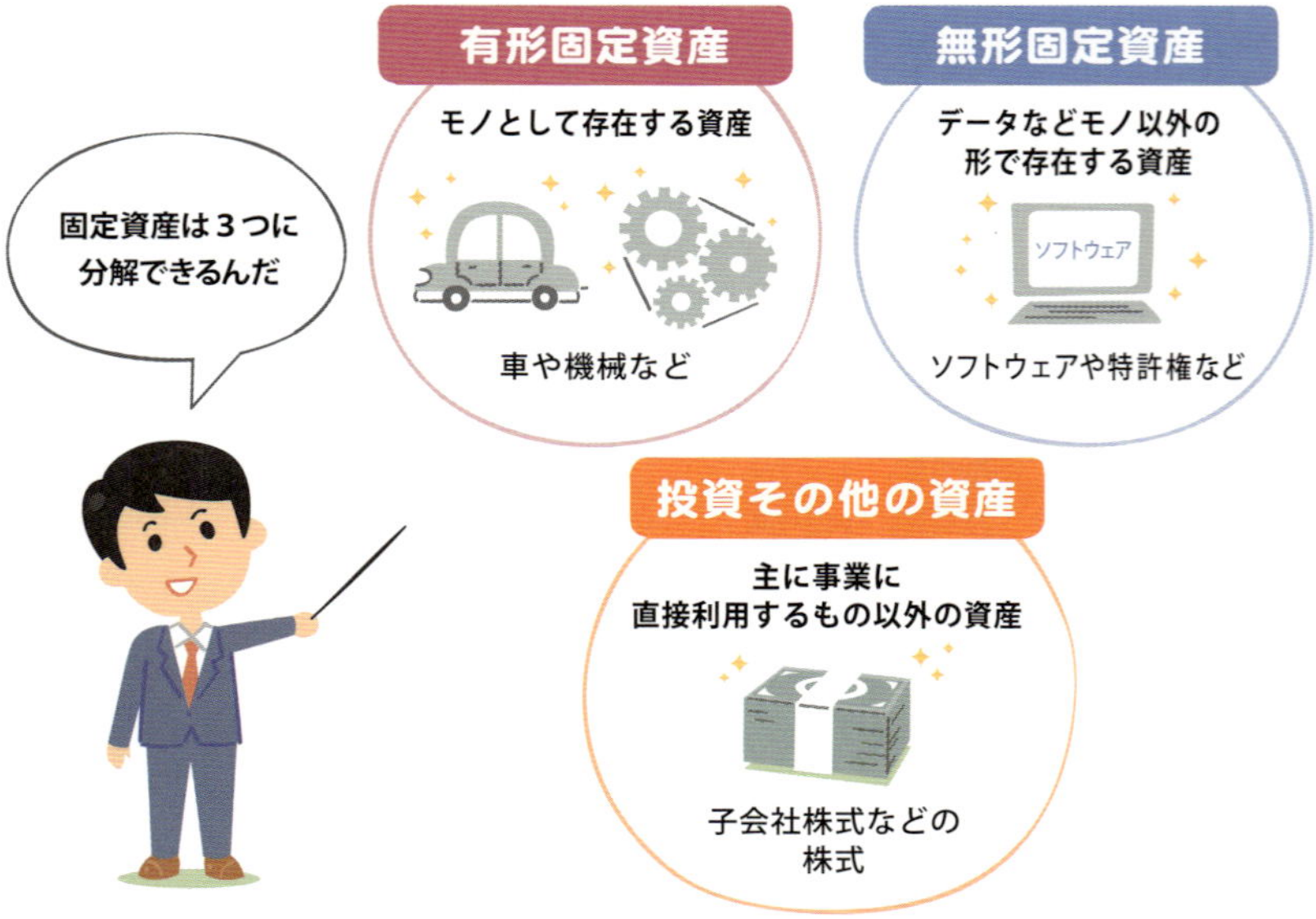

※有形固定資産や無形固定資産は減価償却（→P.28）の対象（土地などは除く）。
それまでの減価償却額の合計は、減価償却累計額という項目で、固定資産の部に表示されます。

［負債の部］いつ支払うかで分類される

次に負債の部について見てみましょう。負債も資産と同じように、「流動」と「固定」に分かれています。資産の部が、お金になりやすいかどうかという基準で区分されていたように、負債の部も**お金が出ていきやすいかどうかで「流動」と「固定」に区分**されます。

流動負債《りゅうどうふさい》には、**短期で支払いが必要な項目**が入ります。例えば、取引業者などへの買掛《かいかけ》金《きん》や未払金《みばらいきん》、1年以内に返済しなければならない短期借入金《たんきかりいれきん》などがそれに当たります。流動資産の売掛金と流動負債の買掛金など、流動資産と流動負債は対照的な関係にあります（下図）。

一方の**固定負債**《こていふさい》には、返済が1年より先になる長期借入金や、外部から資金調達するために会社が発行する社債など、**当面はお金の支払いが必要ない項目**が含まれます。

流動負債と固定負債の中身

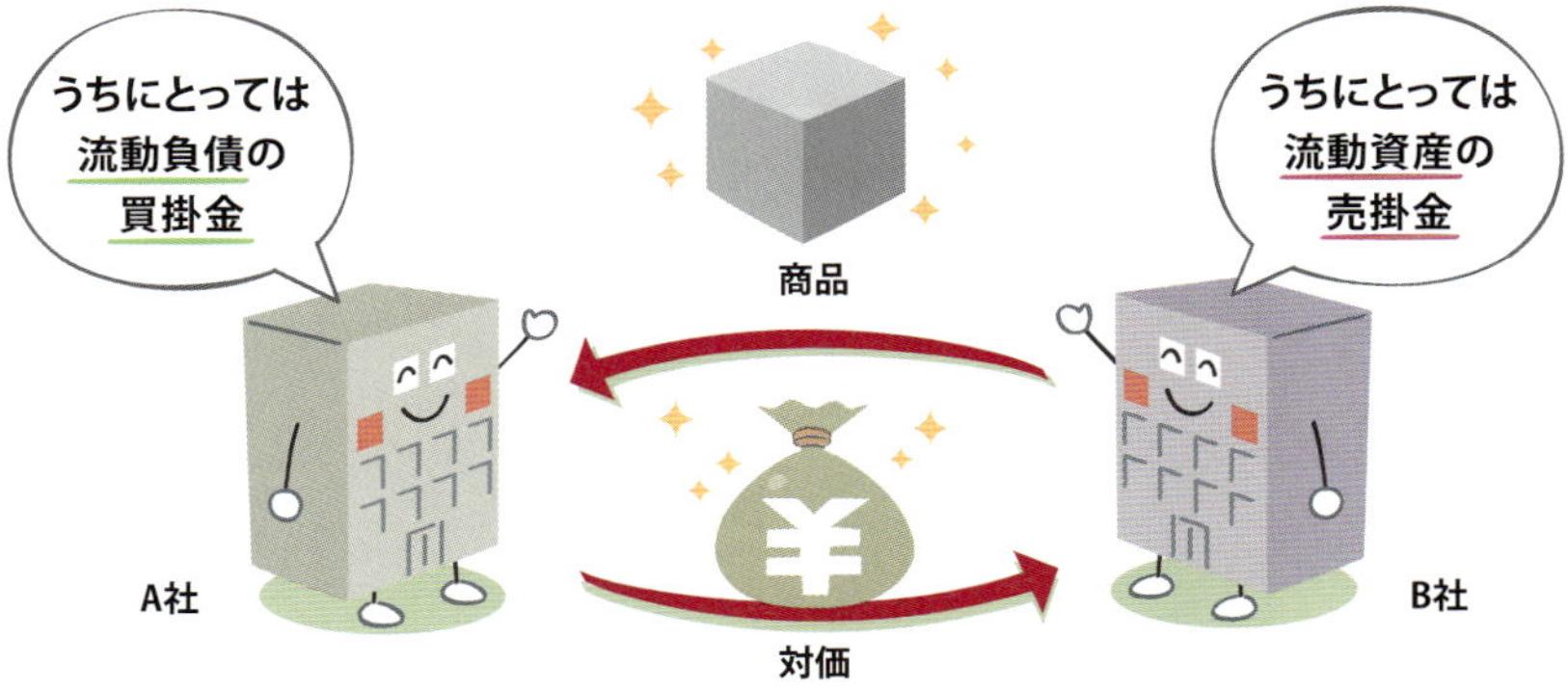

流動負債	15,000
支払手形	3,000
買掛金	5,000
短期借入金	5,000
預り金	1,000
その他流動負債	1,000
固定負債	**27,000**
長期借入金	26,000
その他固定負債	1,000

短期で支払わなければならないもの
➡流動負債

支払が1年より先になるもの
➡固定負債

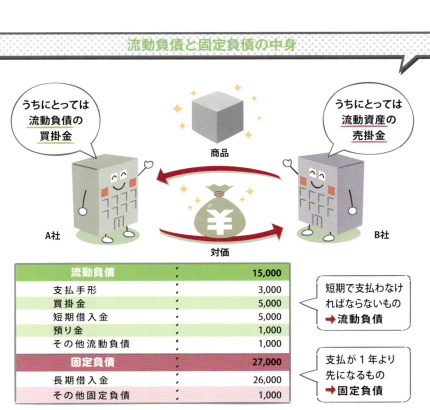

［純資産の部］株主資本は2つに分かれる

純資産の部は、資産の部や負債の部に比べて、普段聞きなれない言葉が並んでいます。純資産の部には、主に返さなくてよい自分のお金が列挙されます。少々戸惑うこともあるかもしれませんが、重要になるのは**株主資本《かぶぬししほん》**です。

株主資本は大きく2つに分かれます。一つは、**株主が出資した金額の合計**である**資本金《しほんきん》**と**資本剰余金《しほんじょうよきん》**、もう一つは、**会社ができてから決算までに稼いできた利益**を累積した**利益《りえき》剰余金《じょうよきん》**です。

資本金は事業の元手

どんな会社でも、事業を始めるには元手が必要です。資本金や資本剰余金は、株主から集めた元手の金額を表します。会社は集めた元手である資本金などを活用して利益を生み出していきます。**資本金として表示される金額はあくまで元手を表しているだけ**です。**その分の現金がまだ会社にあるとは限りませんし、資本金の大小が現在の会社の規模を表しているとも限りません。**

利益剰余金は株主の取り分

利益剰余金は、利益、正確にいえば**当期純《とうきじゅん》利益《りえき》**（▼P.37）の蓄積です。当期純利益は、**役員や従業員への給料、金融機関への利息の支払い、国や自治体への税金を加味して最終的に残った利益**であり、**株主の取り分**を表します。

当期純利益の使いみちは、**配当と成長への投資の2つ**です。配当はもちろん、成長への投資も、最終的には株主の利益になるように行われる必要があります。とはいっても、稼いだ利益をすべて配当や投資に使う必要はありません。使わなかった分は繰越利益剰余金というかたちで表示されます。

純資産の部はこうなっている！

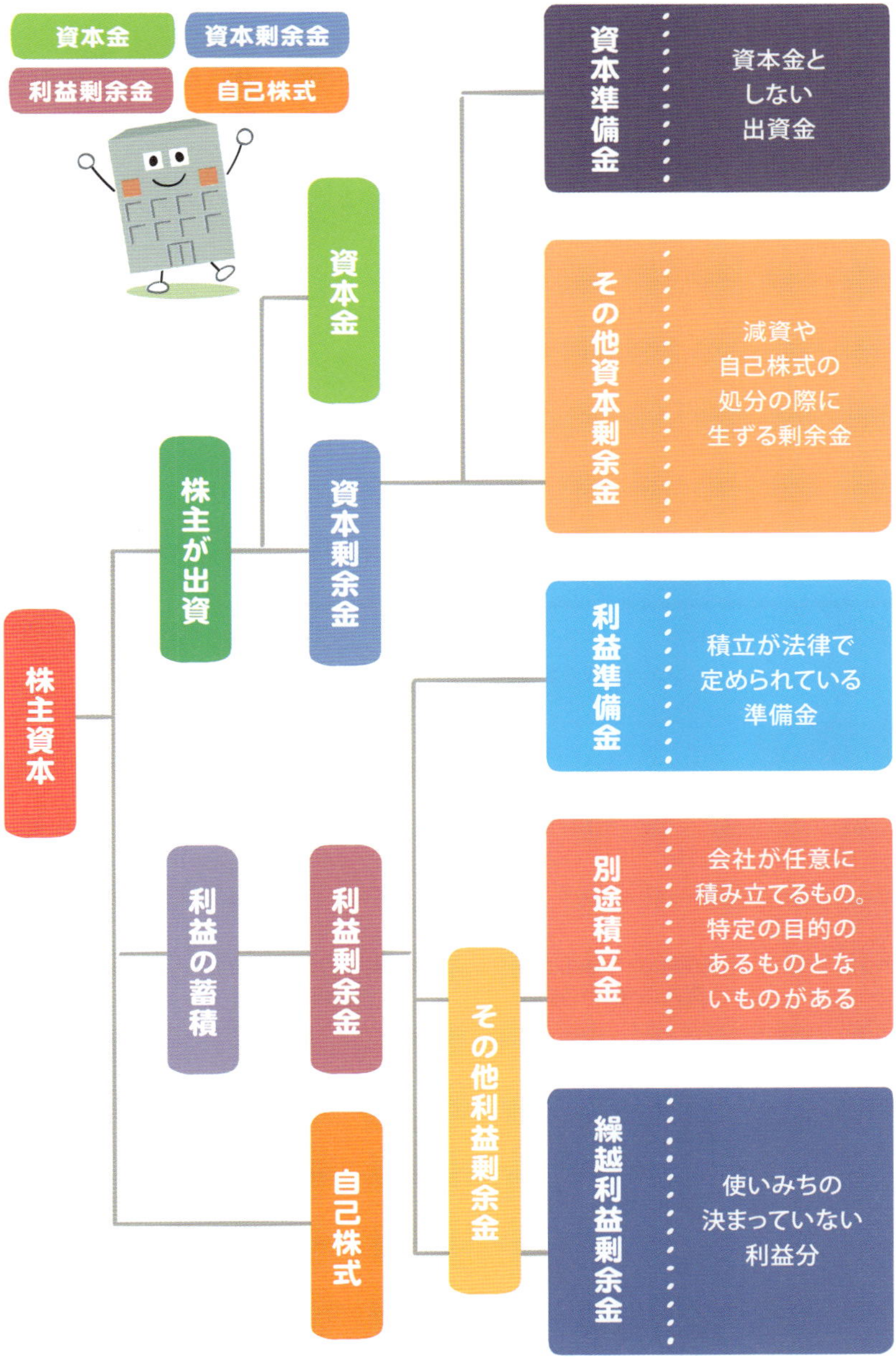

3 貸借対照表の用語を知ろう！

用語① 有価証券

貸借対照表を見てみると、ところどころに**有価証券《ゆうかしょうけん》**という言葉が出てきます。有価証券には、**会社が保有している株式や国債など**が含まれます。

有価証券は、貸借対照表上では、その目的に応じて4つに分類されています。そのため、貸借対照表上に「～有価証券」という言葉がたくさん出てくるのです。一口に有価証券といっても、売却目的か保有目的かで区分しないと、正確な貸借対照表を作成できません。

また、目的によって、時価で表示するものや、買ったときの値段をそのまま表示し続ける（据《す》え置く）といった違いもあります。

有価証券は保有目的で分類

目的	貸借対照表の金額	表示場所
売買目的	時価	流動資産
満期保有目的	取得したときの金額を据え置き（例外あり）	流動資産または投資その他の資産
子会社・関連会社の支配	取得したときの金額を据え置き	投資その他の資産
その他	時価	流動資産または投資その他の資産

用語② 繰延資産

これまで、資産を流動資産と固定資産に分けて説明してきましたが、実は資産にはさらに3つ目の区分があります。それが繰延《くりのべ》資産《しさん》です。繰延資産とは、受けたサービスの効果が1年を超えて続くので、費用も分割して計上するために使われる項目です。費用を支出後の各期間に配分するという点では、まさに固定資産の減価償却（▶P.28）と処理が似ていますね。

固定資産は、機械やソフトウェアなど、モノや権利などを会社が実際に保有するため、それを使って売上を上げたり、売却したりすることができます。それに比べて、繰延資産は単に費用を複数期間に配分するために使う、財産価値のない項目です。実際は、**繰延資産とされるものも支払い時に全額を費用にするケースがあり、必ず決算書に表示されるわけではありません。**

繰延資産と固定資産の違い

繰延資産の代表例

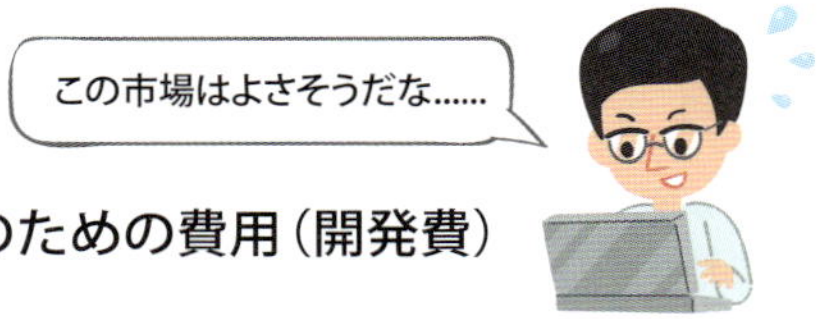
この市場はよさそうだな……

新市場の開拓などのための費用（開発費）

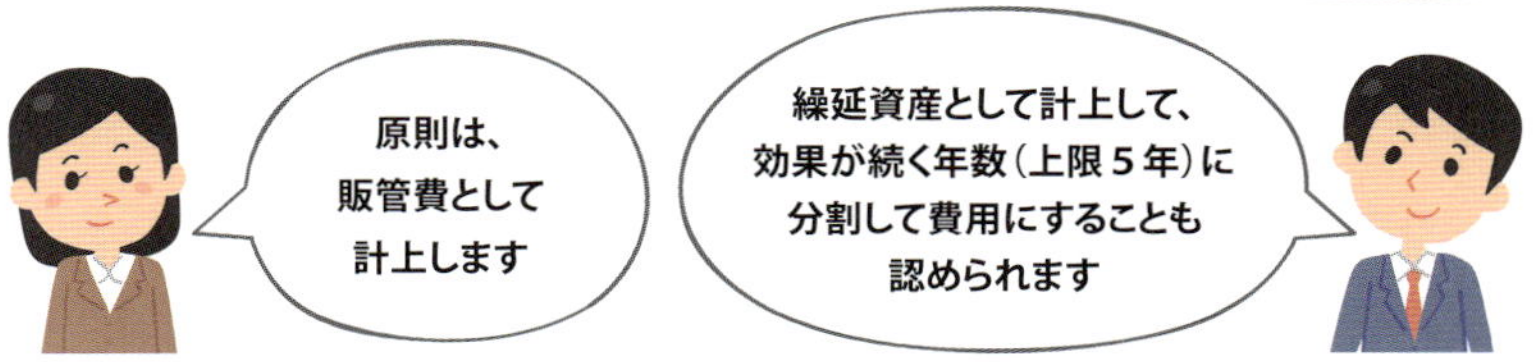
原則は、
販管費として
計上します
繰延資産として計上して、
効果が続く年数（上限５年）に
分割して費用にすることも
認められます

固定資産と繰延資産の違い

固定資産	財産価値がある（売却できる）
繰延資産	財産価値がない

用語③　経過勘定

売上は実現したときに計上（▼P.56）、費用は発生したときに計上（▼P.58）ということが損益計算書上の原則です。この原則に照らすと、もしも2年分のサービス提供の対価（代金）を前もって一度に受け取っても、その期のP／Lに表示できるのは、その期末までの期間に対応する、つまり1年分だけということになります。逆に、「モノやサービスの提供が先に完了したけれど、代金を受け取るのは数か月先」という場合も考えられます。

このように、**売上や費用の計上のタイミングとお金の動きがズレることはよくあること**です。こうしたズレを調整するために使われるのが、経過勘定《けいかかんじょう》という項目です。

経過勘定の種類は4つ

経過勘定が使われるケースは、図のように4つのパターンがあります。カンタンにまとめると、**先にお金が動くかそれともモノやサービスが動くかどうか、また、売上関連か、費用関連か**、という点から区分されます。

金額が小さいなど、会社の経営への影響が少ないものまでこうした経過勘定を使って処理すると、かえって決算書を複雑にしてしまいます。このため、**重要でない内容のものについては、会社の判断で経過勘定を使わないことも認められています**。決算書に載っている経過勘定は重要なものだけ、と覚えておけばよいでしょう。

さらに、大きな会社になると、そもそも経過勘定自体が、貸借対照表上「その他」という項目でひとまとめにされている場合があります。こうなると金額すらわからないのですが、少なくとも、経過勘定の考え方を知っておけば、損益計算書を形づくる実現主義（▼P.56）と発生主義（▼P.58）という考え方も理解しやすくなりますので、知っておいて損はないでしょう。

経過勘定の４パターン

前払費用	資産の部	先にお金を支払った場合
未払費用	負債の部	先にモノやサービスの提供を受けた場合
前受収益	負債の部	先にお金を受け取った場合
未収収益	資産の部	先にモノやサービスの提供を行った場合

前受収益の例

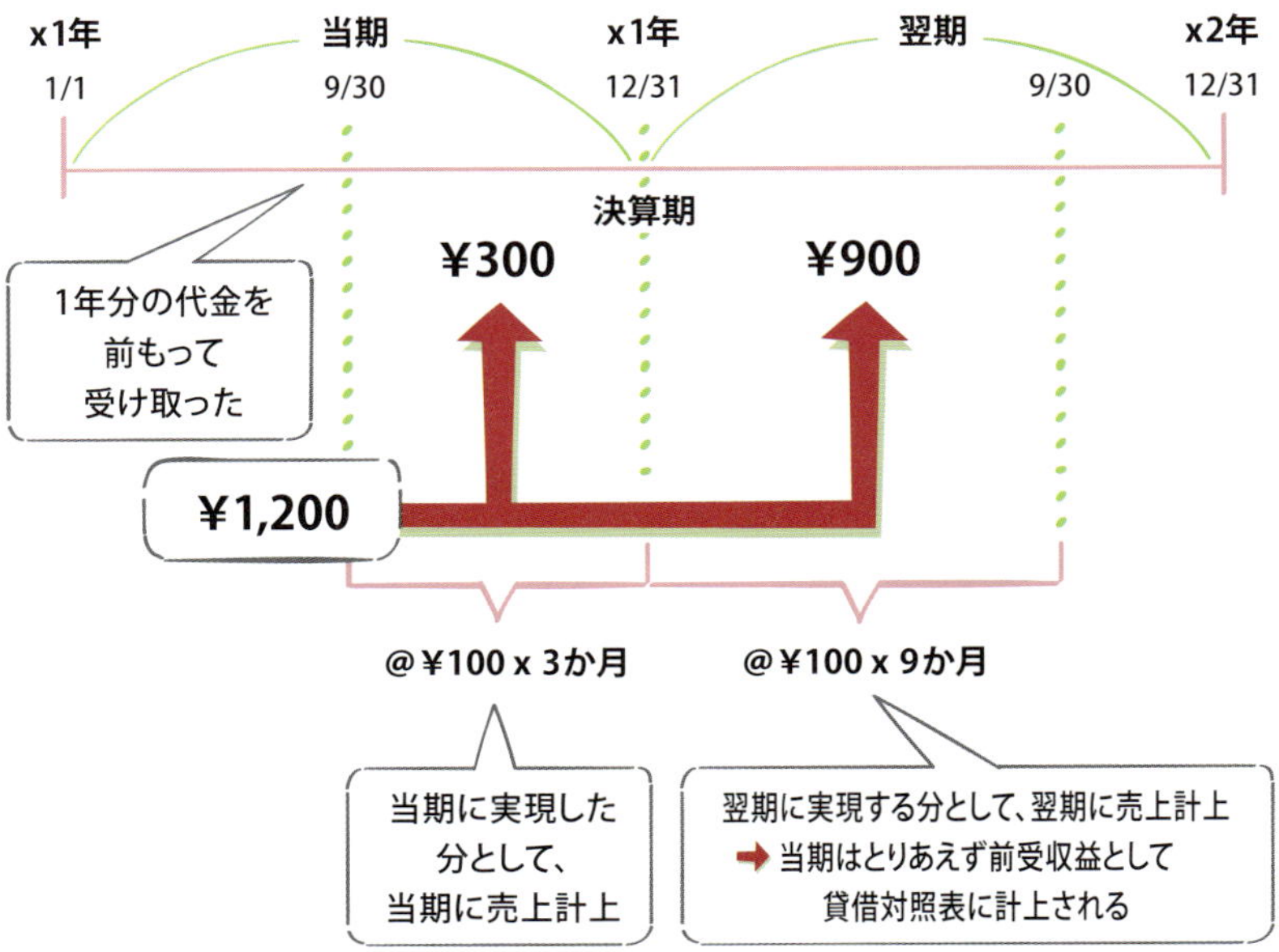

用語④　仮勘定

経過勘定と似て非なるものが**仮勘定《かりかんじょう》**です。仮勘定とは不明な相手から振り込みがあった場合など、**そもそも処理すべき内容が確定しないため、やむを得ず使用する項目**です。**あまりに仮勘定の金額が大きい会社は、しっかりと決算を行っていない可能性があり要注意**です。不明な項目をそのままにして決算をしているのであれば、金融機関や投資家が決算書の信ぴょう性を疑っても無理はありません。

同じく「仮勘定」という言葉がつくものに、「建設仮勘定」というものがあります。これは、工場で使う機械の組み立てや自社ビルの建設など、**将来的に固定資産になるものが、期末時点で完成していない場合に使われる項目**です。**将来的に建設仮勘定は固定資産になるため、固定資産の部に表示されます**。

仮勘定にはこんなものがある

仮払金	内容を指定せず、 とりあえずお金を払った場合
仮受金	内容が不明な入金があった場合
現金過不足	手持ち現金と帳簿が合わない場合

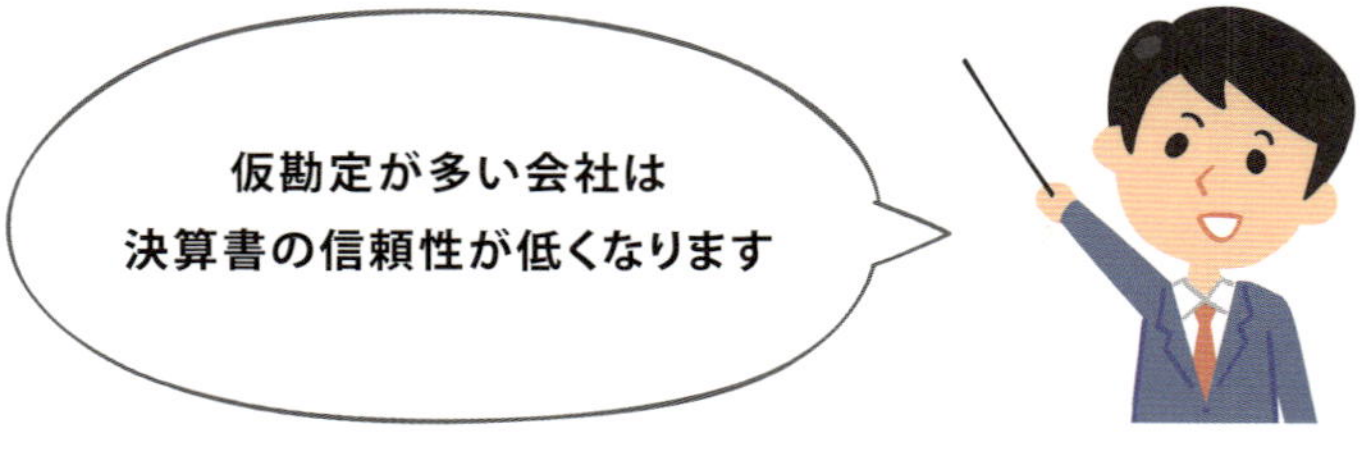
仮勘定が多い会社は
決算書の信頼性が低くなります

用語⑤　消費税

損益計算書のところで、会社が納める税金について書きました（▼P.46）。しかし、ここで登場していない税金があります。**消費税**《しょうひぜい》です。

私たちと同じように、会社も消費税の受け取りや支払いがあります。しかし、一般的に損益計算書上は売上や仕入などに消費税額は含まれていません。つまり、損益計算書は原則として税抜金額で作られています。この場合は、お客様から預かった税額と仕入先などに支払った税額の差額が貸借対照表の流動負債に計上されます。

一方、少数ですが、税込で売上や費用を損益計算書上に計上する方法もあります。税込と税抜のどちらの方法を採用しているかは、決算書上に記載されているので、会社間で比較するときは、念のために消費税の扱いも確認しておきましょう。

消費税はこのように計算されている

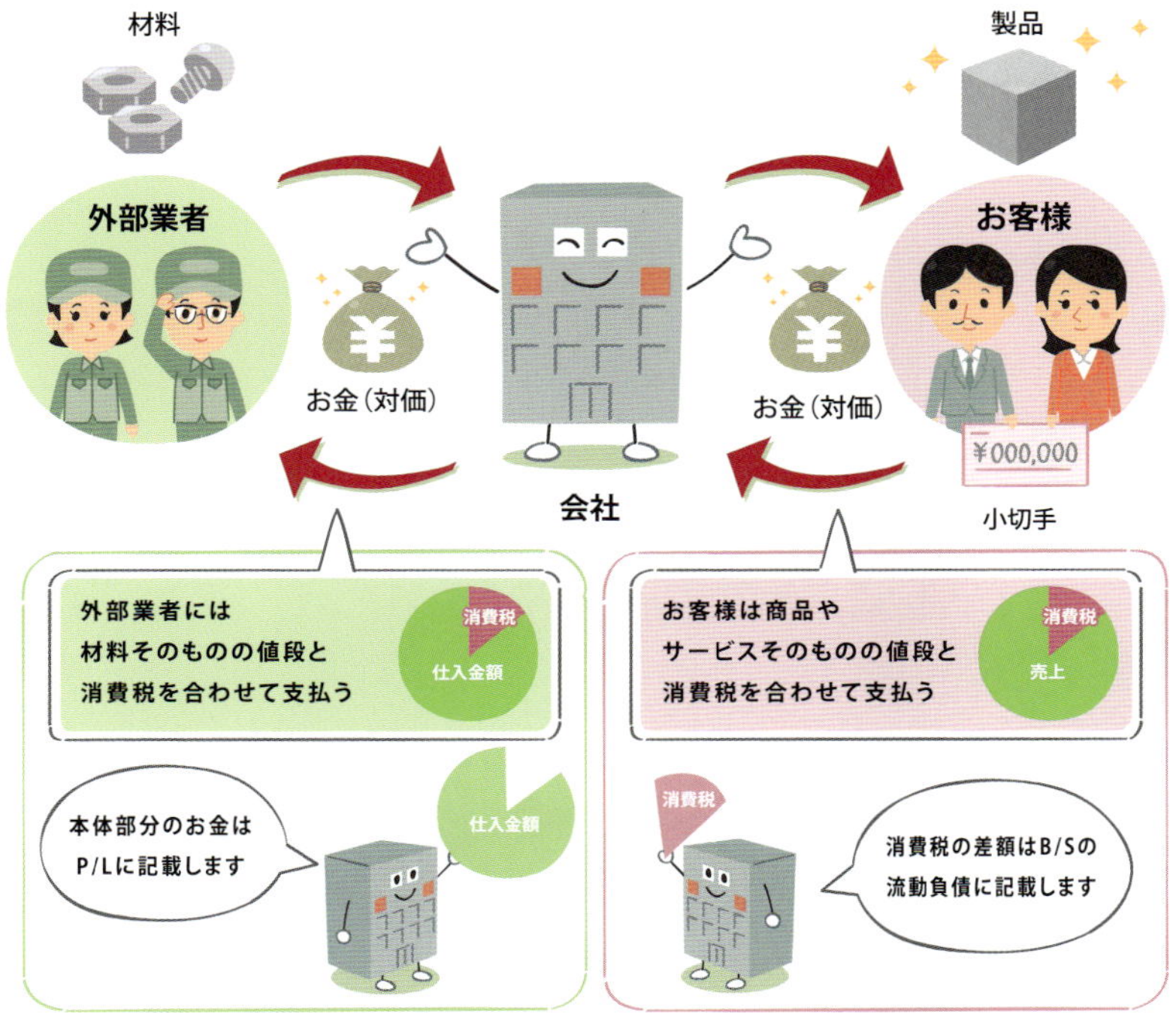

4 貸借対照表で経営分析ができる

どの資産の比率が大きい？

実は、貸借対照表からは大まかな会社の特長をとらえることができます。まず着目するのが、資産の内訳です。資産は、流動資産と固定資産に分かれていましたね。**この2つへの金額の配分をチェックすることで、その会社の事業の特長もざっくりと把握することができる**のです。

例えばスーパーなどでは、モノとお金のやり取りが同時であることが多いので、売掛金《うりかけきん》*の額は少なく、商品の回転も速いので、棚卸資産も多くないでしょう。一方、会社が主なお客様となる業種では掛取引が中心で、売掛金の金額もそれなりの額になります。

資産の内訳を見れば、業種の特長がわかる

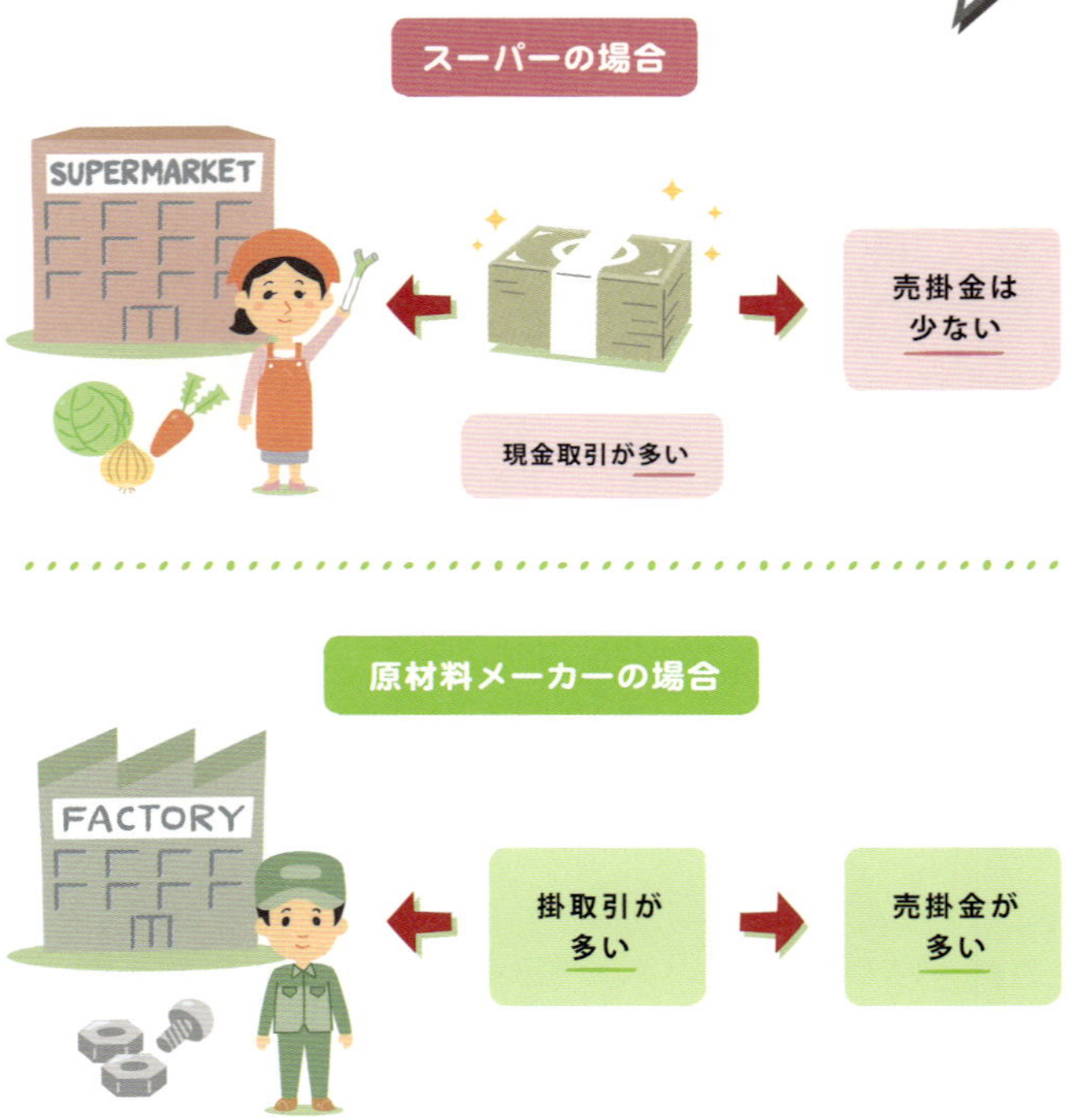
スーパーの場合
SUPERMARKET
売掛金は少ない
現金取引が多い
原材料メーカーの場合
FACTORY
掛取引が多い
売掛金が多い

倒産しない会社はどんな会社？

次は、負債と純資産の関係について見てみましょう。負債と純資産は資金の調達方法を表しているのでしたね。金融機関などからの借入金は負債、投資家からの出資は純資産に計上されます。

いきなりですが、会社が倒産する主な原因は何だかわかりますか？ それは商品が売れなくなったからではなく、**お金が底を突いたから**です。銀行から借りたお金が返せない、従業員に給料が払えないという状況が、倒産を引き起こすのです。ということは、負債が多すぎて、返済能力を超えると会社は倒産してしまうということがいえます。

「倒産しにくさ」を測ってみよう

どんな会社が倒産しにくいかということは、安全性（▼P.130）のところで詳しく述べますが、ここでは代表的な指標として**自己資《じこし》本比率《ほんひりつ》**を紹介します。

自己資本比率とは、資産の部の金額の合計である**総資産に占める純資産の割合**を表します。負債よりも純資産の金額が大きいほど、自己資本比率は高くなります。自己資本比率が高いということは、多くの資金を金融機関などからの借入金以外の方法で調達していて、返さなくてもよいお金が多いということになるので、倒産しにくいということがいえます。

一方で、会社を経営するうえで借入金は必要不可欠なものです。会社経営に必要なお金をすべて自己資本で賄《まかな》うことは、会社規模が大きくなればなるほど難しくなります。

このため、会社経営においては、負債と純資産のバランスが重要です。どのくらいのバランスが望ましいのかということは、さまざまな業種がある以上、一概《いちがい》にはいえません。参考までに、上場会社では最低でも自己資本比率が30％を超えていることが一つの目安といわれています。

Keyword ＊2

売掛金

いわゆるツケで支払われるお金です。

自己資本比率の計算

自己資本比率 ＝ **純資産の部の合計** ÷ **資産の部の合計**

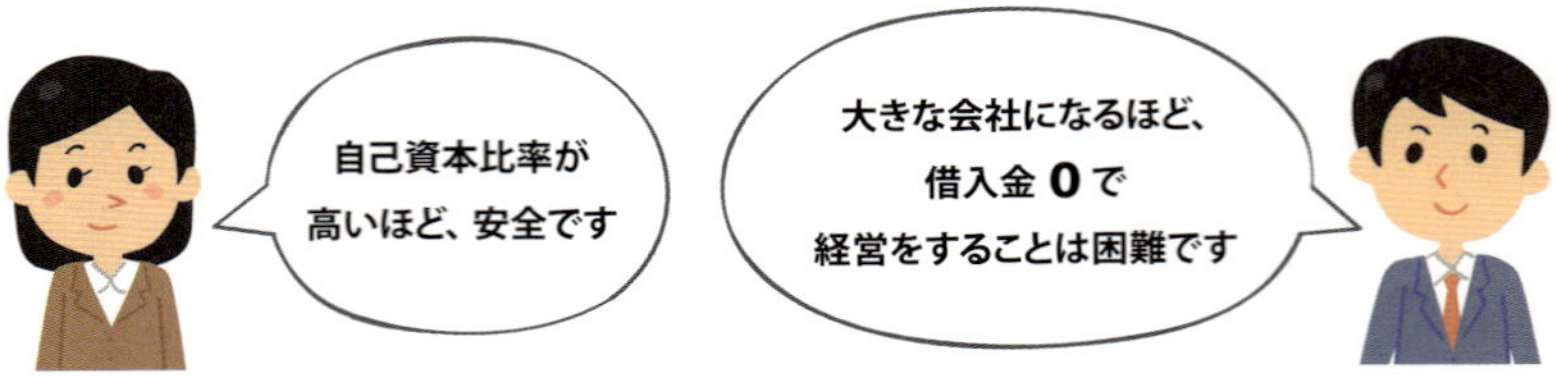
自己資本比率が
高いほど、安全です
大きな会社になるほど、
借入金０で
経営をすることは困難です

A社　　　　　B社

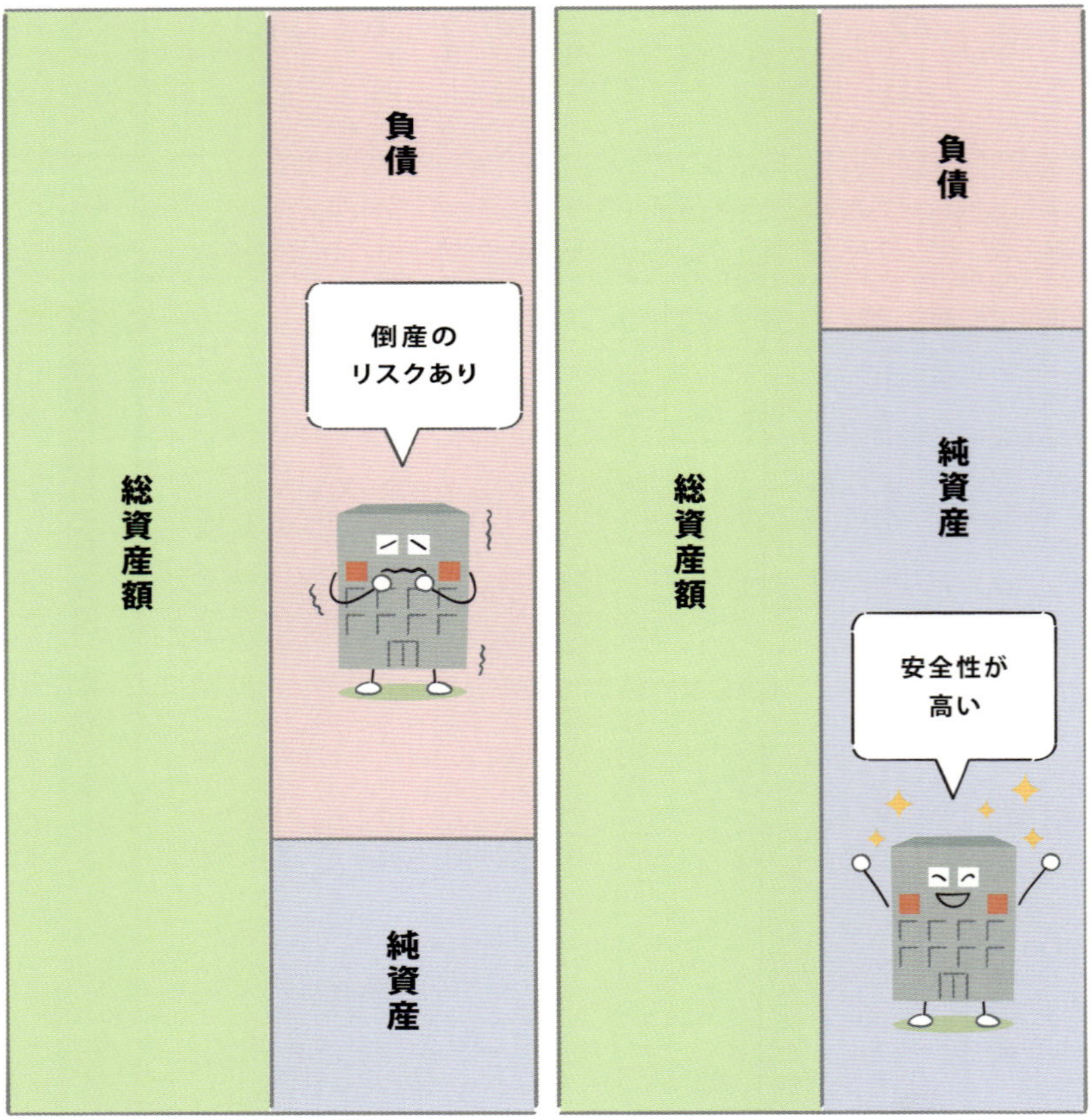
総資産額
負債
倒産の
リスクあり
純資産
総資産額
負債
純資産
安全性が
高い

総資産額に占める**負債**の割合が大きい

総資産額に占める**純資産**の割合が大きい

棚卸資産はどのくらいあればいいの？

棚卸資産、つまり商品などの在庫はどのくらいあればよいのでしょうか？　在庫が多いほど商品が豊富で、何だかよさそうなイメージがありますが、会社経営においては、**在庫は売れる分だけ置いておく**ということが理想です。このように在庫が適切に管理できているかを測る方法として、棚卸《たなおろし》資《し》産《さん》回転率《かいてんりつ》があります。**棚卸資産回転率は、売上高を棚卸資産の金額で割って計算**します。

棚卸資産の金額が低いほど、棚卸資産回転率は高くなります。このことは在庫の回転が速い、つまり**売れる商品を効率的に仕入れて販売している**ことを意味します。

このように、貸借対照表だけでなく、損益計算書の数字と合わせて決算書を読むことで、経営の姿をより明確にとらえることができるようになります。

棚卸資産回転率

棚卸資産回転率 ＝ **売上高** ÷ **棚卸資産の金額**

- 売上高 ↑ 損益計算書から
- 棚卸資産 ↑ 貸借対照表の流動資産から

在庫が多すぎる ➡ 棚卸資産回転率が低すぎる	保管のコストが大きくなる 廃棄量が大きくなる
在庫が少なすぎる ➡ 棚卸資産回転率が高すぎる	販売機会を逃してしまう

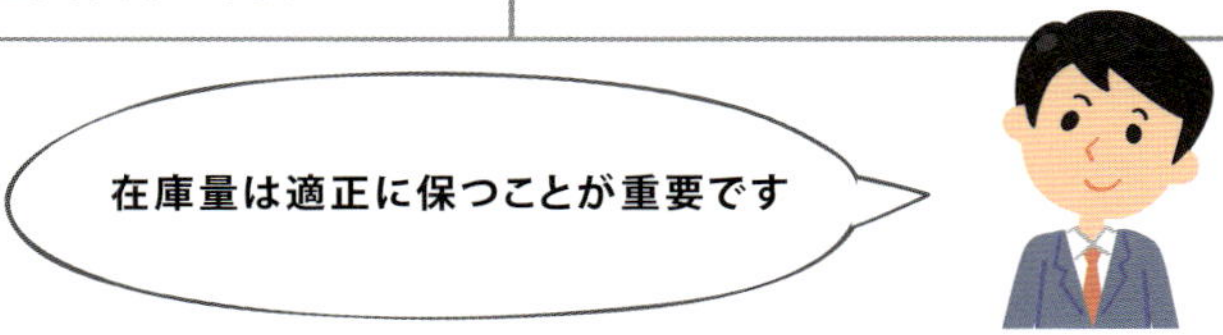
在庫量は適正に保つことが重要です

5 貸借対照表からわかることとその限界

貸借対照表の位置づけとは

損益計算書と貸借対照表のつながり

ここまで、損益計算書と貸借対照表の特長を詳しく見てきました。ここからは、2つの決算書の関係性について説明します。

注目したいのは、純資産の部です。純資産の部は株主から集めた元手である資本金や資本剰余金（▼P.70）と、過去の利益の蓄積である利益剰余金（▼P.70）で構成されます。ここで、「過去の利益」とは、まさに損益計算書に計上された利益、具体的には当期純利益を指します。

損益計算書は、期首から期末という一定期間に会社がどれだけ利益を上げたかを明らかにする表です。稼ぎ出した利益のうち最終的に残った当期純利益の使いみちは2通りありましたね。一つは配当金として出資者に払い出すこと、もう一つは社内にそのまま保有し、会社の経営のために使うことです。

この社内にそのまま保有しておくお金は、貸借対照表の利益剰余金の中の**繰越利益剰余金**《くりこしりえきじょうよきん》という項目に毎年加算されていきます。

もしものときの「内部留保」

社内に保有しておく金額は、**内部留保**《ないぶりゅうほ》と呼ばれています。内部留保は、会社の方針のもと設備投資、従業員の給料アップ、もしものときの備えなどのために蓄積されていきます。

目的をもって内部留保することは、安定した経営を行ううえで重要なことなのです。

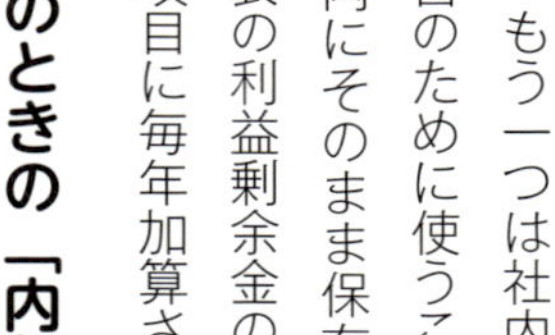

損益計算書と貸借対照表のつながり

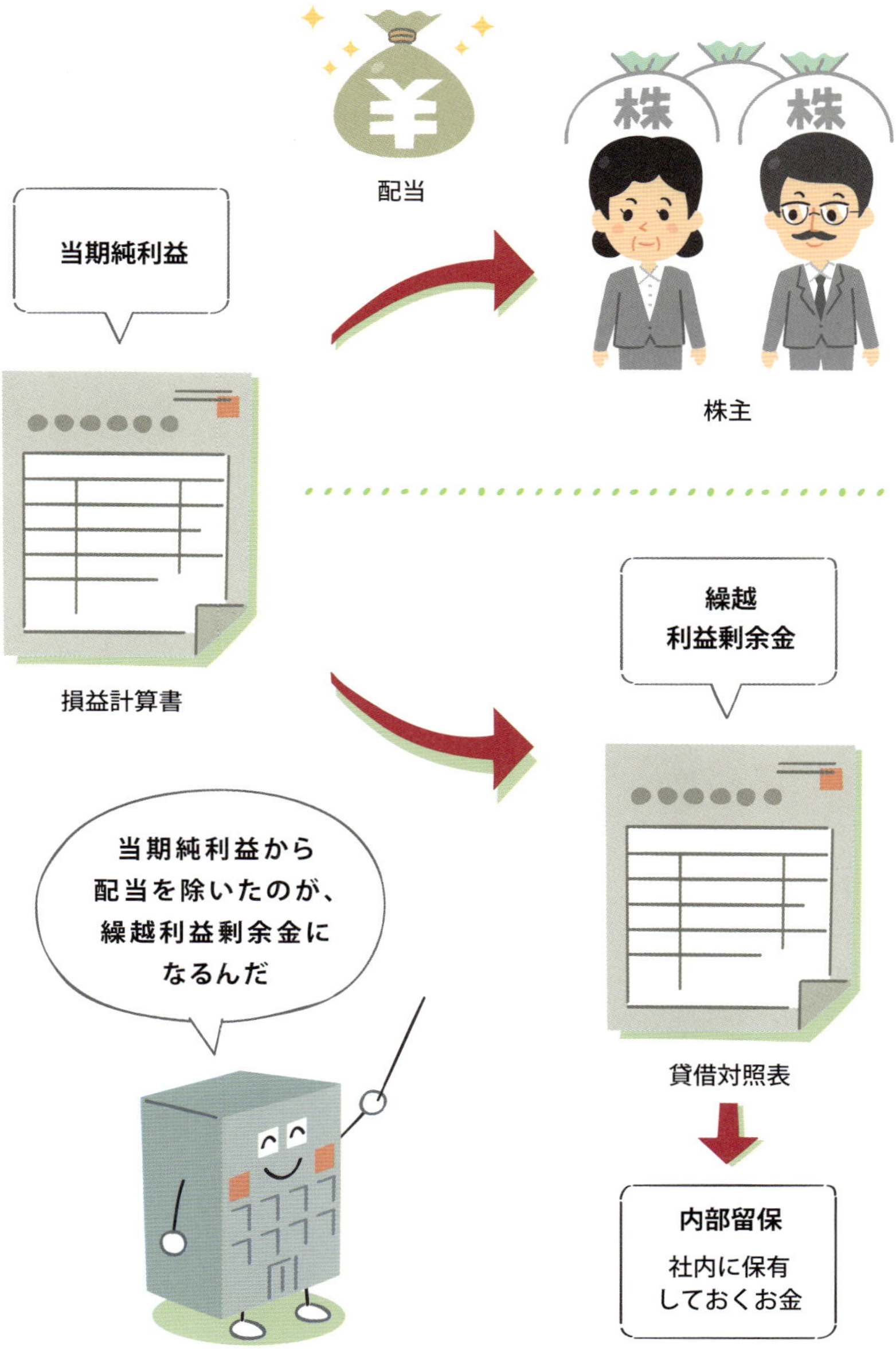

貸借対照表の限界を知ろう

貸借対照表は、期末日時点での保有資産や負債などを一覧にしたものです。しかし、**貸借対照表を見ただけではわからない、資産に対しての裏情報**が存在することがあります。

まずは、資産が担保《たんぽ》に入れられている場合があります。担保とは、会社が金融機関などから借り入れをする際に、**万が一返済できなくなった場合は会社保有の土地などを売却して返済に充《あ》てる**、という契約をしておくことです。この場合、担保に入れた資産を会社が勝手に売却できないなど、利用が一部制限される場合があります。

また、載っている資産の裏情報のほかに、「そもそも載っていないけど重要な項目」もあります。

例えば、会社が他者の借入金の保証人になっている場合。この場合、もともと借りていた人がお金を返せなければ、保証人である会社がお金を返さなければなりません。

このように、担保や保証債務を会社が抱えているかどうかについては、貸借対照表から読み取ることはできません。**貸借対照表には載らない重要情報は、「注記事項」という箇所に記載**されます。注記事項は、決算書の後ろについている情報集です。細かい内容まで理解する必要はありませんが、重要な情報が載っていないかひととおり目を通したほうがよいでしょう。

貸借対照表は、一つの時点の情報

さらに貸借対照表は、期末日という一時点の情報であることも注意しておきましょう。

例えば、**社長が会社からお金を借りても期末日までに返せば貸借対照表には載りません。**さらに、期首日にまた会社から引き出しても、期末までに返しておくということを繰り返せば、貸借対照表には記載されません。

貸借対照表の限界を知ろう

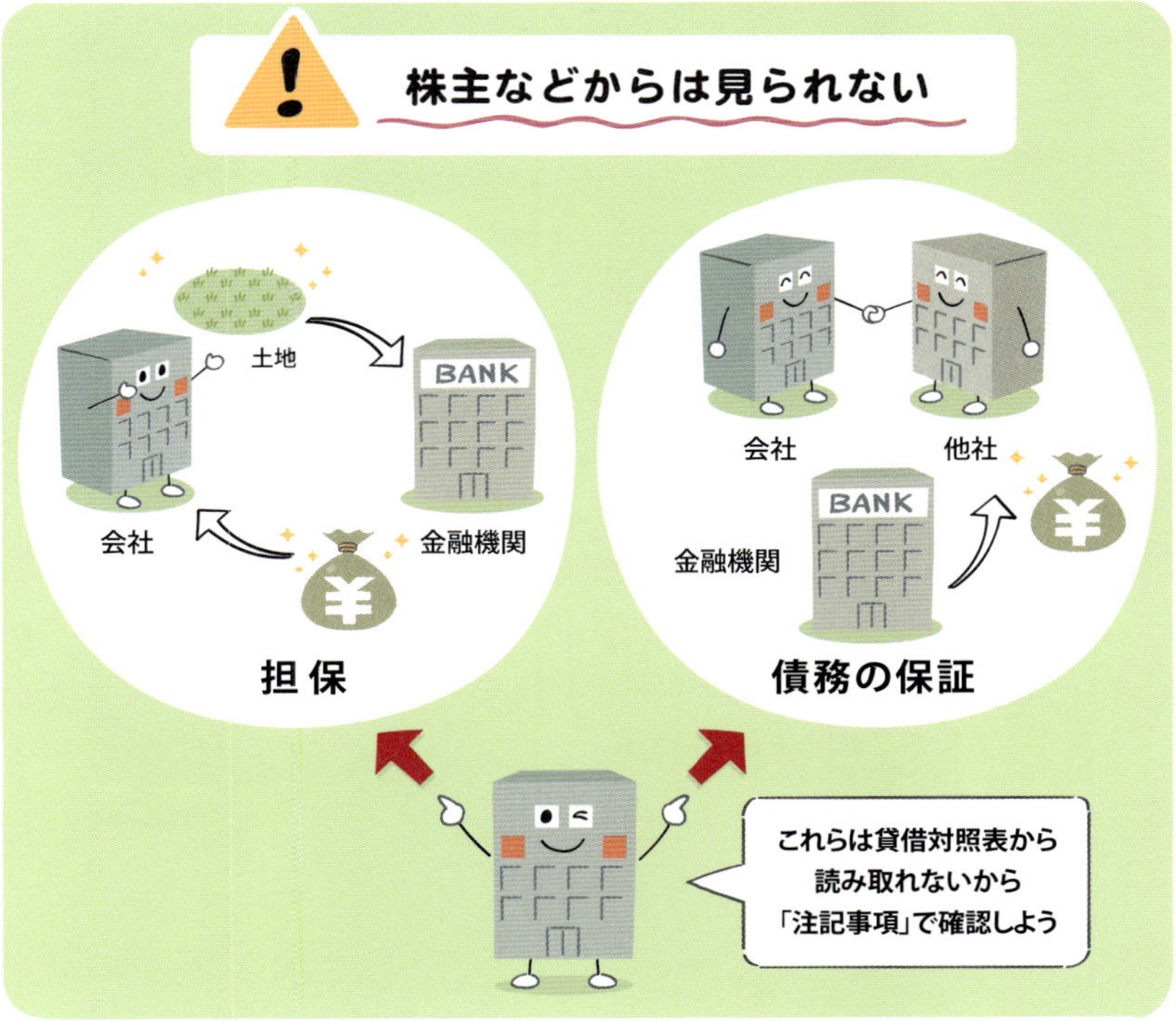

上場会社の決算書の種類

上場会社のホームページを見てみると、必ずといってよいほどあるのが、IR(Investor Relations)つまり投資家向けの情報ページです。この中をのぞいてみると、いくつかの書類をダウンロードできるようになっており、これには決算書も含まれています。

そのなかで最も情報が豊富なのは「有価証券報告書」です。これには財務３表のほかにも、事業の状況などが書かれているので、まさに情報の宝庫です。

さらに、「四半期報告書」というものもあります。変化の激しい現代においては、年１回の決算情報だけでは情報として不十分です。そこで、上場会社では、３か月ごとに決算を行って業績を開示することが定められており、このために１年に３回作成されるのが、四半期報告書なのです。

さらに、決算内容をまとめてタイムリーに開示されるのが「決算短信」です。上場会社においては有価証券報告書の開示は、おおよそ決算日から３か月以内です。しかし、投資家としては、決算の概要だけでも早めに知りたいもの。そのため、決算短信は、決算日から45日以内に開示されることになっています。

基本編

Part 4

キャッシュ・フロー計算書を読んでみよう

どんな会社も、現金がゼロになれば倒産してしまいます。
お金の流れがわかる「キャッシュ・フロー計算書」は、
会社にとって大切な現金の動きを見るための決算書です。

キャッシュ・フロー計算書でお金の動きを把握

キャッシュ・フロー計算書って何だろう？

キャッシュ・フロー計算書《けいさんしょ》は、**会社がどのようにお金を得て、どのように使ったか、いわゆる「キャッシュ・フロー」をまとめた表**です。貸借対照表では一つの項目だった現金や預金などを、なぜわざわざキャッシュ・フロー計算書としてさらに詳しく切り出すのでしょうか？　それは、**企業経営において、お金の動きが最も重要で、それを追えるのはキャッシュ・フロー計算書だけ**だからです。

企業経営や投資の世界では〝Cash《キャッシュ》 is《イズ》 King《キング》〟という言葉があるほど、お金（＝キャッシュ）は会社の経営の基礎となります。極端な例でいえば、手元に100億円ある会社ならば、たとえ毎年売上が0円で1億円ずつ支出があったとしても、100年間はつぶれることはないのです。

お金の動きをつかむには？

損益計算書は会社の利益を計算していますが、現金の動きとは必ずしも一致しません。それは、**損益計算書が実現主義、発生主義の考え方に立って作られているから**です。貸借対照表も、期末日時点のお金の残高を表示しているだけです。損益計算書も貸借対照表も十分に教えてくれないお金の動きを補うのがキャッシュ・フロー計算書なのです。ちなみに、キャッシュ・フロー計算書は、上場企業にのみ作成が義務づけられています。

キャッシュ・フロー計算書の役割

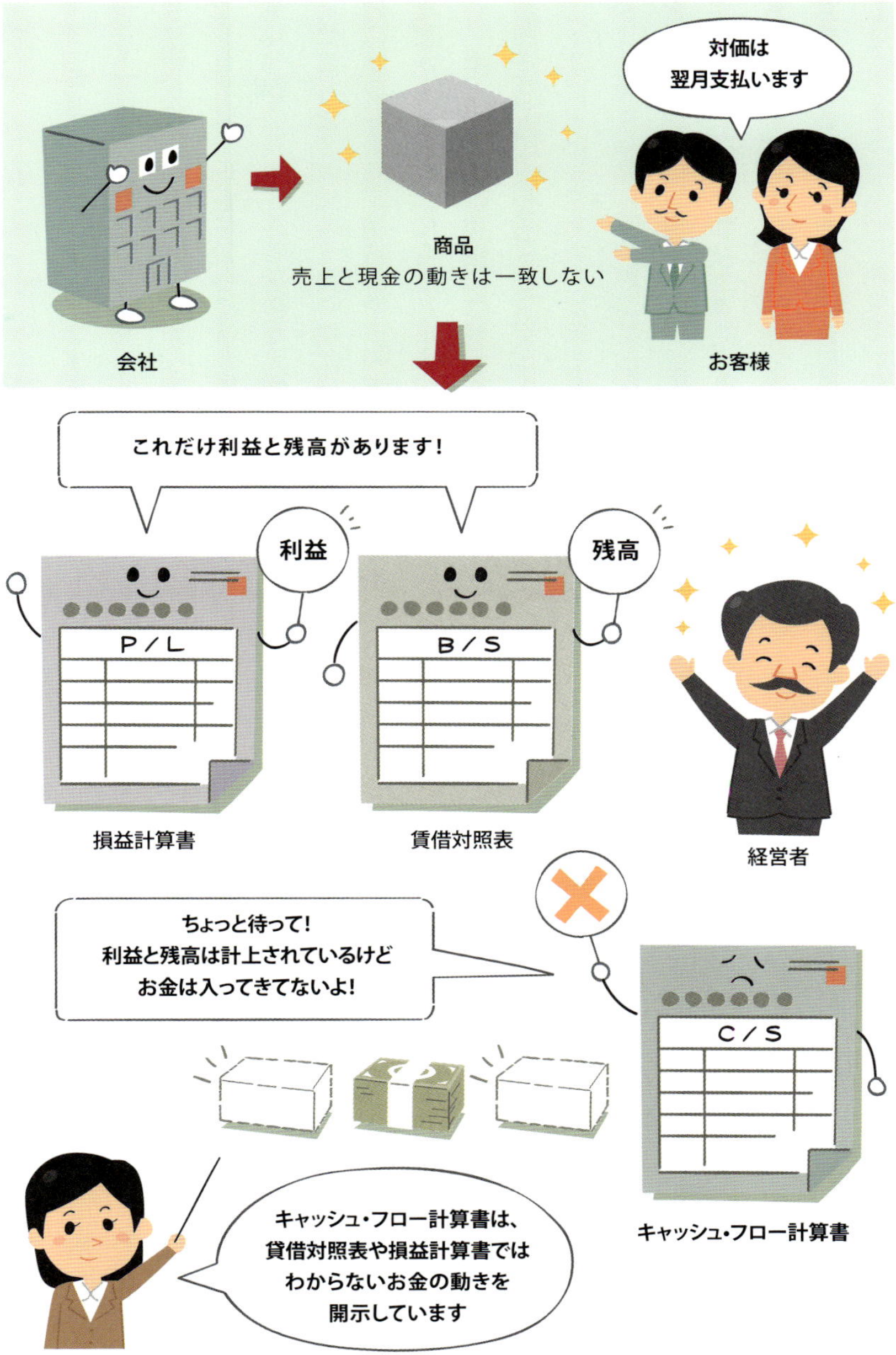

「キャッシュ」は「お金」よりも広い意味

これまで「お金、お金」と書いてきましたが、キャッシュ・フロー計算書の「キャッシュ」とは現金や預金だけを指すわけではありません。

キャッシュには、現金や預金のほかに、換金性が高く、かつ換金できる金額が大体わかっている資産も含まれます。具体的には、**3か月以内に満期が来る定期預金や、一定の投資信託など**がキャッシュに含まれます。とはいっても、**キャッシュは実際には現金や預金として運用されている割合が大きい**ので、「キャッシュ・フロー計算書で扱うほぼすべてのキャッシュ＝現金や預金」と思っておいて問題ありません。

キャッシュ・フロー計算書上では、現金や預金以外の資産も含めて**現金及《げんきんおよ》び現金同等物《げんきんどうとうぶつ》**という言葉で表されています。あまり中身まで気にせず、「お金」と同じ感覚でとらえて大丈夫です。

キャッシュの範囲

キャッシュについて
現金預金
＋
その他
換金性が高く、
換金額が大体わかっている資産
・3か月以内に満期が来る定期預金
・一定の投資信託 など
現金だけではなく、
すぐにお金に
換えられるものも
キャッシュになります

３つの活動に分類

会社の活動ごとのお金の動きを明らかにするために、キャッシュ・フロー計算書は「営《えい》業活動《ぎょうかつどう》」「投資活動《とうしかつどう》」「財務活動《ざいむかつどう》」の３つに区分されています。**３つの活動に区分することで、会社の成長に必要な投資を、稼いだお金でどれだけ賄《まかな》えているか**などを分析することができます。

まずはキャッシュ・フロー計算書の見方の基本を押さえておきましょう。表のプラス項目はキャッシュが増えたことを表し、マイナス項目はキャッシュが減ったことを表します。プラスならば会社にとって有益、マイナスなら不利というわけではありません。いくらプラスが大きくても、それが借り入れによるものなら、必ずしもよいこととはいえませんよね。**キャッシュ・フロー計算書では、どのような原因でお金の出し入れが行われたのかが重要**なのです。

キャッシュ・フロー計算書

区分	金額
① 営業活動によるキャッシュ・フロー	
税引前当期純利益	＋ ××××
減価償却費	＋ ××××
売上債権の増加	− ××××
棚卸資産の増加	− ××××
仕入債務の増加	＋ ××××
法人税等の支払	− ××××
営業活動によるキャッシュ・フロー	①の合計
② 投資活動によるキャッシュ・フロー	
有形固定資産の購入	− ××××
有形固定資産の売却	＋ ××××
有価証券の購入	− ××××
有価証券の売却及び満期償還	＋ ××××
投資活動によるキャッシュ・フロー	②の合計
③ 財務活動によるキャッシュ・フロー	
借入金の増加	＋ ××××
借入金の返済	− ××××
財務活動によるキャッシュ・フロー	③の合計
④ 現金及び現金同等物の増加額	(①+②+③)…④
⑤ 現金及び現金同等物期首残高	⑤
⑥ 現金及び現金同等物期末残高	④+⑤

本業でしっかり稼げたか？

どれだけ投資したか？

お金をいくら借り、いくら返したか？

期末時点でいくら現金が残っているか？

2 キャッシュ・フロー計算書でお金の流れを見る

キャッシュ・フロー計算書作成のルール

実際にキャッシュ・フロー計算書を見てみると、違和感を覚えるかもしれません。「損益計算書はキャッシュ・フローと一致しない」はずなのに、いきなり税引前当期純利益が出てきます。これは、キャッシュ・フロー計算書が**間接法《かんせつほう》***で作られているからです。

ここでは、「お金が動く要因がそのまま書かれているとは限らない」という程度で覚えておけば問題ありません。

①［営業活動］本業で稼いだお金はいくら？

本業で稼いだお金を表しているのが、「**営業活動によるキャッシュ・フロー***」です。

会社は営業活動で稼いだお金を成長のための投資活動に回すので、営業活動によるキャッシュ・フローがマイナスであれば借金がかさんでいる可能性があり、要注意です。

このあと見ていく**投資活動や財務活動に分類されないものは、すべて営業活動に分類される**ことになっています。このため、100%本業とはいえないお金の動きも、営業活動によるキャッシュ・フローに含まれてきます。例えば、法人税の支払い、金融機関への利息の支払い、配当金の受け取りなどがそうです。

営業活動によるキャッシュ・フロー内でも、本業に関係するものと、その他の2つに分けて表示されます。

Keyword ＊1

間接法

損益計算書上の利益の額と、実際のお金の動きに生じるズレを調整することでキャッシュ・フローを計算する方法です。

Keyword ＊2

営業活動によるキャッシュ・フロー

間接法で作成されるのが一般的なのでお金の動き自体は表されていませんが、総額でいくらお金を稼いだのか（損したのか）がわかります。

営業活動によるキャッシュ・フロー

営業活動によるキャッシュ・フロー区分

税引前当期純利益	××××
減価償却費	××××
受取利息及び配当金	××××
支払利息	××××
売上債権の増減額	××××
賞与引当金の増減額	××××
⋮	
小計	××××
利息及び配当金の受領額	××××
利息の支払額	××××
法人税等の支払額	××××
営業活動によるキャッシュ・フロー	××××

（税引前当期純利益〜賞与引当金の増減額）**間接法により記載**

（小計〜営業活動によるキャッシュ・フロー）**純粋に本業といえないお金の動き**

最終的に、本業でいくら稼げたのかということが重要！

最終的に営業活動が＋《プラス》なら……

本業で稼いでいる
↓
新規事業などに投資してさらに成長できる

最終的に営業活動が−《マイナス》なら……

本業で稼げていない
↓
借り入れなどを利用して何とか経営を続ける

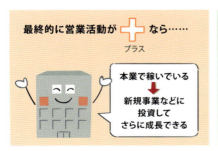

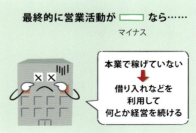

②［投資活動］どれだけ投資しているか？

会社がより多くのお金を稼ぐには、設備を新たに導入するなど、投資が必要です。会社がどれだけ成長に向けて投資をしているかを表すのが、**投資活動によるキャッシュ・フロー**です。

投資活動によるキャッシュ・フローは、新たに設備を購入するなど投資を行えばマイナス、設備を売却するなどすればプラスとなります。ということは、**成長に向けて投資をしている会社なら、通常、投資活動によるキャッシュ・フローはマイナス**となります。マイナスというと悪いイメージがありますが、**投資活動によるキャッシュ・フローについては、マイナスは決して悪いことではない**のです。

逆にここがプラスの場合、その原因が単発的なのか、事業縮小で設備を売却しているからなのかといった原因を把握することが重要です。

投資活動によるキャッシュ・フロー

投資活動によるキャッシュ・フロー区分

定期預金の預入による支出	(−)	××××
定期預金の払戻による収入		××××
有価証券の取得による支出	(−)	××××
有価証券の売却による収入		××××
有形固定資産の取得による支出	(−)	××××
有形固定資産の売却による収入		××××
投資活動によるキャッシュ・フロー		××××

なかでも固定資産の取得が多くの部分を占める

積極的に投資を行っている会社では、マイナスとなる場合が多い

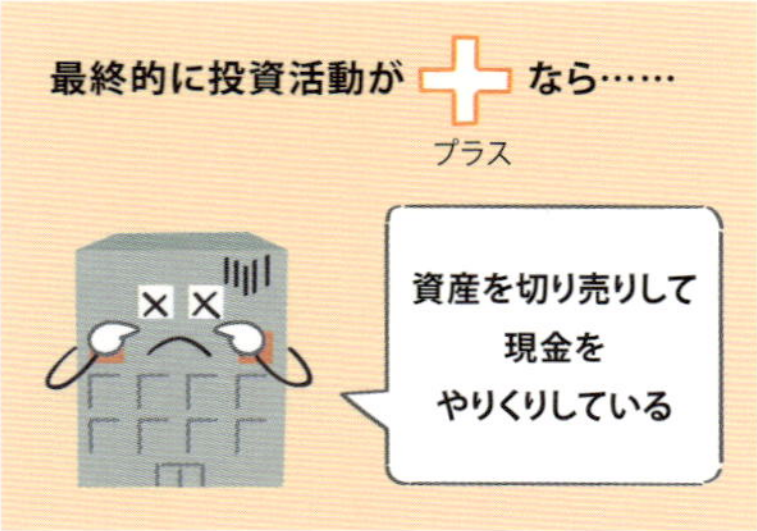
最終的に投資活動が ＋ なら……
プラス
資産を切り売りして現金をやりくりしている

最終的に投資活動が − なら……
マイナス
成長のために投資している

③［財務活動］どうやってお金を調達しているか？

3つ目の区分は、財務活動によるキャッシュ・フローです。この区分を見れば、**会社がどのように資金を調達したのか**がわかります。本業で稼いだお金は営業活動によるキャッシュ・フローで表されるので、**借り入れや投資家から出資を受けるなど、本業以外でお金を得た場合**に、この区分が使われます。

貸借対照表では、他人資本と自己資本それぞれの期末残高しかわかりません。しかしキャッシュ・フロー計算書では、金融機関などからの借り入れや、株式の発行など資金の調達方法別にいくらお金が動いたのかということがわかるようになっています。借入金の返済分はマイナスで表示されます。財務活動によるキャッシュ・フローが最終的にプラスであれば資金の調達額が返済額を上回っていることになります。

財務活動によるキャッシュ・フロー

財務活動によるキャッシュ・フロー区分

短期借入金による収入	××××
短期借入金の返済による支出	(－)××××
長期借入金による収入	××××
長期借入金の返済による支出	(－)××××
社債の発行による収入	××××
社債の償還による支出	(－)××××
株式の発行による収入	××××
自己株式の取得による支出	(－)××××
配当金の支払額	(－)××××
財務活動によるキャッシュ・フロー	××××

本業での稼ぎ以外のお金の調達方法や、それに対応する返済方法が含まれる

調達額 ＞ 返済額 であれば ＋

調達額 ＜ 返済額 であれば －

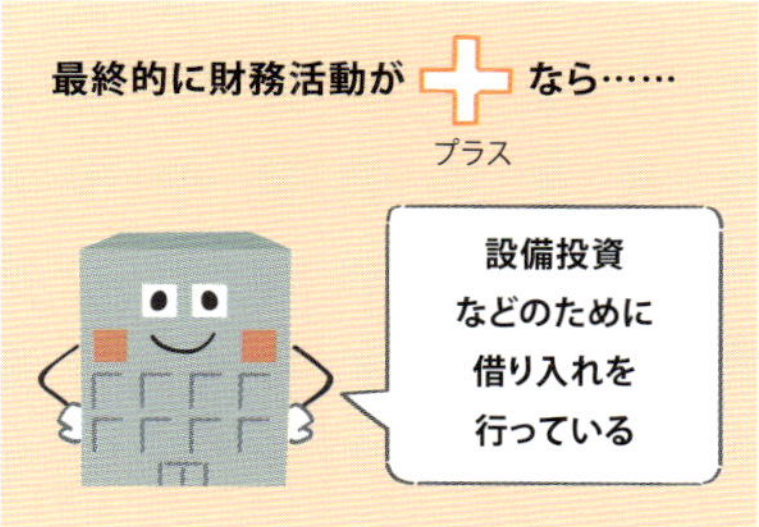
最終的に財務活動が ＋ なら……
プラス
設備投資などのために借り入れを行っている

最終的に財務活動が － なら……
マイナス
借入金の返済を行っている

3

キャッシュ・フロー計算書を解読するための基礎知識

キャッシュ・フロー管理の用語を知ろう！

最終的にいくらお金が残った？

会社を成長させるには、新たな設備の導入や、すでに持っている設備を継続して維持していく必要があります。特にモノを作る会社では、設備投資にそれなりのお金が必要となります。このように、設備投資は会社経営を続けていくうえで必要な支出です。このため、**会社が稼ぎ出したお金のうち、設備投資などの支出を差し引いたお金が、最終的に会社の手元に残ったお金**といえます。このお金を、**フリー・キャッシュ・フロー**といいます。

会社が稼いだお金は「営業活動によるキャッシュ・フロー」、設備投資に使ったお金は「投資活動によるキャッシュ・フロー」を用いることが一般的です。実際の投資活動には有価証券の売買なども含まれますが、ここではフリー・キャッシュ・フローは「**営業活動によるキャッシュ・フローから投資活動によるキャッシュ・フローを引いたもの**」ととらえておけば十分です。フリー・キャッシュ・フローがプラスなら、本業の稼ぎで投資を賄え、うまく経営されているといえます。

フリー・キャッシュ・フローは最終的に会社に残ったお金であり、会社の戦略をもとに、どのように使うかを決定していくことになります。**配当として株主に分配することも、借入金の返済に充てることもできます**。また、将来のためにそのまま保有しておくこともできます。

フリー・キャッシュ・フロー

フリー・キャッシュ・フロー ＝ **営業活動によるキャッシュ・フロー** － **投資活動によるキャッシュ・フロー**

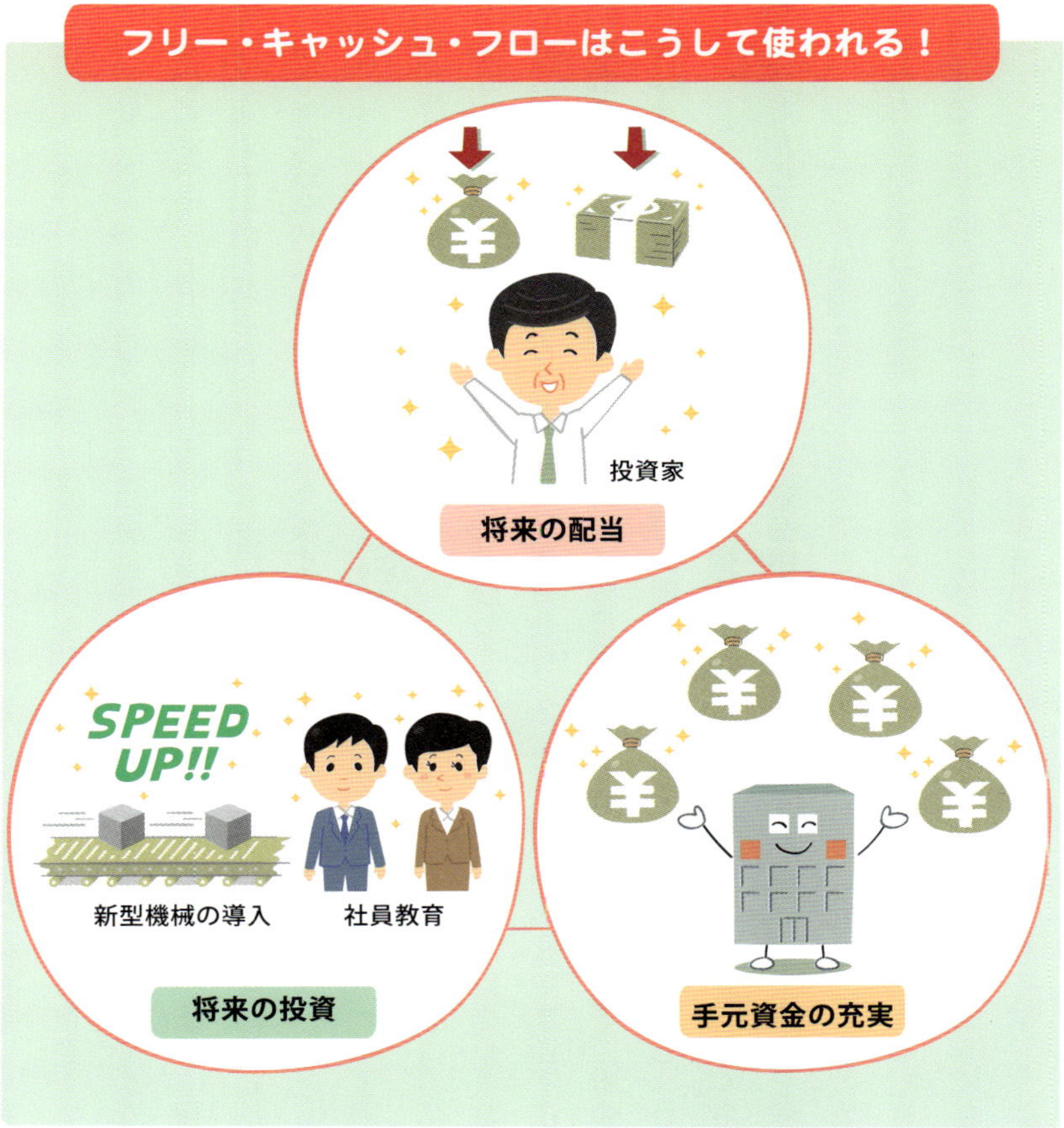

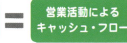

資金繰りが企業経営のキモ

　会社の経営を続けていくために、利益をたくさん出すことよりも重要なことがあります。それは**お金をなくさない**ことです。もし何らかの原因で売上が落ち込んで赤字になってしまっても、手元にお金があれば経営は続けられます。

　こんなときに経営を立て直せるかどうかは、会社にどれだけのお金があるかどうかにかかっているといっても過言ではありません。この意味では、**会社にお金を貯めておく内部留保も、もしものときには大きな力を発揮する**のです。

　このように重要なお金だからこそ、場当たり的に使うのではなく、しっかりと管理する必要があります。**会社がお金の出入りを管理して、お金をやりくりすること**を**資金繰《しきんぐ》り**といいます。

　資金繰りをするうえでは、半年から1年間といった期間で、いくら入金があって、いくら支出があるのかといったことを把握し、資金不足に陥らないようにすることが重要です。会社にお金が足りなくなって支払いができなくなることを、**資金ショート**といいます。資金ショートを防ぐことが資金繰りのキモといえます。

資金繰りの改善策

　資金繰りを改善する方法の一つは借り入れや投資家からの出資を増やすことですが、これには限界があります。日々の工夫で、資金繰りの改善ができないかを考えてみましょう。

　資金繰りを改善するには、とにかく早くお金を手に入れることです。掛売上の入金を早めてもらったり、前金で受け取ったり、仕入れなどの支払いや借入金の返済をできるだけ先にすることが考えられます。お金を早く払いすぎることは、会社経営にとってはマイナスなのです。

資金繰りが会社経営にとって重要

資金がショートしないように、
半年〜1年のお金の出入りを
管理することが大切だね

資金繰り表で資金管理

ー 資金繰り表の例 ー			4月	5月	6月	7月
前月繰越						
経常収支						
	経常収入					
		現金売上				
		売掛金回収				
		手形期日入金				
		雑収入				
	経常支出					
		買掛金支払				
		手形期日決済				
		人件費				
		諸経費				
		支払利息				
経営外収支						
	経営外収入					
		固定資産売却				
		借入金調達				
	経営外支出					
		固定資産購入				
		借入金返済				
収支過不足						
次月繰越						

入金を早くしたい

【対策①】掛売上の入金を早めてもらう

【対策②】代金を前金で受け取る

支払を遅くしたい

【対策①】支払時期を先にしてもらう

【対策②】借入金の返済をできる限り長くする

キャッシュ・フロー計算書で経営分析ができる

理想的なキャッシュ・フローは？

営業活動、投資活動、財務活動のキャッシュ・フローはどのような状態が理想的なのでしょうか？

まず、本業でのお金の儲けを表す「営業活動によるキャッシュ・フロー」がプラスかどうかをチェックします。この営業活動のプラスで投資や借入金の返済をすれば、投資活動や財務活動によるキャッシュ・フローはマイナスとなります。このように、**本業での稼ぎで投資に必要なお金を賄い、余裕資金で借入金の返済や、内部留保できている状態が最も理想的**です。

逆に**営業活動によるキャッシュ・フローがマイナスで、財務活動によるキャッシュ・フローがプラスの場合は要注意**です。この状態は本業でのマイナス分を借入金で賄っている状態だと推測できます。

「借り入れ」は悪いこと？

本業でのマイナスを穴埋めするために借り入れすることは、確かに「要注意」です。

しかし、**借り入れが一概に悪いともいえません**。新たに設備を購入したい場合に手元の資金が足りなければ、借り入れすることも必要です。新たに設備を導入して借入額以上のお金を生み出すことができたなら、借り入れた効果は十分だといえるでしょう。要は、**何のために借り入れをするか**が重要なのです。

各キャッシュ・フローの関係

【パターン①】

営業活動	＋
投資活動	－
財務活動	－

本業の稼ぎで、
投資や借入金返済をしている状態

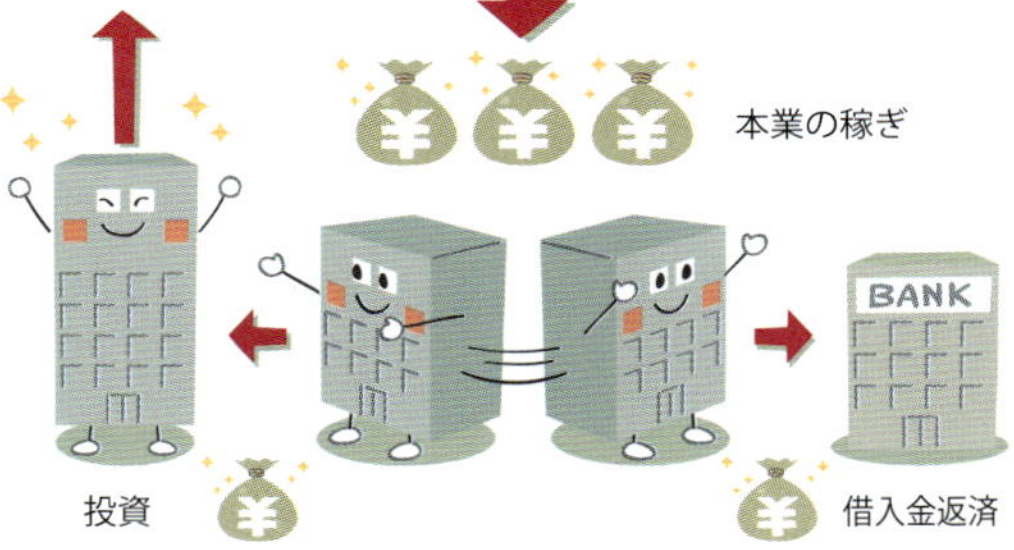

【パターン②】

営業活動	－
投資活動	－ or ＋
財務活動	＋

本業のマイナスを、
借り入れで賄っている状態

【パターン③】

営業活動	＋
投資活動	－
財務活動	＋

投資に回すお金が本業の稼ぎだけでは
足らず、借り入れもしている状態

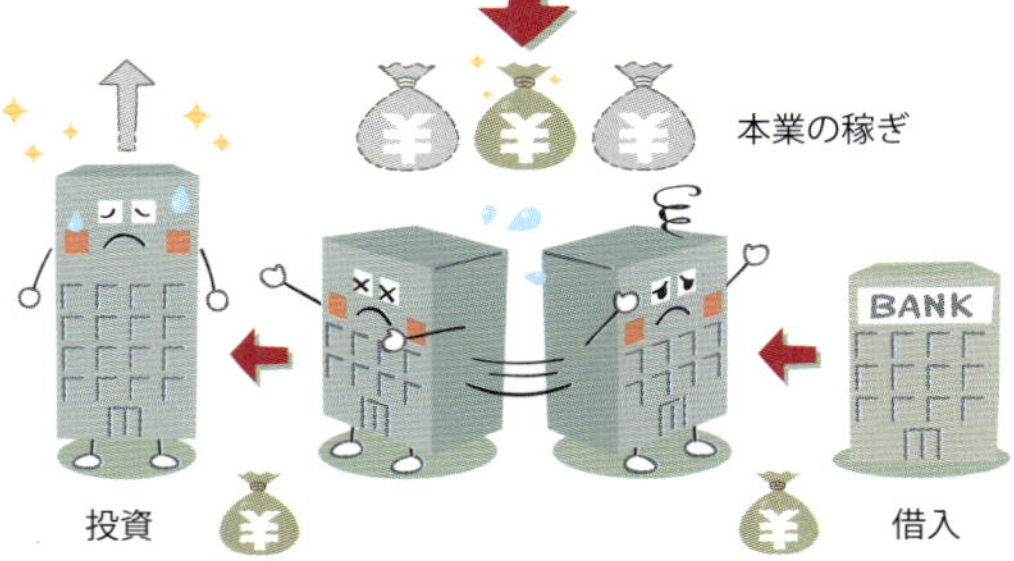

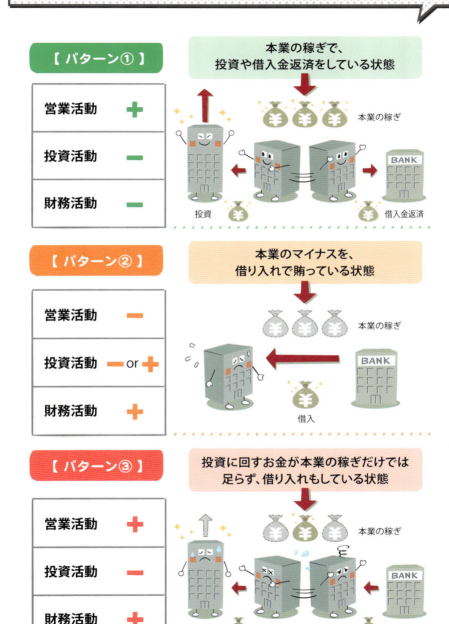

黒字でも会社はつぶれる!?

ここまで再三にわたり「お金があれば会社はつぶれない」と言ってきました。裏を返せば「お金がなくなると、会社はつぶれる」のです。

損益計算書上では、売上は実現主義で計上し、売上を計上するタイミングとお金が入金されるタイミングがズレます。この間、金融機関や出資者からお金を出してもらって資金繰りをすることもできますが、それもうまくいかず、お金が底を突いてしまうことがあります。**売上は計上され損益計算書上は黒字なのに、お金がなくなりつぶれてしまう**ことから、黒字《くろじ》倒産《とうさん》といいます。決算書では利益ばかりに目がいきがちですが、お金の状況を把握しておくことも重要です。

営業によるキャッシュ・フローに着目する

お金のやりくり、つまり資金繰りの情報はキャッシュ・フロー計算書からしか読み取れません。ここでは、本業で稼いだお金を表す「営業によるキャッシュ・フロー」に着目します。**黒字倒産の危険性がある会社は、営業によるキャッシュ・フローのマイナスが続くケースが多い**のです。

売上の回収が遅れている場合、「売上債権の増減額」という項目が大きくマイナスになっている可能性があります。これは**売上の代金が回収できていない**ことを意味しています。

また、「棚卸資産の増減額」という項目がマイナスになっている場合は、**モノが売れずに社内に残っている**ことを意味します。「仕入れたけれどまだ販売していない分」は棚卸資産となり、費用には計上されないのでしたね(▼P.44)。

売上代金の回収を計画的、効率的に行ったり、在庫を売ってお金に換えていったりしないと、資金繰りの悪化を招くことになるのです。

黒字倒産のしくみ

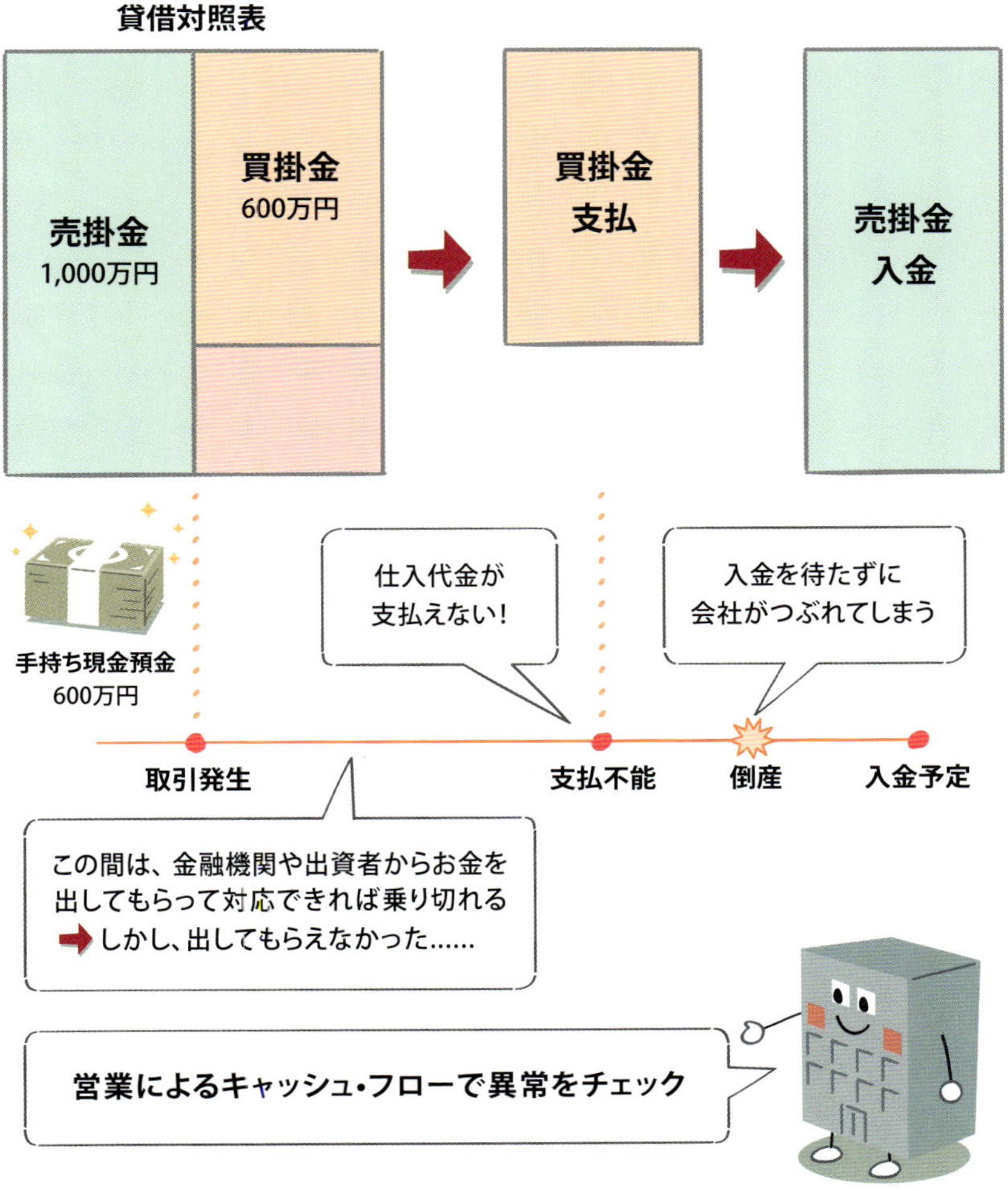
貸借対照表
売掛金
1,000万円
買掛金
600万円
買掛金
支払
売掛金
入金
手持ち現金預金
600万円
仕入代金が
支払えない!
入金を待たずに
会社がつぶれてしまう
取引発生
支払不能
倒産
入金予定
この間は、金融機関や出資者からお金を
出してもらって対応できれば乗り切れる
しかし、出してもらえなかった……
営業によるキャッシュ・フローで異常をチェック

【売上債権の増減額】がマイナス → **売上金が回収されていないおそれがある**

【棚卸資産の増減額】がマイナス → **仕入れたモノが売れずに残っているおそれがある**

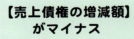

5 キャッシュ・フロー計算書とほかの決算書との関係

貸借対照表との関係

貸借対照表は、期末日時点で会社にいくらお金があるかということを表しています。キャッシュ・フロー計算書は、**前期と比べてこれらのお金がどのような原因で、どのくらい変動したのか**を表しています。

貸借対照表上の現金・預金の合計額と、キャッシュ・フロー計算書上の「現金及び現金同等物」はほぼ一致します（一致しない場合もありますが、気にする必要はありません）。

ここで重要なのは、最終的な貸借対照表の数字は、前期から会社がどのようにお金を得たり使ったりして出てきたのかということです。現金が前期に比べて増加していても、それが本業の稼ぎ、つまり営業活動から来ているものなのか、それとも借り入れてお金を増やしているのかということは、キャッシュ・フロー計算書を見ればわかります。

区分ごとの対応は？

貸借対照表の各区分とキャッシュ・フロー計算書の各区分は大まかに対応しています。

「営業活動によるキャッシュ・フロー」の動きは、おおよそ流動資産や流動負債の動きと対応しています。また**「投資活動によるキャッシュ・フロー」は、固定資産の動きと対応**します。**「財務活動によるキャッシュ・フロー」は、固定負債や純資産の動きに対応する、**といった感じです。

キャッシュ・フロー計算書と貸借対照表

キャッシュ・フロー計算書	貸借対照表
営業活動によるキャッシュ・フロー	流動資産や流動負債（有価証券を除く）
投資活動によるキャッシュ・フロー	固定資産（有価証券を含む）
財務活動によるキャッシュ・フロー	固定負債や純資産

キャッシュ・フロー計算書と貸借対照表は
ところどころ対応しているんだね！

キャッシュフロー計算書（C/S）	
① 営業活動によるキャッシュ・フロー	
税引前当期純利益	＋
減価償却費	＋
売上債権の増加	−
棚卸資産の増加	−
仕入債務の増加	＋
営業活動によるキャッシュ・フロー	
② 投資活動によるキャッシュ・フロー	
有形固定資産の購入	−
有形固定資産の売却	＋
有価証券の購入	−
有価証券の売却及び満期償還	＋
投資活動によるキャッシュ・フロー	
③ 財務活動によるキャッシュ・フロー	
借入金の増加	＋
借入金の返済	−
財務活動によるキャッシュ・フロー	
④ 現金及び現金同等物の増加額	
⑤ 現金及び現金同等物期首残高	
⑥ 現金及び現金同等物期末残高	

前期 貸借対照表【資産の部】

流動資産	××××
現金・預金	××××
受取手形	××××
売掛金	××××
有価証券	××××
棚卸資産	××××
製品	××××
半製品・仕掛品	××××
原材料・貯蔵品	××××
その他	××××
貸倒引当金	△××××

当期 貸借対照表【資産の部】

流動資産	××××
現金・預金	××××
受取手形	××××
売掛金	××××
有価証券	××××
棚卸資産	××××
製品	××××
半製品・仕掛品	××××
原材料・貯蔵品	××××
その他	××××
貸倒引当金	△××××

おおよそ一致する！

損益計算書との関係

キャッシュ・フロー計算書の中で、損益計算書と密接に関係しているのが、「営業活動によるキャッシュ・フロー」です。

営業活動によるキャッシュ・フローは、損益計算書の税引前当期純利益をもとに、減価償却費などお金の動きに関係のない項目を除いて作成されます。使われる数字自体が損益計算書とリンクしていますが、それだけではありません。利益とキャッシュ・フローの状態を見ることで、経営状況を大まかに知ることができます。

営業利益は出たのに赤字!?

営業利益は出ているのに、営業活動によるキャッシュ・フローが赤字の会社があります。この場合は、すでに説明したとおり売掛金の回収が遅れていたり、在庫が社内に溜まっていたりすることが考えられます。さらに、滅多にないケースですが、**架空取引**《かくうとりひき》で売上が水増しされている場合にもこういったことが起こります。複数の取引先との間でモノを売ったように見せかけて売上を計上して、同じモノが取引先を巡り巡って自社の仕入れとして戻ってくる手法です。このケースでは、営業利益が出るように取引先と調整したとしても、見せかけの売上代金より自社にモノが戻ってきたときの仕入代金のほうが高くなるため、営業活動によるキャッシュ・フローはマイナスになってしまいます。

いずれにせよ、**営業利益は出ているのに、営業活動によるキャッシュ・フローがマイナスなら、その原因を調べる必要があります**。営業利益で不正を働いても、お金の動きはウソをつきません。損益計算書だけでは見えてこないことも、キャッシュ・フロー計算書と組み合わせれば、より多くの情報を得ることができます。

キャッシュ・フロー計算書と損益計算書

損益計算書

自平成××年4月1日 - 至平成××年3月31日

売上高	××××××
売上原価	××××××
売上総利益	××××××
販売費 及び 一般管理費	××××××
営業利益	××××××
営業外利益	××××××
営業外費用	××××××
経常利益	××××××
特別利益	××××××
特別損失	××××××
税引前当期純利益	××××××
法人税等	××××××
当期純利益	××××××

キャッシュ・フロー計算書 (C/S)

営業活動によるキャッシュ・フロー

税引前当期純利益	＋
減価償却費	＋
売上債権の増加	−
棚卸資産の増加	−
仕入債務の増加	＋
営業活動による キャッシュ・フロー	−

営業利益が出ているのに、
営業活動による
キャッシュ・フローが
マイナスなんだけど……

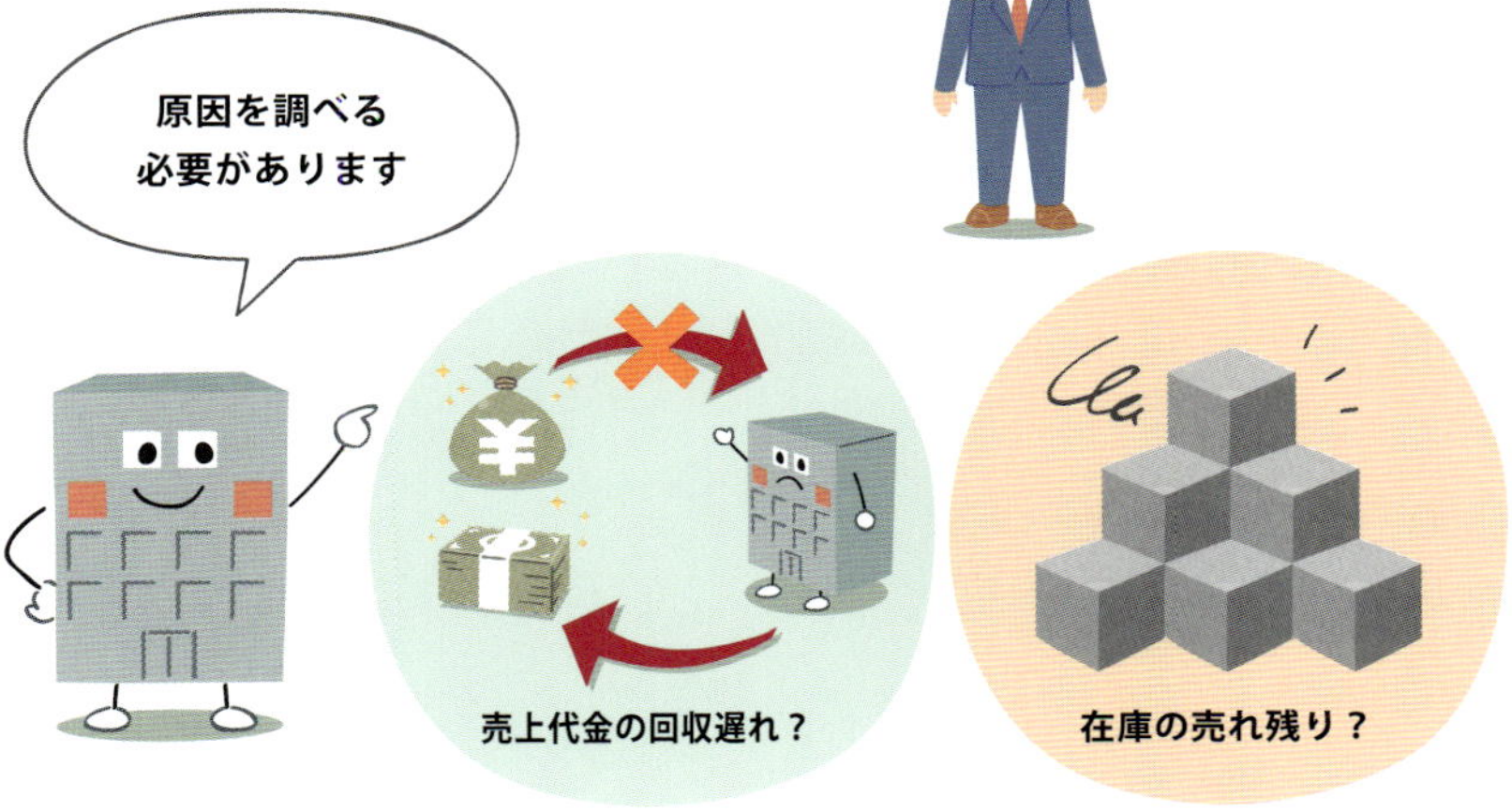
原因を調べる
必要があります
売上代金の回収遅れ？
在庫の売れ残り？

財務3表のほかに、決算書はもう一つある！

決算書は、主に損益計算書、貸借対照表、キャッシュ・フロー計算書で構成されています。これら財務３表はさまざまなステークホルダーに有益な情報を提供しています。実はこのほかにも決算書があるのです。それが「株主資本等変動計算書」と呼ばれるものです。株主資本等変動計算書は、貸借対照表の「純資産の部」だけを切り取って、資本などの項目が、どのような理由で、いくら変動したかということをまとめたものです。

なぜ株主資本等変動計算書が必要なのでしょうか？　以前は、株主の持ち分である当期純利益は、「配当にいくら、投資などの積立金としていくら」というように、決算時に定時株主総会でどのように配分するかを決めていました。しかし、法改正後は、株主総会（場合によっては取締役会）の決議により、いつでも配当をすることができるようになりました。そのため、定時株主総会での利益処分という概念がなくなり、代わりにできたのが１年間の純資産の部の動きを表した「株主資本等変動計算書」なのです。財務３表と違い、情報としてはそれほど重要ではありませんが、自らの持ち分の変動がわかるものとして、株主は一読しておいてよいかもしれません。

応用編

Part 5

決算書から「ほんとに会社が儲かっているか」を知ろう

この章では、「収益性」の面から決算書を見てみます。
会社がどれくらい儲ける力を持っているかを知れば、
会社の本当の経営状況もわかります。

1 収益性とは

「儲ける力」がわかる収益性

3つのポイント「収益性」「安全性」「成長性」

決算書に書いてある数字の意味を理解しても、それをどのように利用すればよいのかを知らないのはもったいないことです。

ここからは応用編として、**財務3表を利用してその会社が今どうなっているのかや、これからどうなるのかを分析する方法**について説明していきます。

決算書の分析のために、必ず押さえておくべき3つのポイントがあります。**収益性《しゅうえきせい》**、**安《あん》全性《ぜんせい》**、**成長性《せいちょうせい》**です。これらのポイントを分析する方法を、これから詳しく見ていきましょう。

決算書分析に必要な３つのポイント

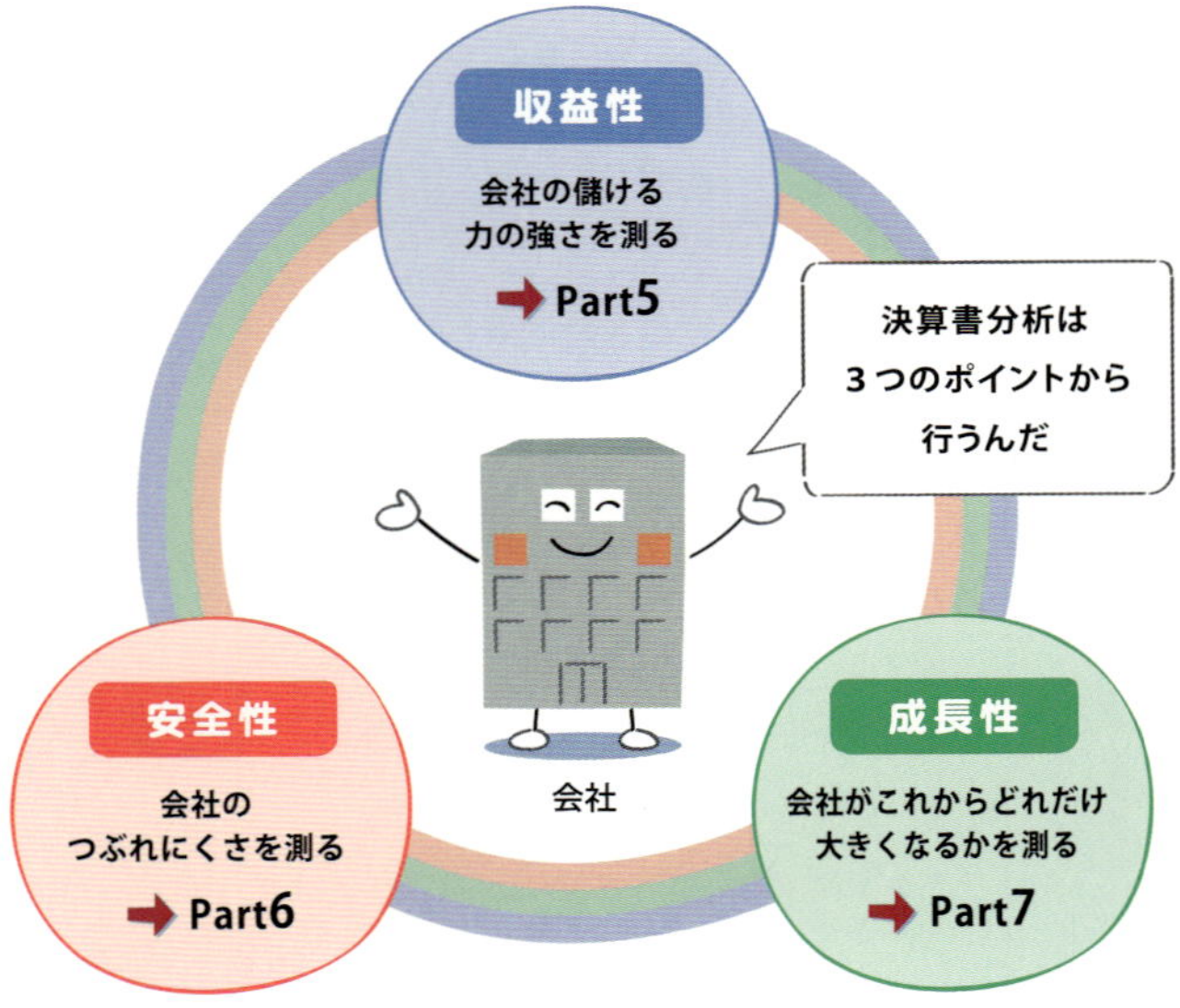
収益性
会社の儲ける力の強さを測る
Part5
決算書分析は3つのポイントから行うんだ
会社
安全性
会社のつぶれにくさを測る
Part6
成長性
会社がこれからどれだけ大きくなるかを測る
Part7

決算書分析の4つの方法

決算書を分析する方法は、大きく分けて4つあります。この方法は収益性（▼P.113）、安全性《あんぜんせい》（▼P.130）、成長性《せいちょうせい》（▼P.148）ともに同じです。分析する目的に応じて、どの方法を使うのか判断できるようになることが、決算書分析の基本です。

①数字をそのまま見る

まずは決算書の数字から大まかに会社の状況をとらえる方法です。例えば、損益計算書なら、「営業利益が黒字だから本業では利益を出せている」といったことです。この方法で、会社のおおよその規模や状況をつかむことができます。

②比率に注目する

次は、売上に対する利益の比率を見る方法です（比率分析*といいます）。例えば、1万円の売上に対して利益が1000円の会社と、9000円の売上に対して利益が1000円の会社であれば、後者のほうが儲ける力が強いといえます。**少ない売上でより大きな利益を生み出しているから**です。

③前期と比較する

②の方法で決算書を分析できれば、当期と前期の決算書を比較したり、他社の決算書と比較したりすることも可能です。

当期と前期の決算書を比較するときは、売上を計上する基準など、**決算書作成のルールが変わっていないかどうか**に注意しましょう。

④他社と比較する

他社の決算書と比較するときは、景気などの条件を同じくするために、同じ時期の決算書で比較するのがよいでしょう。指標に差があれば、どの項目で差が出ているのかということを調べていきます。

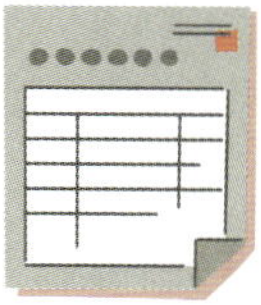

Keyword
比率分析
決算書の数字そのものではなく、比率で比較する分析方法のことです。

決算書分析の４つの方法

①

決算書の数字そのものから、会社の規模やおおよその状況をとらえる

いろいろな計算をしなくても
会社の規模などがわかります

②

決算書の数字を利用して、いろいろな比率を計算して分析する

比率を使えば規模の異なる
会社でも比較できます

③

前期からどのように決算書の数字が推移したかを分析する

複数の期間の決算書から
長期の傾向を
見ることもできます

④

他社の決算書と指標を比較して分析する

同業であれば、
大手企業と中小企業を
比較することもできます

「儲ける力が強い」ってどういうこと？

早速、収益性から詳しく見ていきましょう。**収益性とは、会社がどの程度儲ける力を持っているか**ということです。収益性が高いと儲ける力が強くなりますが、そもそも「儲ける力が強い」とはどういうことなのでしょう？それは例えば、**他社よりも少ない資産でより大きな利益を上げられるなど、利益を稼ぎ出す力が強い**ということなのです。「売上高が多ければ会社の儲ける力が強い」ということではないのです。

収益性を理解するメリット

会社が黒字だということがわかっても、収益性の見方を知らないと、その利益額が同業他社の水準と比べて高いか安いかといったことまではわかりません。売上規模が違えば、当然利益の金額も違うので、単純に決算書を並べてみても比較はできないのです。

収益性というポイントから決算書を見ることで、規模が違う会社を比較する際にも売上高などの表面的な数字に惑わされることなく会社の数字を分析できるようになり、本当にその会社に儲ける力があるかどうかがわかるようになります。**同業他社が自社よりも少ない売上で同じくらい利益を上げているなら、同業他社のほうが儲ける力は強い**といえます。具体的な収益性の計算方法は後ほど解説します（▼P.116～）。

投資家も収益性を重視

収益性が高ければ高いほど、利益を上げる力は強くなります。最終的な利益である当期純利益は株主資本となります。株主資本の一部は株主にも配当として分配されるため、収益性が高いかどうかは投資家にとっても重要なポイントです。**収益性が高いほど投資家からの信頼感が高まり、お金を集めやすい**ともいえます。

収益性を理解するメリット

収益性を理解する前

売上高や利益の額など、
損益計算書の
表面的な数字に目が行きがち

どれくらい
儲ける力があるかは
売上高を
見ればいいんでしょ?

収益性を理解した後

指標を活用して、
本当に儲ける力があるかを
分析できるようになる

売上高が高いけれど、
指標を見る限り
儲ける力は
それほどなさそう…

収益性を測るメリット

収益性を測ると……

他社や平均と比べてどのくらい儲ける力があるかがわかる

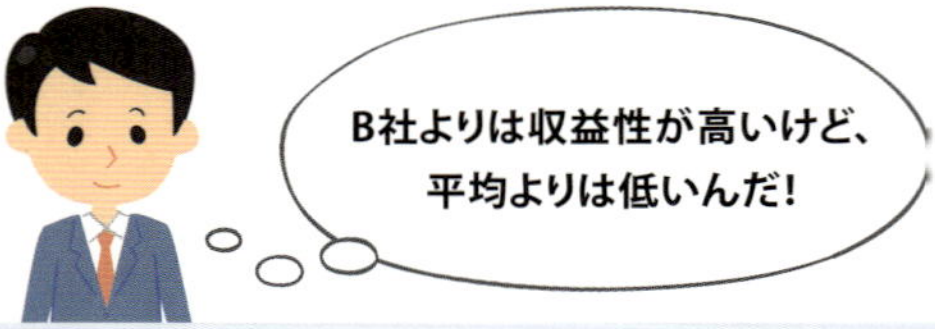
B社よりは収益性が高いけど、
平均よりは低いんだ!

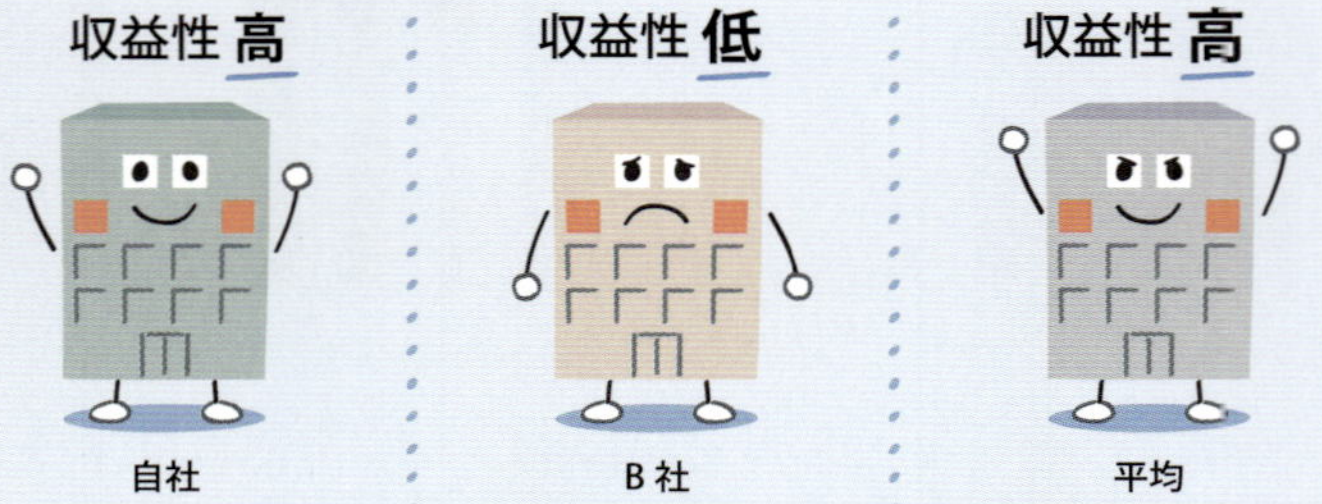
収益性 高
収益性 低
収益性 高
自社
B 社
平均

どこを見れば収益性がわかるの?

↓

まずは損益計算書を見ればよい!

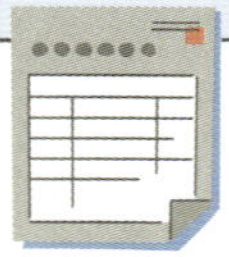
損益計算書

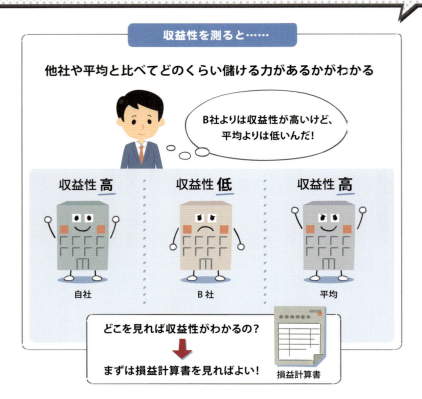

指標を分解してみることが重要

このあと、決算書分析におけるさまざまな指標が登場します。そうした指標の計算自体も重要ですが、「数字を改善するために何をどのように変えていけばよいのか」ということも併せて考えなければ、実際の行動に結びつけることはできません。そこで重要なのが、**指標を分解する**という作業です。

例えば、営業利益率（▼P.116）を比較すれば、他社に比べて収益性が高いか低いかがわかりますが、なぜ差があるのかということまではわかりません。でも、営業利益率を求める式を複数の要素に分解していくことによって、より深い比較ができるようになり、どこに強みや課題があるのかがとらえやすくなるのです（分解については▼P.118）。指標の計算だけで終わらせず、そこから読み取れる意味まで理解し、行動するところまで落とし込むことが大切です。

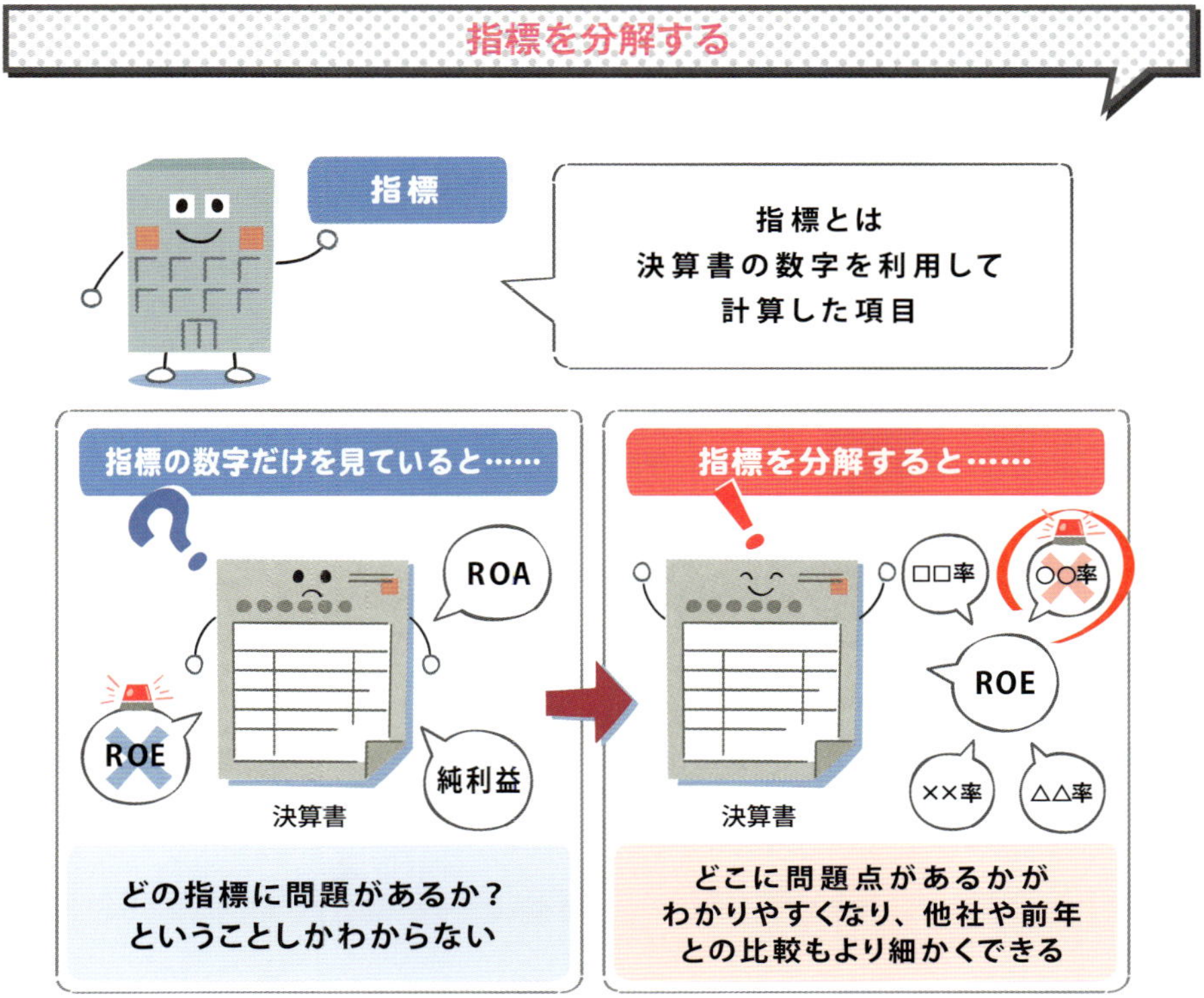
指標を分解する
指標
指標とは
決算書の数字を利用して
計算した項目
指標の数字だけを見ていると……
ROA
ROE
純利益
決算書
どの指標に問題があるか？
ということしかわからない
指標を分解すると……
□□率
○○率
ROE
××率
△△率
決算書
どこに問題点があるかが
わかりやすくなり、他社や前年
との比較もより細かくできる

2 収益性を分析してみよう

収益性分析の基本「売上高利益率」

収益性分析において、最もわかりやすいものが、売上高に占める利益の割合である**売上《うりあげ》高利益率《だかりえきりつ》**です。損益計算書には、売上総利益、営業利益、経常利益、税引前当期純利益、当期純利益の5段階の利益があるので、5つの売上高利益率を計算できます。

なかでも重要なのが、本業の利益率を表す営業利益率です。経常利益や（税引前）当期純利益には、利息や一時的な損益など本業に関係ない項目も含まれており、営業利益のみが本業の利益を測れるからです。**営業利益率を計算できれば、売上規模が違う会社同士でも本業での収益性を比較することができます。**

それぞれの売上高利益率

損益計算書(P/L)

売上高	5,000	
売上原価	(−)3,500	
売上総利益	1,500	売上総利益率 30%
販売費 及び 一般管理費	(−)800	
営業利益	700	営業利益率 14%
営業外収益	50	
営業外費用	(−)250	
経常利益	500	経常利益率 10%
特別利益	400	
特別損失	(−)350	
税引前当期純利益	550	税引前当期純利益率 11%
法人税、住民税 及び 事業税	(−)250	
当期純利益	300	当期純利益率 6%

なかでも会社の本業での収益性を表す営業利益率が重要

営業利益率が低いときどうする？

CASE 1　売上高総利益率が低かった！

売上高総利益率を高めたい

↓

販売単価を上げる／仕入単価を下げる など

CASE 2　売上高販管費比率が高かった！

売上高販管費比率を下げたい

↓

販管費を節約する／節約する部分を決めるなど

ROAで資産の活用力を見る

売上規模が異なる会社間でも比較が可能ということがわかりました。次は、保有資産の規模が異なる会社間で比較をしてみましょう。保有資産規模が異なれば、損益計算書の数字の大きさも変わります。ここで、損益計算書と貸借対照表を合わせて比較すれば、資産をどのくらい活用して利益を稼いでいるかがわかるのです。

比率分析《ひりつぶんせき》の考え方を使って、資産に対する利益の比率を考えてみましょう。この数字から、**資産を利用してどれだけ利益を上げているか**ということがわかります。この、資産に対する利益率のことを**総資産利益率**《そうしさんりえきりつ》（ROA）といいます。ここでの「利益」は、営業利益に**受取利息**と**受取配当金**を加算したものが使われます。資産に含まれる預金や株式から得られる収益も加算する必要があるのです。

ROAを比較してみよう

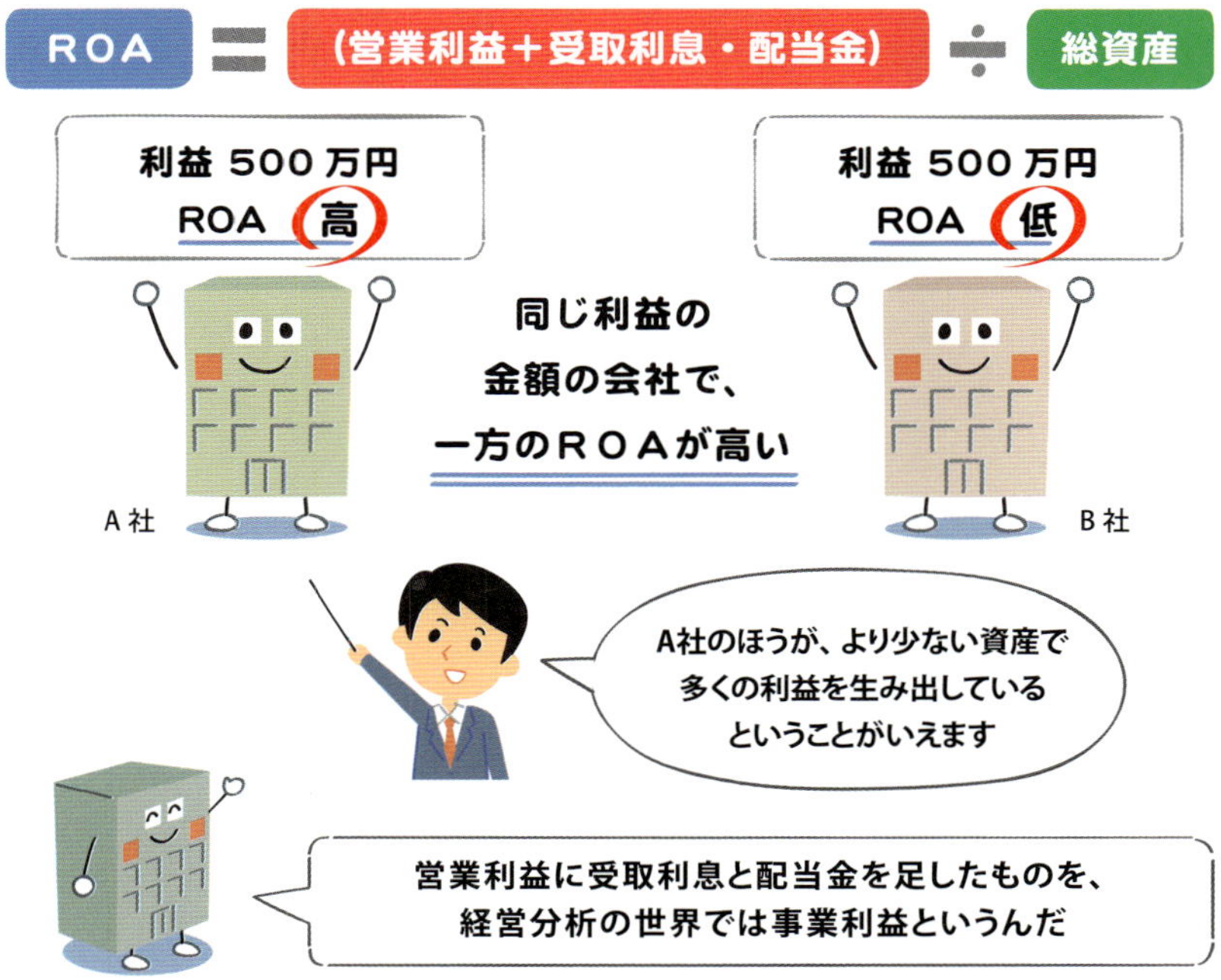
ROA ＝ （営業利益＋受取利息・配当金） ÷ 総資産
利益 500 万円
ROA 高
利益 500 万円
ROA 低
同じ利益の
金額の会社で、
一方のROAが高い
A 社
B 社
A社のほうが、より少ない資産で
多くの利益を生み出している
ということがいえます
営業利益に受取利息と配当金を足したものを、
経営分析の世界では事業利益というんだ

ROAを高めるには?

ROAを高めることは、**より少ない資産でより多くの利益を稼げるようになること**を意味します。経営者にとっては、ムダな在庫などは持ちたくないですし、現金などの当座資産《とうざしさん》以外の資産は少ないほうが経営的には望ましい場合もあります。それではどうすればROAを高められるのでしょうか?

効率性と収益性に分解

ROAは、2つの要素に分解することができます。一つ目は、資産を活用することによって得た売上がどれだけあるかということです。これは、売上高を総資産で割って計算され、総資産回転率《そうしさんかいてんりつ》と呼ばれます。同じ売上の金額でも一方が他方より資産が少なければ、少ない資産で効率的に売上を生み出していることになります。総資産回転率が高いということは、保有している資産を活用して、より多くの売上を上げていることを表します。

二つ目は、さきほども登場した売上高利益率です。ROAの場合は、(営業利益+受取利息・配当金)を売上高で割って計算します。受取利息・配当金がなければ、営業利益率(▼P.116)となります。これは事業そのものの収益力を表しています。

分解してビジネスの特長をつかむ

ROAを分解できれば、業種ごとのビジネスの特長をつかむこともできます。例えば、大きな工場を持つ製造業では固定資産も大きくなります。そのため総資産回転率は小さくなりますが、売上原価をうまくコントロール*2できれば売上高利益率は高くなります。また、スーパーなどの小売業は、一つひとつの商品の利益が少なく、できる限り在庫を売る回数を増やして手元在庫を小さくしようとします。そのため総資産回転率は高くなりますが、売上高利益率は低くなりがちです。

Keyword

原価のコントロール

*2 製造業などで、あらかじめ推測された原価の金額に、実際の売上原価を近づけるようにすることです。

ROAを高めるにはどうしたらいいの？

① まずROAを割り出す

ROA ＝ 利益 ÷ 総資産

$$= \frac{\text{利益}}{\text{総資産}}$$

② これに(売上高)を加えて分解する

$$= \frac{\text{売上高}}{\text{総資産}} \times \frac{\text{利益}}{\text{売上高}}$$

（左：総資産回転率　右：売上高利益率）

になる

「ROA」を「総資産回転率」と「売上高利益率」に分解することで、

ROAが高い(低い)要因が貸借対照表側(総資産回転率)にあるのか、

損益計算書側(売上高利益率)にあるのかを把握できる!

「利益」は、営業利益に、受取利息と配当金を足したもの
(受取利息・配当金を含めずに分析する場合もある)

こんなときどうする？

CASE1　総資産回転率が低かった！

総資産回転率を高めたい

↓

- 在庫をできるだけ減らす
- 不要な固定資産を処分する　など

CASE2　売上高利益率が低かった！

売上高利益率を高めたい

↓

- 販管費を下げる
- 売上原価を下げる　など

ROEで投資の活用度合いを見る

投資家の視点に立てば、自分が出資したお金がどのように活用されているかということが気になりますね。そこで用いられる指標が**自《じ》己《こ》資《し》本《ほん》利《り》益《えき》率《りつ》（ROE）**です。ROEは当期純利益を株主資本で割って計算します。ROEは利息や税金の支払後に最終的に残ったお金が株主の取り分なので、当期純利益を使うのです。

ROEが高いということは、それだけ投資家が出したお金が有効活用されているといえます。投資家から見れば、ROEが高い会社に投資したほうが、将来的な配当の額が期待できます。

ときおり「日本企業のROEは欧米企業に比べて低い」といった報道がされることがありますが、今では日本で株式投資をする海外の投資家の割合が増えてきたため、海外の投資家の視点に立ってROEを重要視する企業も増えてきています。

ROEとは？

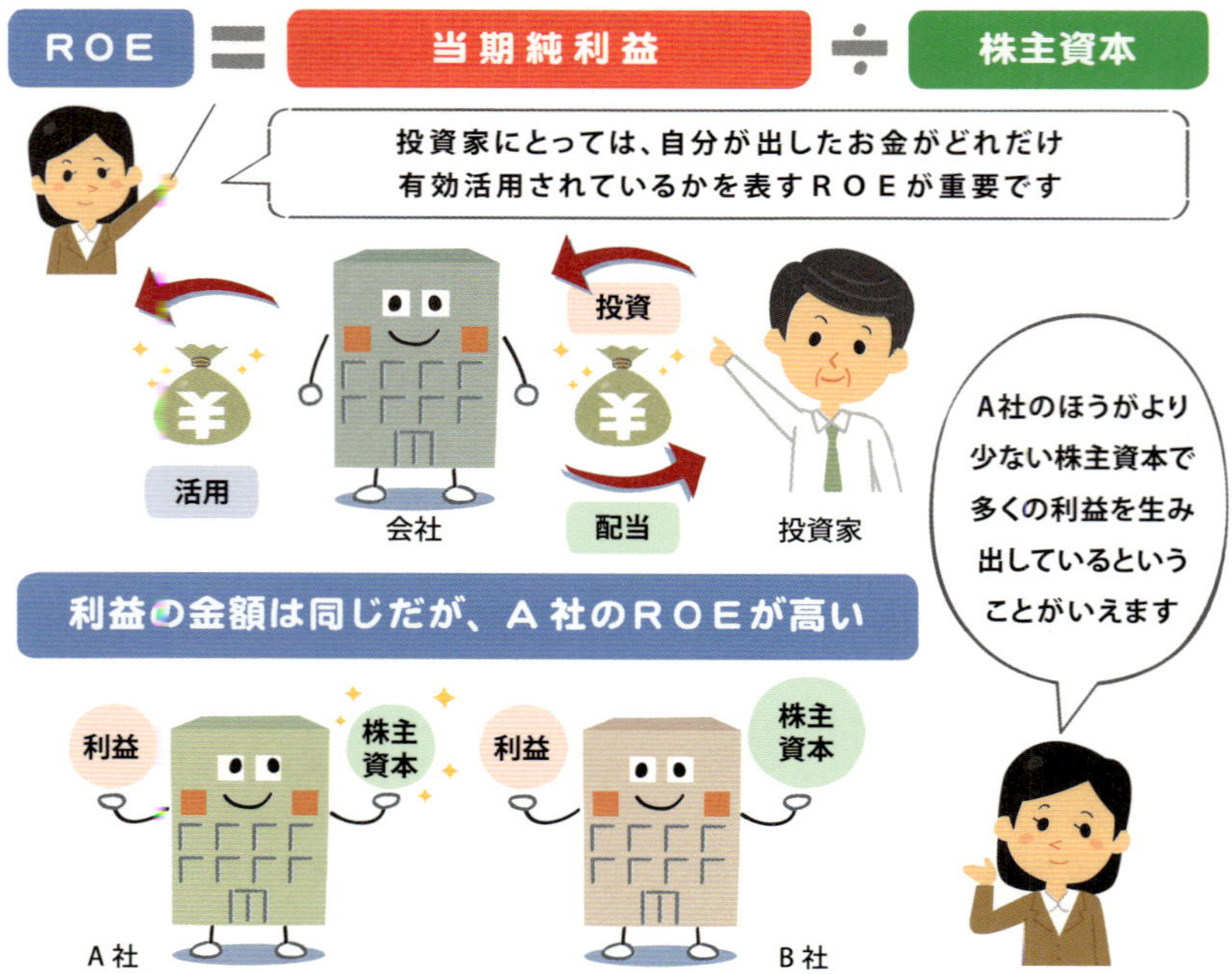

ROE ＝ 当期純利益 ÷ 株主資本
投資家にとっては、自分が出したお金がどれだけ有効活用されているかを表すROEが重要です
投資
活用
配当
会社
投資家
A社のほうがより少ない株主資本で多くの利益を生み出しているということがいえます
利益の金額は同じだが、A社のROEが高い
利益
株主資本
利益
株主資本
A社
B社

ROEを高めるには?

経営者としてはどれだけROAを高めることができるかが腕の見せ所ですが、上場会社のように投資家の利益も追及しなければならない会社では、ROEも重要視されます。

ROEもROAと同じように分解することができます。ROEの場合、ROAの2要素に加えて総資産を株主資本で割った要素が追加されます。これを**財務レバレッジ**といいます。少ない株主資本をもとに総資産を増やせれば、株主にとっては一人ひとりの利益も高くなります。

ROEを高めるには大きく分けて2つの方法があります。一つは**少ない資産で効率的に売上を上げる、つまり総資産回転率を高める方法**です。もう一つは**借り入れを活用して投資を行いより大きな利益を目指す、つまり財務レバレッジを高める方法**です。

ROEを高めるにはどうしたらいいの?

① まずROEを割り出す

ROE ＝ 当期純利益 ÷ 株主資本

② 分解する

$\frac{\text{当期純利益}}{\text{売上高}} \times \frac{\text{売上高}}{\text{総資産}} \times \frac{\text{総資産}}{\text{株主資本}}$

売上高利益率 / 総資産回転率 / 財務レバレッジ

こうするとROEが高まる!

・少ない資産で利益を上げる

少ない資産で
効率的に売上を
上げることが
大事だね

・借り入れを有効活用する

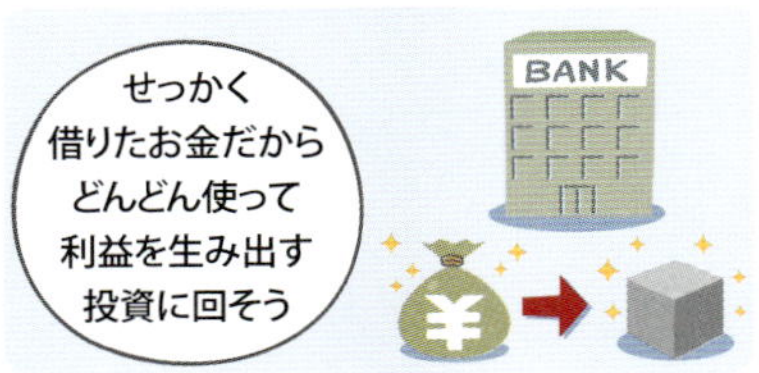
せっかく
借りたお金だから
どんどん使って
利益を生み出す
投資に回そう
BANK

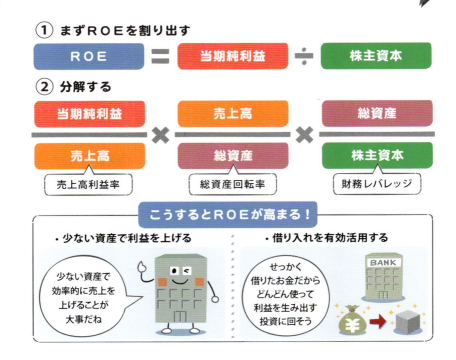

収益性が高い会社とは

3

業種で収益性を比較してみよう

2社比較は比率分析が基本

ここまで、収益性を測る指標として、売上高利益率、ROA、ROEを見てきました。次は、実際に収益性の業種間比較をするとき、どのように指標が使えるのかを見てみましょう。

今回は、非上場会社の飲食業のA社と卸売業のB社を比較してみます。図はA社とB社の損益計算書です。単純に売上高や利益額を比較するのは「数字をそのまま見る方法」です。しかし、ここまでの収益性の話から、売上や利益が大きいということだけでは不十分だということがわかります。そこで別の会社同士で収益性を比較するのに必要となるのが比率分析です。

利益率が分析の出発点

まずは基本となる利益率から見ていきます。売上高総利益率ではA社がB社に比べてかなり高くなっています。卸売業はどれだけ売ることができるかという、いわゆる薄利《はくり》多売《たばい》のビジネスなので、売上高総利益率はそれほど高くありません。一方で、飲食業では仕入れた材料を料理人が加工します。この店では仕入れた材料（売上原価）を3倍以上の価値（売上高）にしてお客様に提供しているといえます。

しかし、両社の営業利益率にはほとんど差がなく、当期純利益率では、逆にB社のほうが高くなっています。この原因を調べるのに必要なのが、次に説明する**指標の分解**です。

収益性の業種比較をしてみよう(利益率編)

まずは、利益率に注目!

単位(円)	A社(飲食業)	利益率	B社(卸売業)	利益率
売上高	52,772,000		60,700,000	
売上原価	16,658,000		27,684,000	
売上総利益	36,114,000	**68.43%**	33,016,000	**54.39%**
販売費及び一般管理費	33,606,000		30,153,000	
営業利益	2,508,000	**4.75%**	2,863,000	**4.72%**
営業外収益	673,000		845,000	
営業外費用	234,000		139,000	
経常利益	2,947,000	**5.58%**	3,569,000	**5.88%**
税引前当期純利益	2,947,000	**5.58%**	3,569,000	**5.88%**
法人税、住民税及び事業税	884,100		1,070,700	
当期純利益	2,062,900	**3.91%**	2,498,300	**4.12%**

売上総利益率では、A社が大きく上回っているのに…

営業利益率はほとんど差がなくなっている

この利益率の差を分析するには、
さらに利益率を分解する必要があります

ROAを計算してみよう

続いて、ROAも比較してみましょう。A社とB社の貸借対照表は左ページの図のとおりです。ROAは営業利益と受取利息・配当金の合計を総資産で割って計算できます。ここでは理解しやすくするために、両社とも受取利息・配当金は0円とします。

両社を比較すると、B社のほうが約5％、ROAが高くなります。つまり、B社のほうが少ない資産でより大きな利益を上げることができるということです。

ROAを分解しよう

B社のROAが高い理由はどこにあるのでしょうか？　ROAは総資産回転率と売上高利益率に分解できます（▼P.116）。両社のROAをこの2つの指標に分解したのが、左ページの図です。A社とB社では売上高利益率に差はありませんが、総資産回転率はB社がA社の約1・5倍です。これは、**B社のほうが資産を有効活用して、より高い売上を獲得している**ということを意味します。では、A社がROAを高めるにはどうすればよいのでしょう？

貸借対照表を見るとわかるように、A社は多くの固定資産を抱えています。飲食業では店舗の内装工事や厨房機器などの設備投資が必要です。そのため、前もって予算を決めて、必ずその範囲内に収めるように業者を選定するなどの工夫をし、設備投資を削減するという考え方もあります。しかし、一度購入してしまった以上は固定資産を小さくすることは容易ではありません。そこで現状のROAを高めるために、営業利益率の改善（▼P.127）も目指したいところです。

このように、ROAを改善する方法は業種によって異なります。どのように改善していけばよいのかは、指標を分解していくことで見えてきます。

収益性の業種比較をしてみよう（ROA編）

A社（飲食業）の貸借対照表

〈単位：円〉

流動資産	11,000,000	**流動負債**	10,000,000
固定資産	12,000,000	**固定負債**	7,000,000
		株主資本（純資産）	6,000,000
資産合計	23,000,000	負債・純資産合計	23,000,000

ROA ＝ 2,508,000 ÷ 23,000,000 ＝ 10.9%

B社（卸売業）の貸借対照表

〈単位：円〉

流動資産	18,000,000	**流動負債**	4,000,000
固定資産	400,000	**固定負債**	10,000,000
		株主資本（純資産）	4,400,000
資産合計	18,400,000	負債・純資産合計	18,400,000

ROA ＝ 2,863,000 ÷ 18,400,000 ＝ 15.6%

	総資産回転率（売上高／総資産）	売上高利益率（営業利益／売上高）	ROA（営業利益／総資産）
A社	2.3	4.75%	10.9%
B社	3.3	4.72%	15.6%

売上高利益率は
ほとんど差がないけど、
総資産回転率はB社が高い

ROAは
B社が約1.5倍

B社のほうが資産を有効活用して売上を上げています

ROEを計算してみよう

最後にROEについても計算してみましょう。ここでは、前ページのB社の決算書を、計算過程を中心に見ていきます。

ROEは当期純利益を株主資本で割って計算するのでしたね。さらにROEは売上高利益率、総資産回転率、財務レバレッジの3つの要素に分解できます。

図のように、B社のROEは56・7%です。今回は計算例を示すために仮の数字を使っていますが、実際の上場会社の決算書を使って計算すると、ROEは大体3~10%程度が中心です。

ROEを3つに分解することで、会社がどの点を重視して経営していけばよいかがわかります。資産を少なくして効率的に利益を上げるのであれば総資産回転率を高くする方法を、規模を拡大して大きな利益を目指すのであれば、財務レバレッジを大きくする方法を

ROE分析の例

B社(卸売業)の場合

当期純利益率(当期純利益 ÷ 売上高)	4.12%
総資産回転率(売上高 ÷ 総資産)	3.30
財務レバレッジ(総資産 ÷ 株主資本)	4.18
ROE(当期純利益 ÷ 株主資本)	56.7%

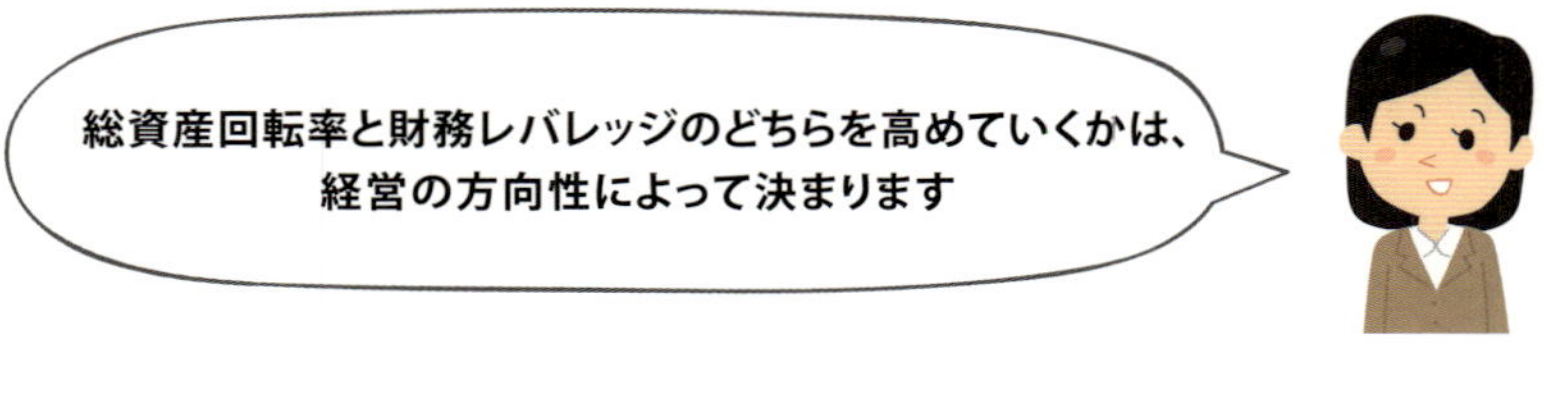
総資産回転率と財務レバレッジのどちらを高めていくかは、
経営の方向性によって決まります

考えます。

営業利益率を分解しよう

A社とB社の利益率を分解したのが下の図です。A社は売上高利益率は高いのですが、販管費がかさんだ結果、営業利益率ではB社とほとんど差がないことがわかります。それでは、なぜA社の販管費が高いのでしょうか。

両社の販管費の内訳を見てみましょう。A社はB社に比べて人件費が高いのがわかります。A社では販管費のおよそ半分を人件費が占めています。また、水道光熱費や地代《ちだい》家賃（お店の家賃）、減価償却費もB社に比べて高いことがわかります。**人手が必要であることや店舗への投資が原因で、飲食業ではこれらの費用が高くなります**。A社の利益率を改善するには、調理作業を効率化して人件費を下げるか、客足に影響が出ない範囲で料理の値段を上げて売上高を上げていくなどの対策が考えられます。

営業利益率を分解すると……

	A社（飲食業）	B社（卸売業）
売上高総利益率	68.43%	54.39%
売上高販管費比率	63.68%	49.67%
営業利益率	4.75%	4.72%

売上高総利益率では差があるのに、
営業利益率はほとんど同じですね

販管費の内訳

	A社		B社
給料	**15,000,000**	約2倍	7,000,000
接待交際費	1,000,000		4,500,000
旅費交通費	200,000		4,010,000
水道光熱費	**1,673,000**	約2倍	82,000
地代家賃	**5,890,000**	約3.5倍	1,690,000
減価償却費	1,342,000		56,000
その他	8,501,000		12,815,000
販管費合計	33,606,000		30,153,000

海外でも通じる会計ルール「IFRS」

経済のグローバル化とともに、投資も国際化してきました。それに伴い、上場会社を中心に、決算書も国際的に共通の会計ルールで作成しようという動きも出てきました。その共通ルールがIFRS(International Financial Reporting Standards)と呼ばれるものです。

IFRSも、本書で説明した決算書のルールとベースは共通ですが、いくつかの点で違いがあります。例えば「包括利益」という概念です。損益計算書では、売却する予定のない株式は、たとえ市場の価格が上がっていても、まだ所有している時点で収益としては計上しませんでした。しかしIFRSでは、株式などの有価証券を売ったと仮定して得られる利益(いわゆる「含み益」)も計上しなければなりません。このように従来の損益計算書では加味されなかった損益が、「包括利益」という名称で当期純利益の下に登場します。ほかにも、売上の計上要件が厳しくなったり、経常利益という概念がなくなったりと、従来の日本の会計ルールとは異なる点がいくつかあります。しかし、見る側にとっては大枠は同じなので、本書で説明した決算書の読み方や分析の仕方の大部分はそのまま応用できます。

応用編

Part 6

決算書から「会社がつぶれないか」を知ろう

この章では、「安全性」の面から決算書を見てみます。
いくら利益を上げているように見えても、
実際には厳しい経営状況かもしれませんよ。

1 その会社が生き残れるかがわかる安全性

安全性とは

安全性とは？

有名だから、大企業だからといって、その会社がずっと生き残っていくとは限りません。逆に小さくても100年以上経営を続けている会社だってあります。**知名度やイメージにとらわれず、どのような会社が生き残っていけるのかを数字の面から把握するために行う**のが、**安全性の分析**です。**収益性や成長性が「攻め」の部分の分析とすれば、安全性は「守り」の部分の分析**といってもいいでしょう。

有名な会社が大規模なリストラをしたり、事業を他社に売却したり、さらには会社が倒産したりしたニュースを見たら、安全性の低さを疑ったほうがいいかもしれません。

安全性は経営の土台を見る

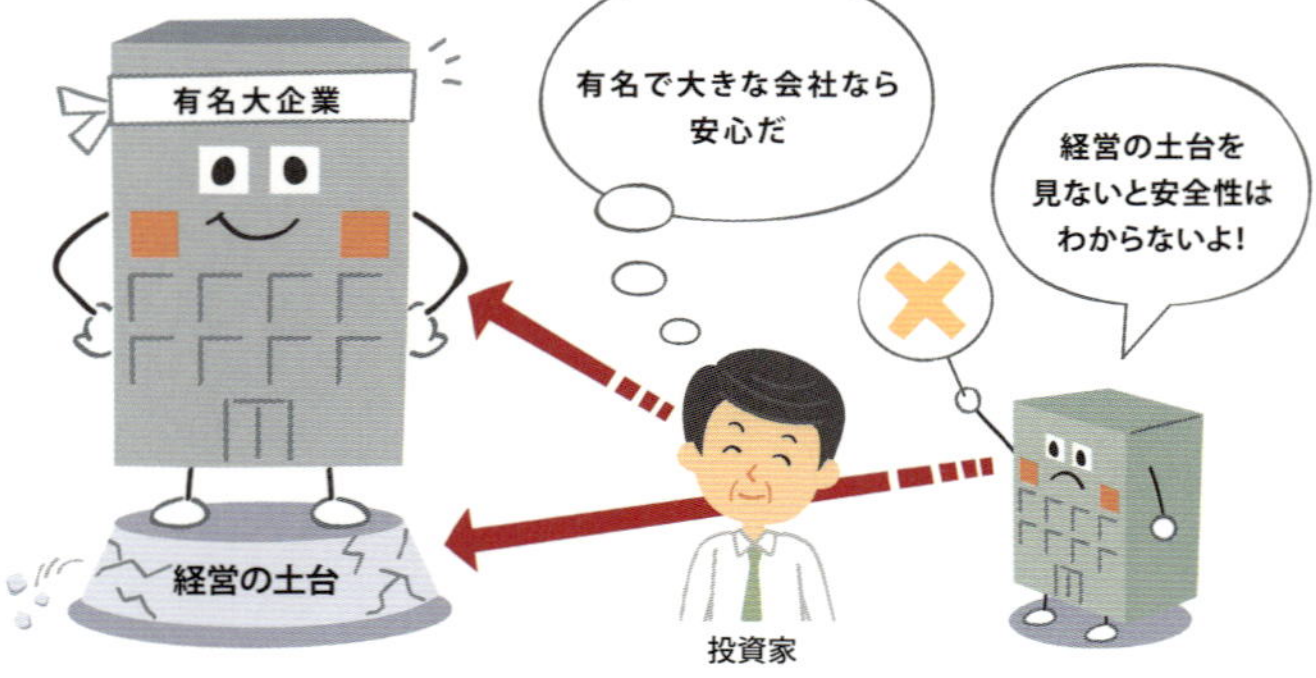
有名大企業
有名で大きな会社なら安心だ
経営の土台を見ないと安全性はわからないよ！
経営の土台
投資家

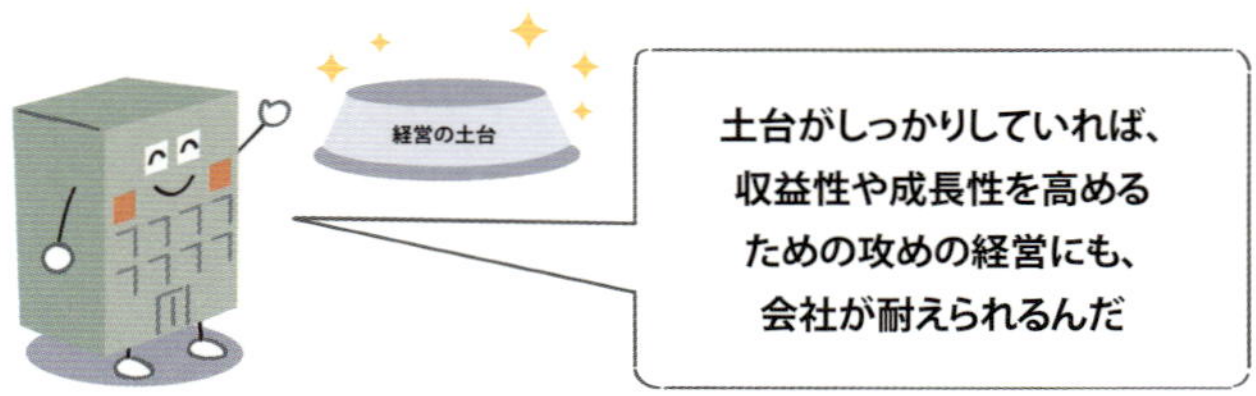
経営の土台
土台がしっかりしていれば、収益性や成長性を高めるための攻めの経営にも、会社が耐えられるんだ

安全性分析は「お金」を重視する

会社がつぶれるのは、お金がなくなってしまうからだといいました(▼P.79)。どれだけ収益性が高く黒字を出している会社でも、お金をうまく回収できていなければ支払いに支障が出てきて、最終的に会社はつぶれてしまいます。繰り返しになりますが、会社にとって資金繰りは経営のキモなのです。

株主も金融機関も安全性を重視する

株主は、自分が投資したお金を増やすことが目的です。会社の利益(正確には当期純利益)が増えれば、その分株主への配当金も増える可能性があります。つまり、株主にとっての関心は、会社がどの程度利益を上げられるのかということなのです。そのため、株主にとっては、ROEなど収益性を示す指標が重要視されるのです。とはいえ、いくら配当が高くても会社がつぶれてしまっては元も子もありません。そのため、**安全性も投資先を決めるうえでの重要なポイントになります**。

それでは、金融機関は会社の何に関心があるのでしょうか? もちろん金融機関にとっても株主同様、収益性は重要です。収益が高ければ、将来的にもっと大きな金額のお金を借りにくるかもしれません。金融機関だって商売です。より大きな利息を払ってもらえるような会社にお金を貸し出すことは当然のことです。

しかし、**それよりも金融機関が気にする点は、貸したお金がしっかり返ってくるか、焦げ付き**[*]**は発生しないかということ**です。金融機関が貸したお金のうち、貸した会社の経営悪化などにより、返ってくる可能性が低いお金を**不良債権**《ふりょうさいけん》といいます。不良債権や焦げ付きの発生は金融機関の業績を悪化させます。金融機関にとって、貸出先の会社の安全性の高さは、不良債権を出さないうえで重要なポイントなのです。

*1

Keyword

焦げ付き

金融機関などが貸したお金が返ってこなくなることです。

ステークホルダーにとって重要な各指標

	収益性が高いと……	安全性が高いと……
 投資家	より大きな配当が期待できる	倒産して株が無価値になる危険が少ない
 金融機関	より大きな貸し出しによる利息収入が期待できる	貸し出したお金をすべて回収できる

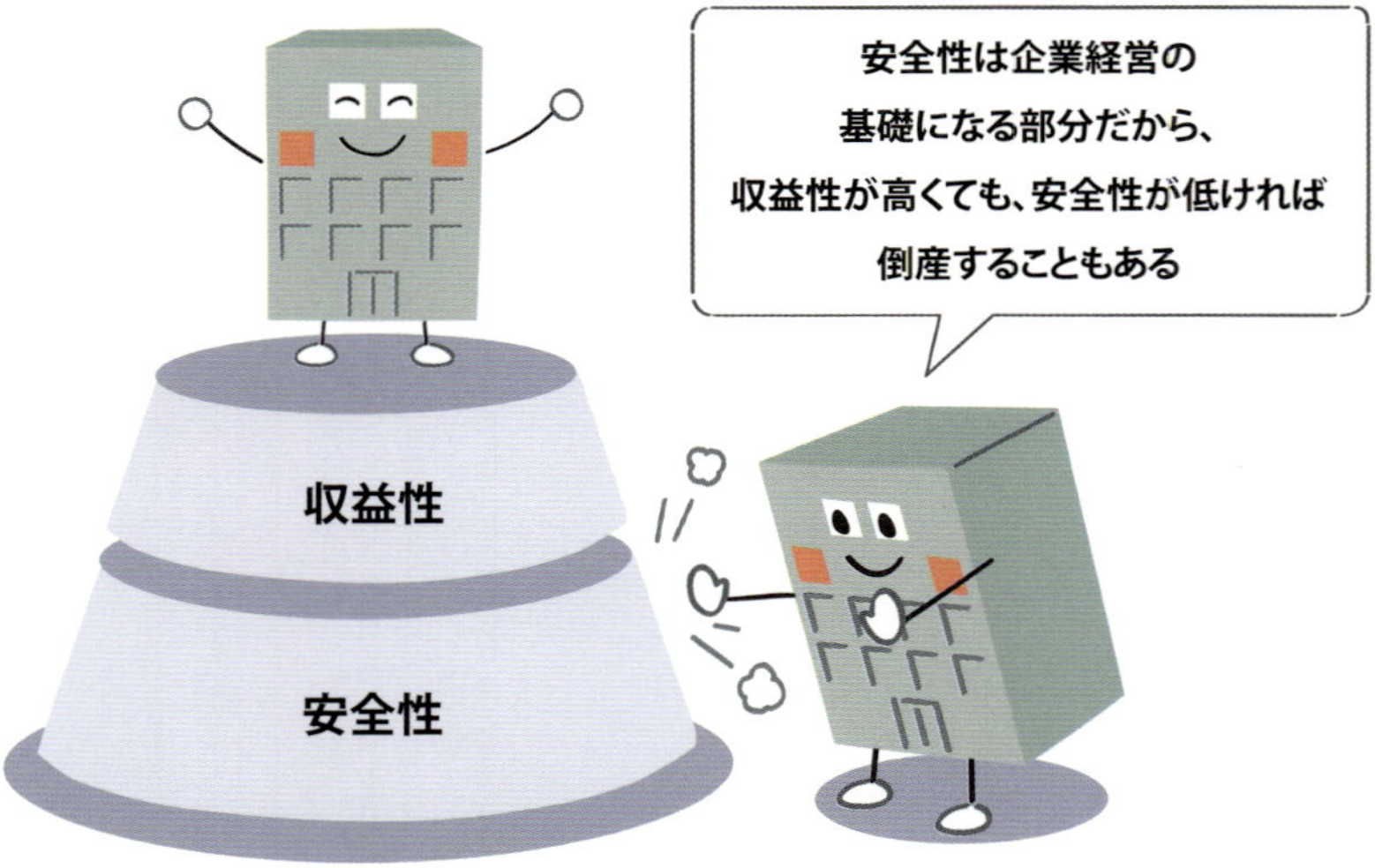
安全性は企業経営の基礎になる部分だから、収益性が高くても、安全性が低ければ倒産することもある
収益性
安全性

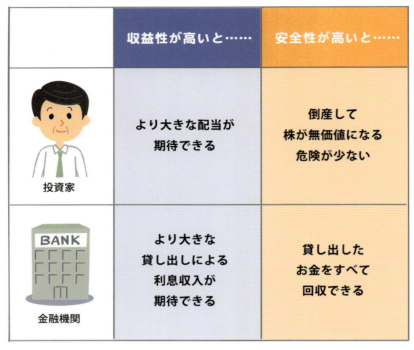

安全性分析の注意点

安全性の分析をするにあたって注意点が一つあります。安全性の分析は、主に貸借対照表を使います。貸借対照表は期末日の一時点の情報を表しているものでしたね(▼P.84)。このため、期末日現在の数字では安全性が高く見えても、**次の期に大きな設備投資をするなどして大きな支払いがあれば、安全性の指標が大きく変化するということもあり得ます**。特に、これから説明する当座比率など現金や預金に関する安全性の指標については注意が必要です。

安全性の分析においては、こうした貸借対照表の落とし穴も理解しておくとともに、一つの指標だけで安全性が高いと判断せずに、複数の指標を用いてさまざまな視点から分析していくことがより重要になります。

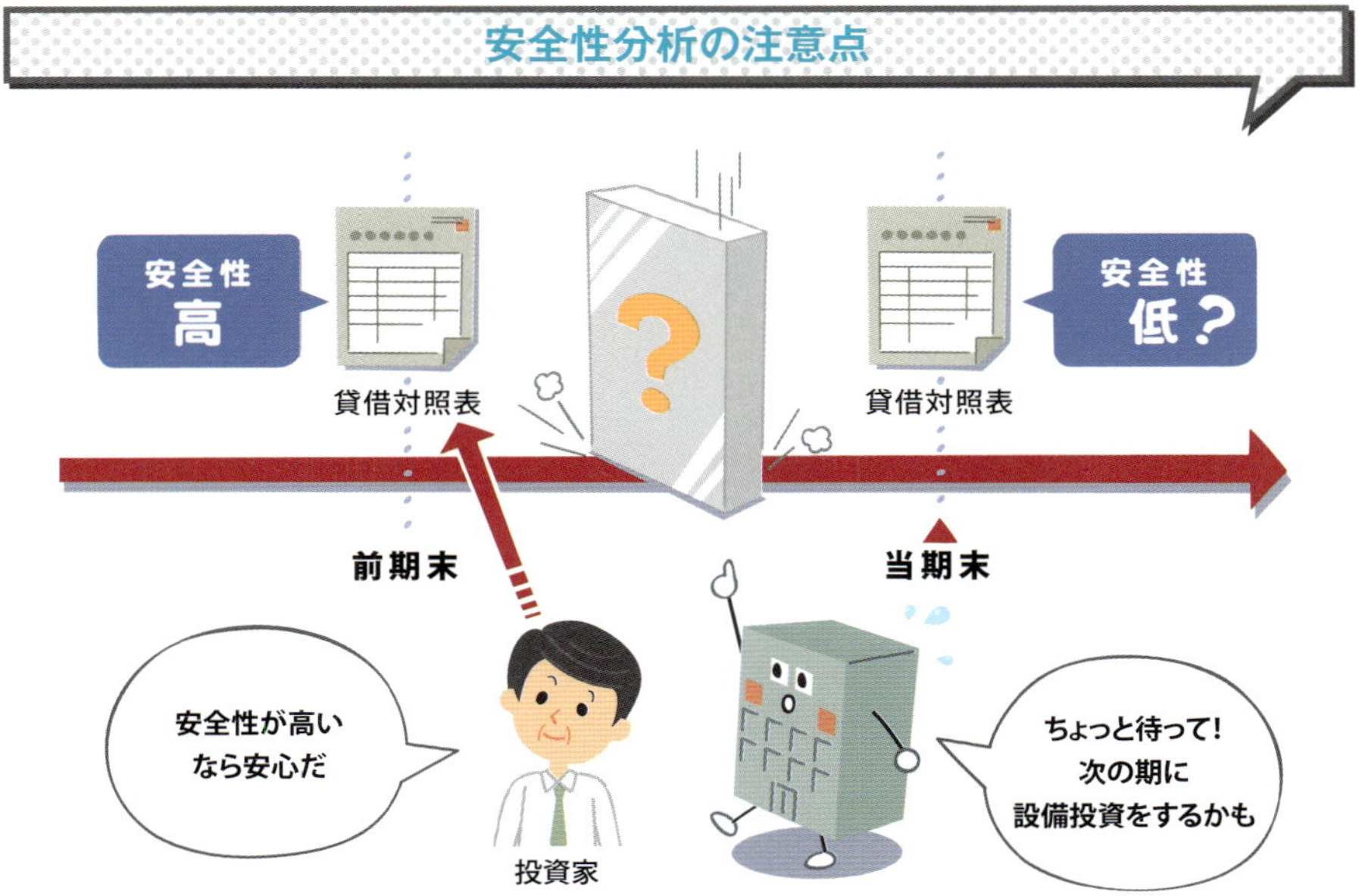
安全性分析の注意点
安全性
高
貸借対照表
安全性
低?
貸借対照表
前期末
当期末
安全性が高いなら安心だ
投資家
ちょっと待って!
次の期に
設備投資をするかも

貸借対照表は期末の一時点の情報

- 現金預金は日々変動するため、安全性の指標も日々変動する
- 複数の指標を組み合わせて分析することが重要

決算書で安全性を分析してみよう

分析法① 短期的な視点で分析しよう

安全性を測る視点には短期の視点と長期の視点があります。短期的に安全かどうかを測る代表的な指標が、流動《りゅうどう》比率《ひりつ》です。**流動比率は、流動資産を流動負債で割って計算します。**流動資産と固定資産、流動負債と固定負債を分ける基準の一つは、**1年以内に現金化や返済が行われるかどうか**ということでしたね。つまり、流動比率は**1年以内に返済すべきお金を流動資産で賄えているか**ということを表します。さらに、流動資産の中でも換金性の高い当座資産を流動負債で割ることで計算できるのが、当座《とうざ》比率《ひりつ》です。当座比率は、流動比率よりもさらに厳しく安全性を測るために

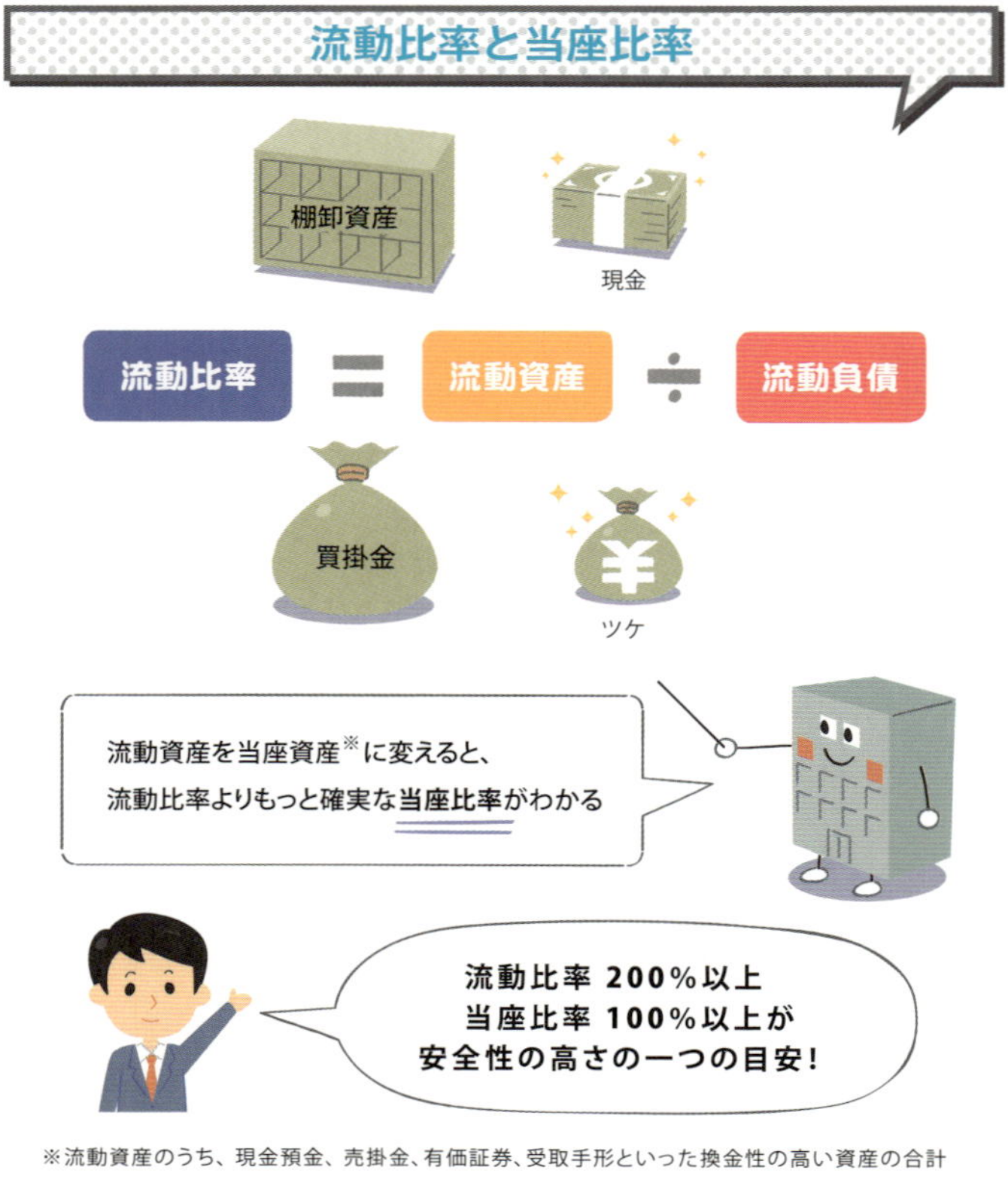

流動比率と当座比率
棚卸資産
現金
流動比率 ＝ 流動資産 ÷ 流動負債
買掛金
ツケ
流動資産を当座資産※に変えると、
流動比率よりもっと確実な当座比率がわかる
流動比率 200％以上
当座比率 100％以上が
安全性の高さの一つの目安！

※流動資産のうち、現金預金、売掛金、有価証券、受取手形といった換金性の高い資産の合計

使われます。

分析法② 長期的な視点で分析しよう

長期的な視点から安全性を測る指標としては、固定比率《こていひりつ》があります。**固定比率は、固定資産を自己資本で割って計算します。**固定資産は、一度購入すれば数年間は使用するうえ、事業に使用してお金を生み出していく期間も長期にわたります。そのため、**固定資産の購入資金はできる限り借入金ではなく、返済義務がない株主からの出資や稼いだ利益で工面するのが望ましい**といえます。

固定資産を取得するための資金が、自己資本だけではどうしても足りない場合はどうすればよいのでしょう? **安全性のうえでは、できる限り長期の借入金で賄うことが重要**です。固定資産を自己資本と固定負債の合計で割ったものを固定長期適合率《こていちょうきてきごうりつ》といいます。固定比率も固定長期適合率も、小さければ小さいほど安全性が高いことを表しています。

固定比率と固定長期適合率

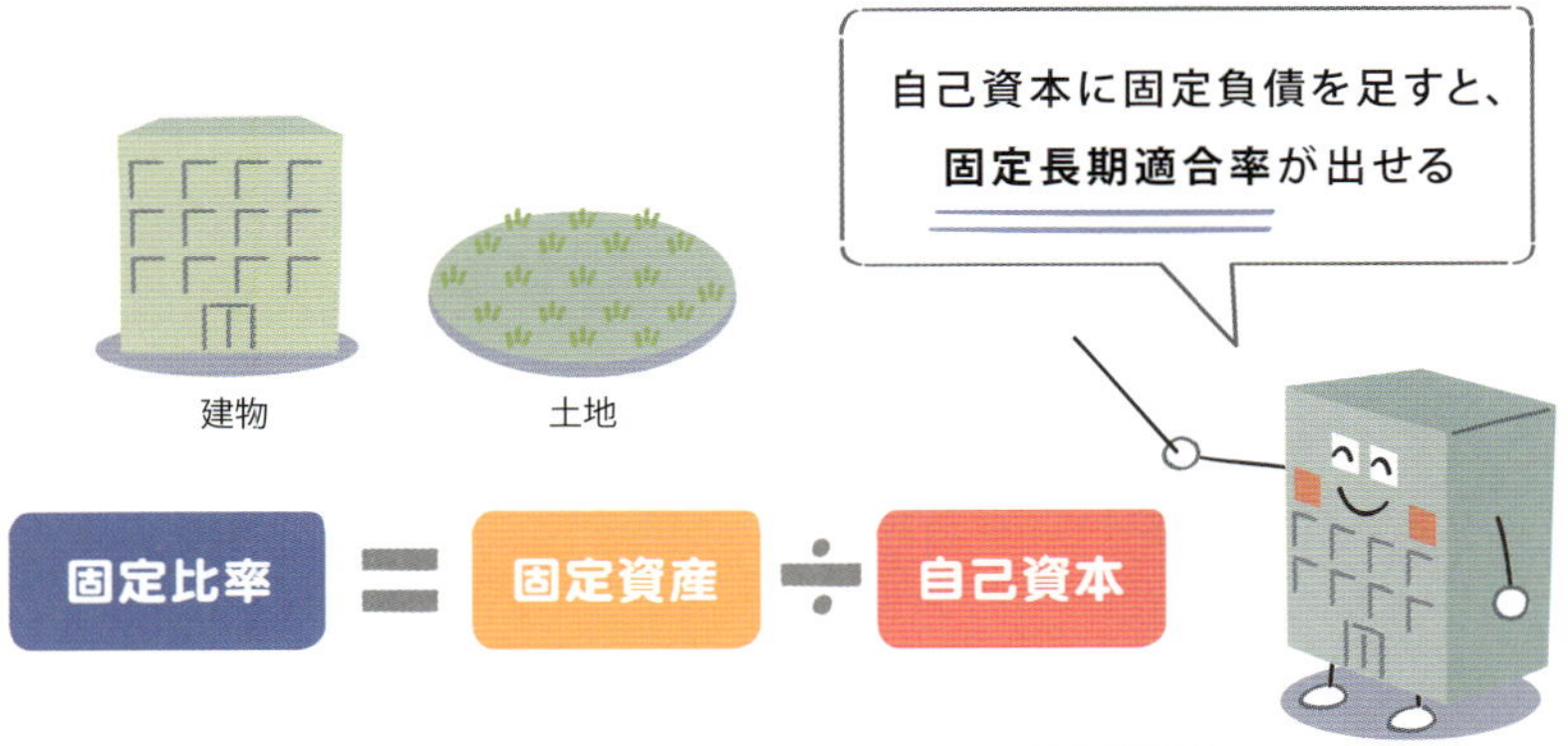
自己資本に固定負債を足すと、
固定長期適合率が出せる
建物
土地
固定比率 ＝ 固定資産 ÷ 自己資本

固定比率100%以内が安全性の高さの一つの目安！これを達成できていない場合も、「固定長期適合率100%以内」は最低限達成したいところです

どちらも低いほど自己資本など長期の資金で固定資産の取得を賄えている（安全性が高い）ことを意味します

現金預金は十分にある？

　ここまで、流動資産や固定資産といった大きなくくりで安全性を見てきました。次は、資産の中でも最も重要な**現金《げんきん》預金《よきん》**に目を向けてみましょう。現金預金があれば、業績悪化時や突発的な支払いにも耐えることができるので、どのくらいの現金預金を手元に置いておく必要があるのかは、経営において重要なことです。

　現金預金についての安全性を測る指標として、現金預金を（年間売上高÷12）で割って計算される**手元《てもと》流動性《りゅうどうせい》比率《ひりつ》**があります。手元流動性比率は、**月の平均売上高の何か月分の現金を保有しているか**ということを表します。

　手元流動性比率は大体2か月分程度が目安です。手元流動性比率が低い原因は、図のようにさまざまな原因が考えられます。なぜ低いのかによって、取るべき対策も違ってきます。

手元流動性比率

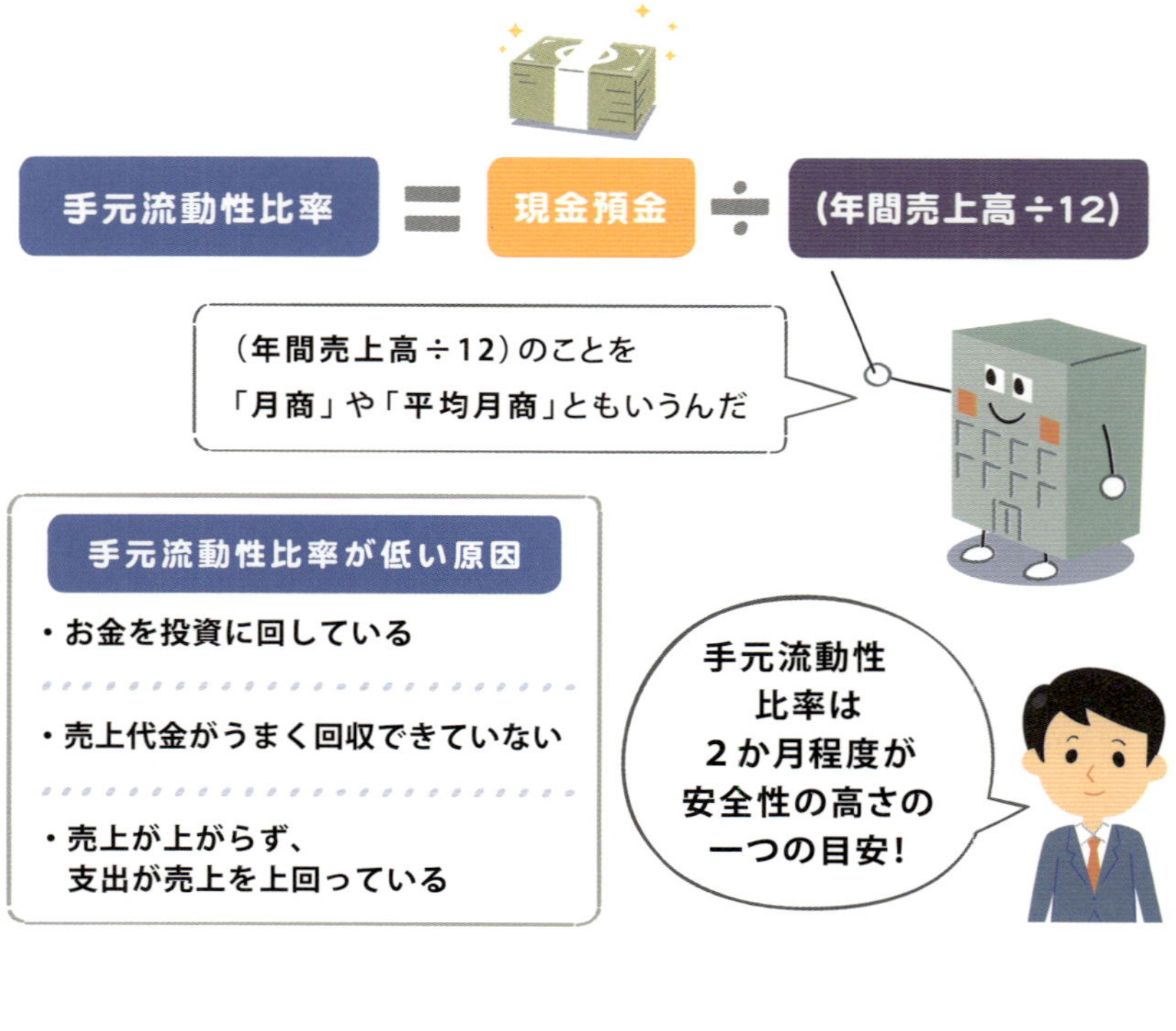

手元流動性比率 ＝ 現金預金 ÷ （年間売上高÷12）
（年間売上高÷12）のことを
「月商」や「平均月商」ともいうんだ
手元流動性比率が低い原因
・お金を投資に回している
・売上代金がうまく回収できていない
・売上が上がらず、
支出が売上を上回っている
手元流動性
比率は
2か月程度が
安全性の高さの
一つの目安！

売上債権から見る安全性

手元流動性比率が低い原因として考えられるものは大きく3つあります。一つは、**資金を次々に投資していった結果、手元の現金が少なくなった**ということです。これは経営判断によって、安全性をあえて犠牲にして収益性を追求している、と考えられます。もう一つは、**売上代金の回収がうまくいっていない、もしくは在庫がうまく販売できていない**といったことです。最後が、**売上よりも費用が大きい、つまり赤字の状態で、さらにお金がどんどん外に出て行ってしまった**、ということです。

二つめの原因に関係する、売上代金の回収がうまくいっているかどうかを見る指標として、**売上債権《うりあげさいけん》回転期間**があります。これは、売掛金と受取手形（売上債権）の合計を月商で割って計算します。

回転期間分析

売上債権回転期間※ ＝ 売掛金と受取手形（売上債権）の合計 ÷ （年間売上高÷12）

売上債権の回収に何か月かかっているかを表す

在庫の期間を見るために棚卸資産回転期間を使うこともある

棚卸資産回転期間 ＝ 棚卸資産の合計 ÷ （年間売上高÷12）

年間売上高の代わりに年間売上原価を使う場合もある

売上債権回転期間や棚卸資産回転期間は
1～2程度が望ましいといえます

※ 掛取引の場合、1か月程度は回収までにかかるので、売上債権回転期間も1程度が望ましいといえます。

借金の返済能力を見てみよう

多くの会社は金融機関からお金を借りています。自己資本比率も、上場会社で大体30%が目安といわれているように、**ある程度の借金を持つことは会社経営においては必要なこと**です。それでは、どのくらいの借入金が適正なのか見てみましょう。

今ある借金を返そうとした場合、どの程度の年数で返せるのかを見るのに、**債《さい》務《む》償還《しょうかん》年《ねん》数《すう》**といわれる指標があります。債務償還年数は、**貸借対照表上の借入金の合計を、営業活動によるキャッシュ・フローで割って計算します（非上場会社などキャッシュ・フロー計算書がない場合は、税引前当期純利益に減価償却費を加えたものを使うこともあります）**。債務償還年数を見れば、**本業で生み出されたお金を使ってあと何年で今の借金を返済し終えるか**がわかります。数字が小さいほど返済余力*があるということになるので、金融機関もお金を貸しやすくなります。会社の借金は長くて10年程度です。**この年数を上回ると安全性の面で要注意**ということになります。

利息を支払う力を見てみよう

金融機関がお金を貸すときは利息を取ります。金融機関にとって、元本《がんぽん》が戻ってくるかどうかはもちろん重要ですが、利息をしっかり払ってくれるかどうかも大切なポイントです。この利払い能力を測る指標が、**インタレスト・カバレッジ・レシオ**です。この指標は、**営業利益と受取利息・配当金の合計を、支払利息で割って計算するもので、数字が高ければ高いほど安全性が高い**といえます。営業利益は、本業で生み出された利益です。この利益が出ていなければ、いずれは利息の支払いに限界がきてしまうのです。具体的には、インタレスト・カバレッジ・レシオが1・0を下回ってしまうと安全性に問題あり、ということになります。

Keyword

返済余力 *2

金融機関がお金を貸す場合に、あとどのくらい貸してよいかの基準となる金額。

「債務償還年数」と「インタレスト・カバレッジ・レシオ」

債務償還年数は、現在の本業で稼いでいるお金をもとに考えて、あと何年で借金を返し終えられるかを見る指標なんだ

インタレスト・カバレッジ・レシオは、営業利益と受取利息・配当金の合計を、支払利息で割って計算して、利払い能力を測る指標なんだ

債務償還年数 ＝ **貸借対照表上の借入金** ÷ **営業活動によるキャッシュ・フロー**

または

税引前当期純利益 ＋ 減価償却費

間接法
（→P.92）の簡易版

これが低いほど
安全性は高い

インタレスト・カバレッジ・レシオ ＝ **営業利益と受取利息配当金の合計** ÷ **支払利息**

最低でも
1.0は必要

3

安全性が高い会社とは

業種で安全性を比較してみよう

会社の規模で安全性は変わる？

収益性と同様に、安全性についても2社で比較してみましょう。今回は、業種も規模も異なる2社を比べてみます。

安全性は、金融機関にとって重要な指標です。金融機関の気持ちに立って、「その会社にお金を貸せるか」という視点で決算書を見てみると、わかりやすくなります。

1年以内の支払能力は大丈夫？

まずは、短期間での支払能力を見るために、流動比率を比較してみます。図からわかるように、卸売業のA社は２００％を超えているのに対して、飲食業のB社は１００％を下回っています。A社は近いうちに支払わなければならないお金（流動負債）の2倍以上の流動資産を持っているため、安全性はきわめて高いといえます。一方、B社は持っている流動資産よりも、近いうちに支払うお金が多いので、このままだと1、2年で資金不足に陥る可能性が高いといえます。

次に当座比率も見てみましょう。当座比率は**流動資産の中でも、換金性が強いものだけで測る指標**（▼P.134）で、流動比率よりも慎重に短期の安全性を測るときに使います。

当座比率も、A社は１００％を超えている一方、B社は50％を割り込んでいます。A社は当面問題はなさそうですが、B社は1年以内にお金が足りなくなる可能性があるのです。

安全性の業種比較をしてみよう（流動比率編）

A社（卸売業）

〈単位：円〉

現金及び預金	50,226,000	買掛金	22,012,000
売掛金	55,831,000	短期借入金	5,734,000
棚卸資産	8,643,000	未払金	18,751,000
その他	77,426,000	その他	42,072,000
流動資産合計	192,126,000	流動負債合計	88,569,000
有形固定資産	24,095,000	固定負債	11,182,000
無形固定資産	1,286,000	純資産	117,756,000
資産合計	217,507,000	負債・純資産合計	217,507,000

2倍以上！

B社（飲食業）

〈単位：円〉

現金及び預金	1,317,000	買掛金	2,046,000
売掛金	134,000	短期借入金	1,000,000
棚卸資産	373,000	未払金	420,000
その他	1,177,000	その他	100,000
流動資産合計	3,001,000	流動負債合計	3,566,000
有形固定資産	7,098,000	固定負債	3,000,000
無形固定資産	0	純資産	3,533,000
資産合計	10,099,000	負債・純資産合計	10,099,000

負債のほうが多い……

	A社	B社
流動比率	216.92％	84.16％
当座比率	119.75％	40.69％

長期の支払能力は大丈夫？

次に、長期的な支払能力を測るために、固《こ》定比率《ていひりつ》を見てみましょう。

固定比率は、**固定資産を取得するためのお金を、どれだけ自己資本で賄っているかを測る指標**です。**低ければ低いほど、自己資本で賄えていることになり、安全性が高いといえます。高いほど安全性が高い流動比率とは指標の動きが逆になる**のでご注意を。

A社は固定比率が約20％なので、長期的な安全性も非常に高いといえます（▶P.135）。

一方、B社は100％を2倍以上も上回っています。固定比率に固定負債も加えた固定長期適合率も100％を超えています。B社は、固定資産を取得するのに長期的資金では賄えず、短期の支払に充てるべきお金まで使っている状況で、長期の安全性も赤信号です。

安全性の業種比較をしてみよう（固定比率編）

	A社（卸売業）	B社（飲食業）
固定比率	21.55％	200.91％
固定長期適合率	19.68％	108.65％

お金の備えは十分にある？

次に、手元流動性比率（▼P.136）を使って、お金が十分にあるかを見てみます。A社は1・31です。これは、A社は1年で売り上げた代金のうち、約1・31か月分が手元に残っているということを表します。1を超えているので、まずまずといえるでしょう。一方のB社は、0・41と1か月を大きく下回っています。**B社では売上で入ってきた現金がすぐに支払いに回ってしまい、会社内にお金が貯まらない**ことが予想できます。

B社のような飲食店では、**お客様は店頭で現金を払う場合が多いため、通常であれば売掛金は少なく現金が多くなる**はずです。それでも手元流動性比率が低いということは、仕入れや人件費などに充てられるお金が、売上高に対して大きいなどの可能性が考えられます。

安全性の業種比較をしてみよう（手元流動性比率編）

	A社（卸売業）	B社（飲食業）
年間売上高	460,000,000	39,000,000
手元流動性比率	1.31 ＞	0.41 手元流動性比率が低い

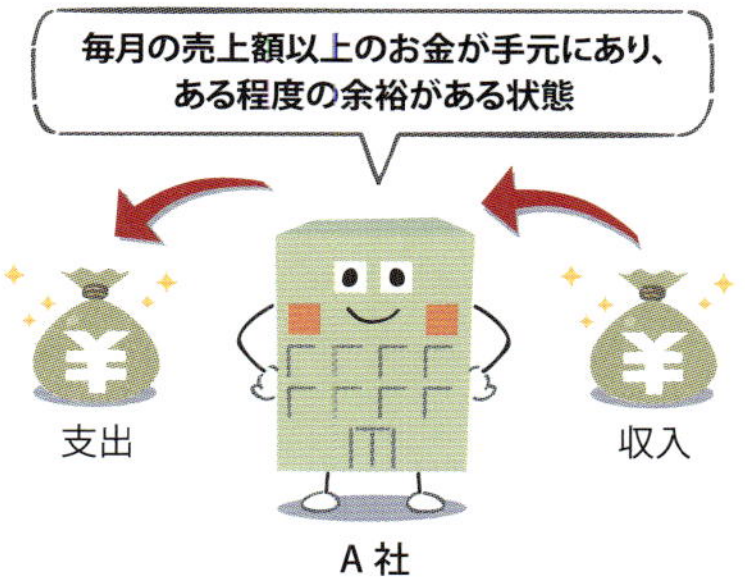

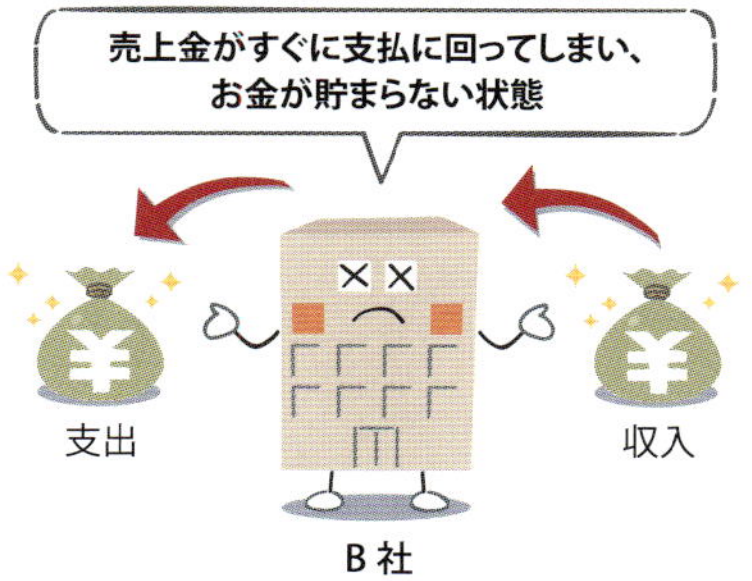

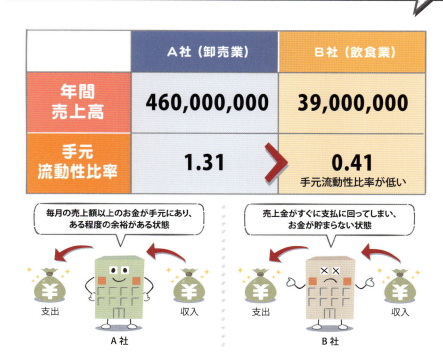

回転期間を見てみよう！

回転《かいてん》期間《きかん》（▼P.137）についても見てみましょう。回転期間は、**現金払いがほとんどない、掛取引が主体の会社や、在庫を抱える会社のための指標**です。

B社のような飲食店では、そもそも現金払いが主体であり、材料なども在庫としてストックしておける期間が短いため、回転期間も低くなって当然です。一方、A社のような卸売業の会社では、回転期間は安全性を測るために重要な指標となります。A社の売上債権回転期間は1・46です。1をやや上回っていますが、それほど安全性に問題はないでしょう。

また、A社の棚卸資産回転期間は0・23と卸売業にしては大変低い数字です。手元の在庫が少ないということは、売れ残りのリスクや、在庫の保管コストを低くできることを意味します。

安全性の業種比較をしてみよう（回転期間編）

	A社（卸売業）	B社（飲食業）
売上債権回転期間	1.46	0.04
棚卸資産回転期間	0.23 A社は、1を大きく下回る	0.11

WAREHOUSE
在庫の現金化スピードが非常に速い
お客様
手元在庫が少なくて済む

借金の返済余力は大丈夫？

　金融機関からお金を借りられれば、B社の資金不足は解消しそうです。それでは、債務償還年数で借金の返済余力を見てみましょう。

　図からわかるように、B社の債務償還年数は6・11年となります。現状のキャッシュ・フローでは、借入金を返済するのに約6年かかるということになります。また、インタレスト・カバレッジ・レシオも1・52と、**営業利益で何とか金融機関に利息を支払っている状況**です。

　安全性が低ければ低いほど、金融機関は焦げ付きのリスクを恐れて返済期間は短くなります。しかし短期の借り入れを繰り返す、いわゆる自転車操業の状態では、会社の成長はなかなか困難です。**まずは利益率を向上させてお金を社内に貯めていくことがB社の経営課題**といえるでしょう。

債務償還年数で安全性を測ってみよう

税引前当期純利益に
減価償却費を加算したものを使用

B社の債務償還年数 ＝ 4,000,000 ÷ (55,000＋600,000)
＝ 6.11年

B社のインタレスト・カバレッジ・レシオ ＝ 160,000 ÷ 105,000
＝ 1.52

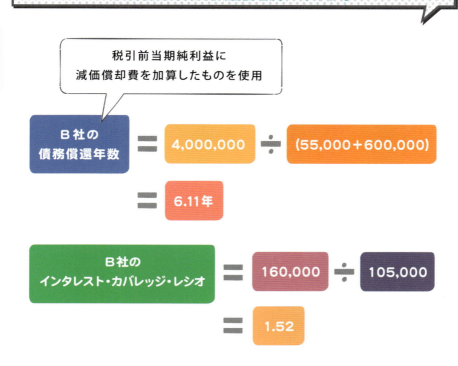

財務3表以外に有価証券報告書に載っている情報

上場会社が公表している有価証券報告書の中には、財務３表以外にもさまざまな情報が載っています。

その一つが「セグメント情報」です。例えば、トヨタ自動車は自動車の製造のほかにも、グループとして自動車保険やローンといった事業も行っています。このように、大企業は事業が多岐にわたるため、損益計算書のかたちでまとめるだけでは、どの事業がどれだけ儲かっているのかが読み取れません。事業別の損益などをまとめたセグメント情報があることで、他社との比較を含めてより正確な分析が可能となります。

そのほか、その会社がどのような会計ルールを採用しているのかなどが書かれている「注記事項」や、借入金などの内訳が載っている「附属明細表」などがあり、財務３表だけでは足りない情報を補っているのです。有価証券報告書には、こうした数字のこと以外にも、事業の内容や今後の経営方針、経営課題など、情報がいろいろ載っていますので、興味がある会社のものは目を通してみると面白いかもしれませんよ。

応用編

Part
7

決算書から「会社がもっと大きくなるのか」を知ろう

この章では、「成長性」の面から決算書を見てみます。
「投資」がどのように行われているか、
この先も会社が成長していけるかどうかなど、
気をつけるべきところはたくさんあります。

理想的な成長サイクルって？

「会社のこれから」がわかる成長性

成長性とは？

決算書を分析するうえで、収益性や安全性と並んで重要なポイントは**成長性《せいちょうせい》**です。成長性とは、これまで会社が成長してきているか、そしてこれからも成長していくことができるかどうかを表すものです。

それでは会社の成長とは何でしょうか？それは、**売上高や利益が順調に伸びていくこと、そして稼いだ利益をもとに商品開発や、新規の設備導入などへの投資を行っていくこと**です。投資はさらなる売上高や利益の向上を会社にもたらし、より大きな投資が可能となります。こうしたサイクルを作り出せる会社が、成長性の高い会社だといえます。

会社の成長のサイクル

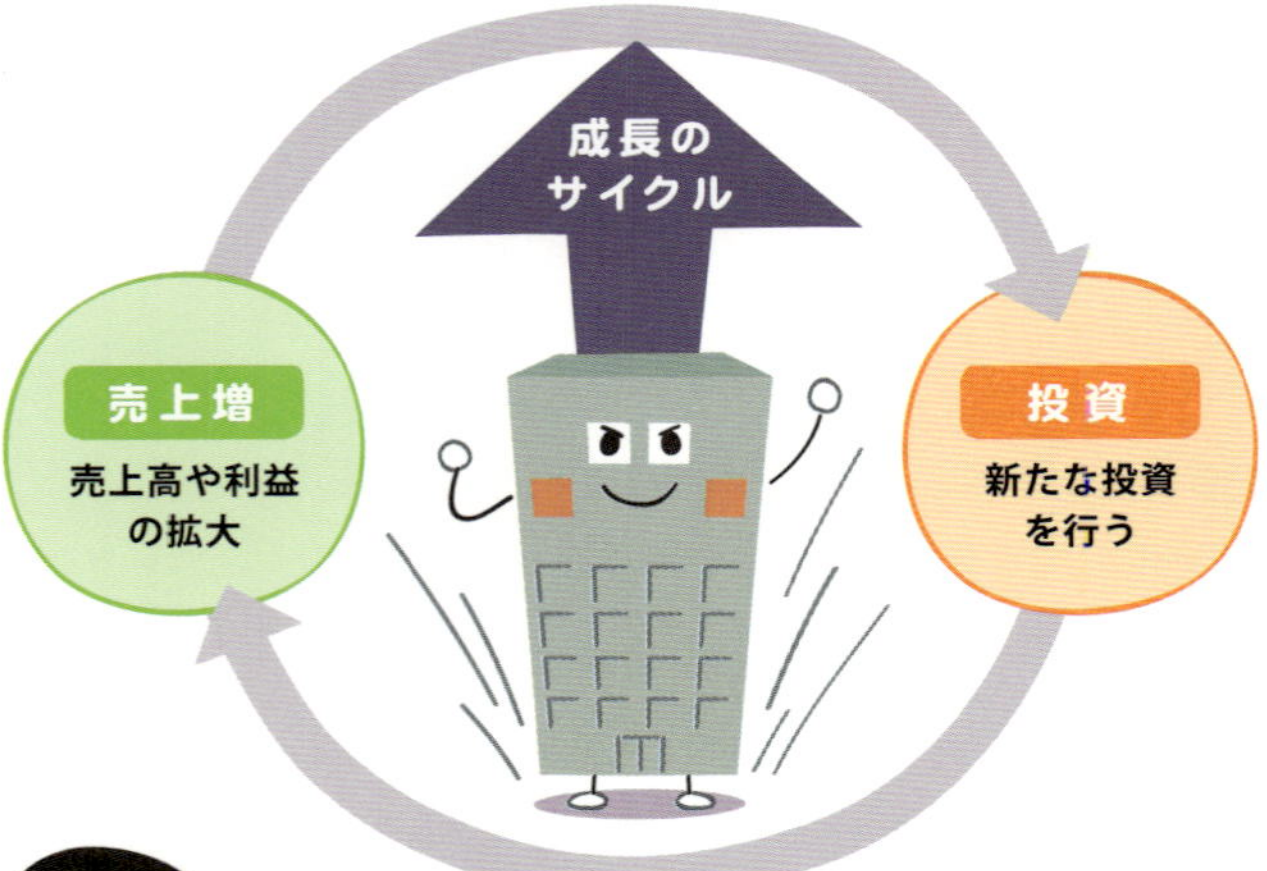
成長の
サイクル
売上増
売上高や利益
の拡大
投資
新たな投資
を行う

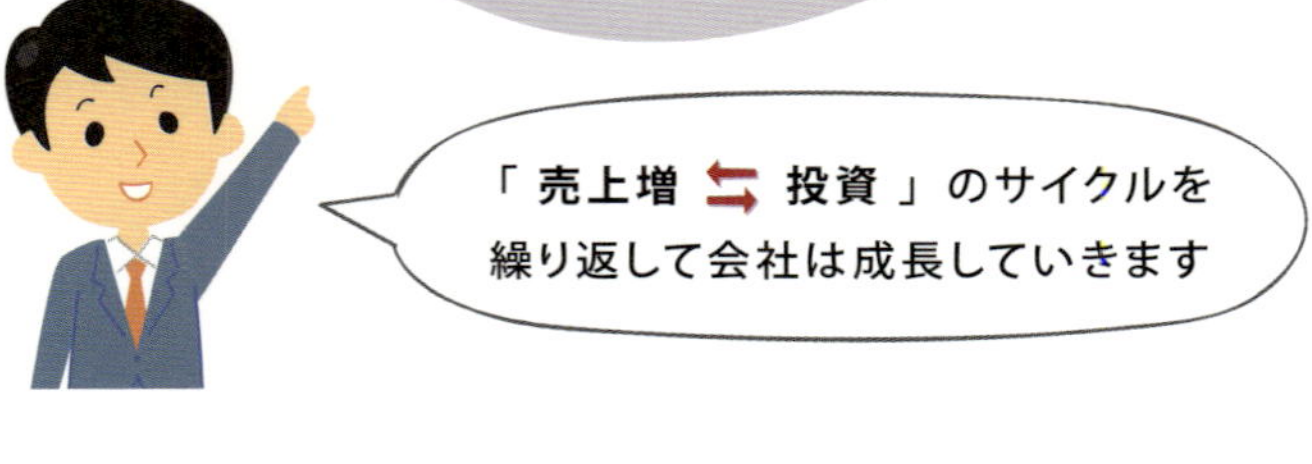
「売上増 ⇆ 投資」のサイクルを
繰り返して会社は成長していきます

成長の要因を探ろう

成長には、会社の内部に要因がある場合と、会社の外部に要因がある場合があります。成長性の分析をするときは、このどちらが要因なのかということを頭においておかなければなりません。そのためには、決算書の数字を見るだけでなく、**世の中の動向や、ビジネス環境の現状や変化にも敏感になる**必要があります。

例えば、ある会社が売上を前年の2倍に伸ばしたとき、「その会社は成長した」と言い切れるでしょうか？　その業界全体が2倍の市場規模になっていれば、売上が2倍でも不思議ではありません。もし市場が2・5倍になっているのに売上が2倍止まりなら、むしろ成長が足りないと言ってもいいくらいです。

このように、**会社の成長を見るときは、市場全体の状況も合わせて見る**必要があるのです。

成長の要因を探ることが大切

会社の内部の要因

- 新たな商品開発に成功した
- 新たな販売方法を導入した

など

会社の外部の要因

- 景気がよくなった／悪くなった
- 消費者の環境意識が高まった

など

「環境意識の高まり → 新たな商品開発」
のように、内部と外部の要因は
関係することもある

外部の要因を見逃さず、
内部の要因につなげることが
重要です

2 成長性の測り方

成長性を分析してみよう

成長性の分析は「比較」が基本！

ここからは、決算書を使って成長性を測る方法について見ていきます。**成長性分析の基本は、過去の決算書との比較**です。前年比較をする場合は、指標を計算する前に**まず決算書を並べてみて、単純にどの項目が増えて、どの項目が減ったのか**を見てみましょう。

会社の成長とは、売上高や利益が順調に伸びていくことです。そこで、まずは売上高や各種利益がどのように動いたかを見ます。売上高が上がることを**増収**《ぞうしゅう》、下がることを**減収**《げんしゅう》といいます。また、利益が上がることを**増益**《ぞうえき》、下がることを**減益**《げんえき》といいます。例えば、本業での儲け同士を比較したければ営業利益を使うというように、利益は分析の目的に応じて、どの段階で比較するかを決めます。

変化の要因を探ろう

例として、売上高が下がったけれど営業利益が上がった場合、つまり**減収増益**《げんしゅうぞうえき》の場合を考えてみましょう。この場合、要因として考えられるのは、売上に対する売上原価の割合（原価率）の低下、または販管費の減少です。比較の結果、販管費の減少が要因であれば、次は販管費のどの項目が減ったのか、さらには、なぜ減ったのかということを見ていきます。このように、**まず全体を比較してから、徐々に比較する対象を絞っていくことが、成長性分析のポイント**です。

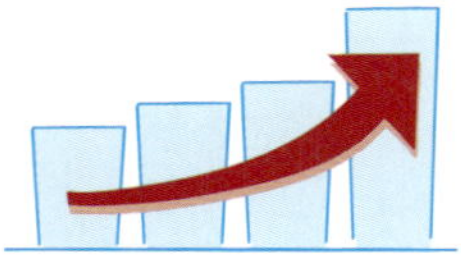

決算書変化のパターン

パターン① **増収増益**	売上高も利益も伸びている
パターン② **増収減益**	売上高は伸びたけど、利益は減っている
パターン③ **減収増益**	売上高は減ったけど、利益は伸びている
パターン④ **減収減益**	売上高も利益も減っている

まずは、どのパターンに当てはまるかを見て、徐々に原因を絞り込んでいこう

分析する利益は、分析の目的に応じて選択しましょう

本業での成長性を見る場合	会社全体としての成長性を見る場合	投資家目線で見る場合
↓	↓	↓
営業利益	**経常利益**	**当期純利益**

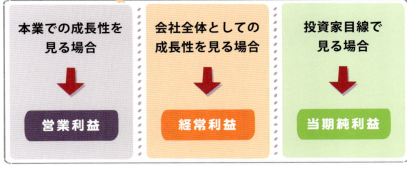

比較する期間を長くしてみよう

前年比較のほかにも、会社の長期的な変化を見るために、5年程度の期間の決算書を並べて比較することもあります。このような長期の分析でも、まずは売上高と利益の推移を見ることが第一歩です。5年間程度の期間を取ることで、前年比較時よりも正確な会社の状況が見えてきます。例えば、前年比較では減収増益だった場合でも、5年間で見ると減収減益傾向にあるかもしれません。

今は、市場の変化が早いといわれていますが、例えばスマートフォン登場後の携帯電話のように、**どんな商品も一気に売れなくなるとは限らず、数年の間にじわじわとシェアを落とす**場合もあります。こうした**前年比較だけでは気づきにくいことも、5年程度の期間を取れば見えてくる**のです。

長期で比較して流れをみる
前年比較
新商品の導入など
一つひとつの施策の影響の分析
NEW!!
新型
タブレット端末
長期比較
市場の変化など大きな流れ
（トレンド）の影響の分析
TREND
新聞
テレビ
スマートフォン
タブレット

他社と比較してみよう

決算書を比較する場合は、自社だけでなく同業他社と比較することも重要です。自社が増収増益でも、同じように他社も増収増益であれば、外部要因が強かっただけかもしれません。**会社の持続的な成長を実現するには、他社にはない強みを自社の内部に持つことが必要**なのです。自社の強みを知るためにも、他社との比較は重要になってきます。

他社との比較には指標を使おう

他社と比較する場合も、まずはそれぞれの会社がP.151のどのパターンに該当するのかを見る必要があります。ここで注意しなければならないのは、他社と比較する場合、売上規模が異なるということです。こうなると、単に決算書の数字を比較するだけでは不十分なので、今まで学んできた指標を使って比較をしていくことになります。

会社は利益を設備などに投資して成長すると説明しました（▼P.43）。そのため、成長している会社は、増収増益であるとともに貸借対照表の資産も拡大しているのが一般的です。総資産と利益の関係を見るには、ＲＯＡ（▼P.117）を使います。**他社よりＲＯＡが高いということは、資産を有効活用している証《あかし》**なので、それだけ成長性も高いといえます。

成長の元を理解することが重要

ＲＯＡや利益率が他社より高い、または低いことがわかっても、その理由がどこにあるのかといったところまで落とし込まないと成長性の分析にはなりません。数字を見れば、どこに差があるのかということはわかりますが、なぜ差があるのかということまではわかりません。理由を探るには、決算書を見るだけではなく、次ページの図のように、商品自体や営業、宣伝方法といった幅広い要素の比較が必要です。

他社と比較することで、自社の強みを知る

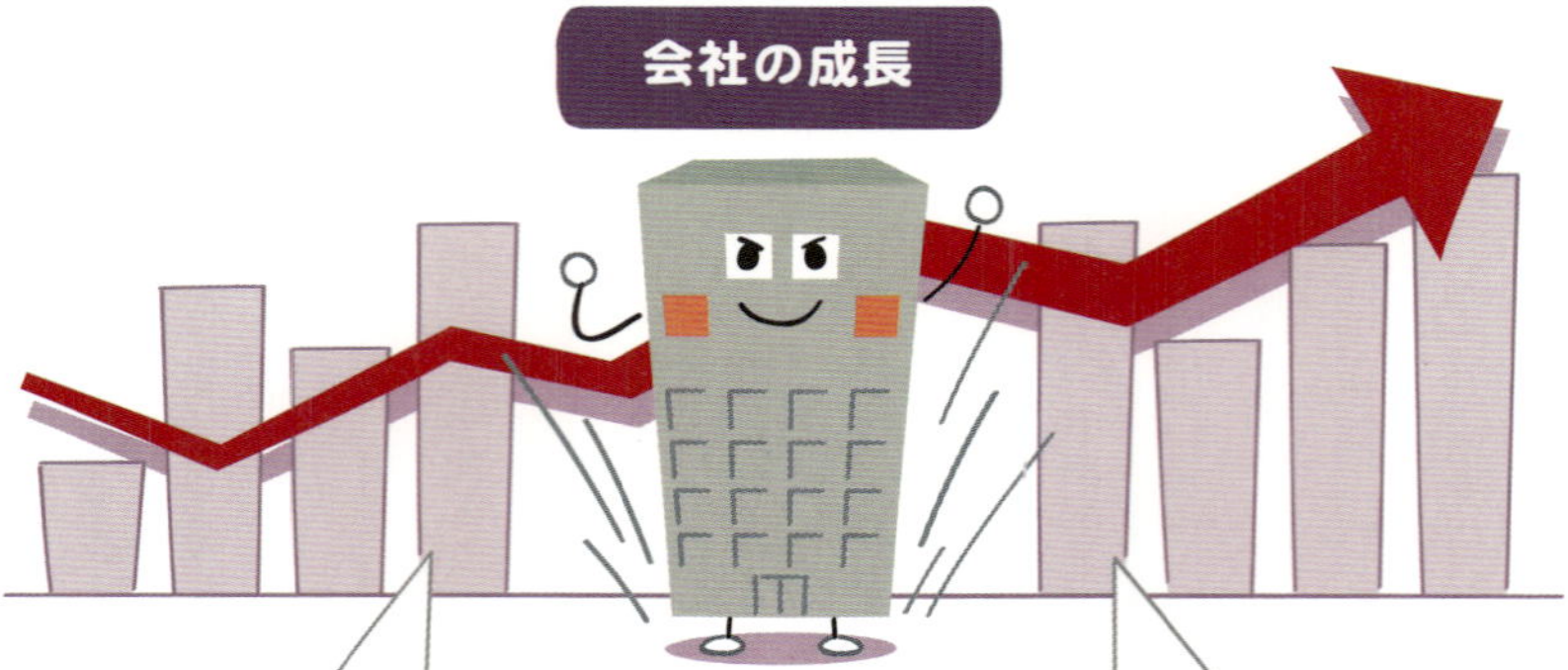
会社の成長

外部的要因

・自社で扱う商品を含む
機械購入に対して
国が補助金を出すようになり、
売上が上がった

・テレビの報道などで、
自社の扱う製品が
ブームとなり売上が上がった

外部的要因は一時的なものに
過ぎないことに注意！

内部的要因

・新商品がヒットして
売上高が上がった

・仕入先との交渉で、
仕入値が低くなって
売上原価が減った

・業務効率化により
販管費を削減して、
営業利益が上がった

持続的な
成長には、
内部的な強みを
伸ばしていく
ことが重要だよ

他社との比較を通じて、
自社の強みがわかる！

投資家にとっての「成長」とは？

　ここまでは、主に会社の立場から成長性を見てきました。しかし投資家の目線で見ると、会社の成長と結果が必ずしも一致しません。**会社と投資家とでは、求める結果が違う**のです。

　ある会社が新たに株式を発行してお金を調達し、利益を増やした場合を考えましょう。会社にとって、増益はもちろんプラスです。でも株主から見ると、気になるのは配当の金額です。増益すれば配当の総額も大きくなるかもしれませんが、新たに株式を発行するとその分一人当たりの取り分は減ってしまいます。

　そこで株主にとって重要なのが、**当期純利益を発行された株式数で割った金額**（EPSといいます）です。1株当たりの当期純利益が計算できるので、この数字が上がれば、投資家目線で見ても会社が成長しているといえるのです。

投資家は自分の取り分が大事

EPS ＝ 当期純利益 ÷ 発行株式数

ＥＰＳは Earnings Per Share の略です

例）	発行株式数	当期純利益	ＥＰＳ
前年度	500株	100万円	2,000円
当年度	800株	164万円	2,050円

当期純利益、
ＥＰＳともに拡大しているから、
会社と投資家両方にとって
成長しているといえるね
投資家

3 成長性が高い会社とは

過去と現在で成長性を比較してみよう

実際に比較してみよう

過去の決算書を比較して、会社の状況を実際に読み取ってみましょう。3年分の決算書を使って、飲食店の前年比較をしてみます。

大まかな全体像をとらえるために、まずは売上や利益の動きを見ます。図からわかるように、売上高が前々期から前期にかけて大きく伸びていますが、利益は赤字です。当期に目を移すと、前期に比べて売上は大きく下がったものの、税引前当期純利益は再び黒字を確保しています。**「結局黒字に戻ったから大丈夫」で終わっては成長性を測ったことにはなりません**。決算書がなぜこのような動きをしたのか、次のページでその背景を探っていきましょう。

過去の決算書と比較しよう（損益計算書編）

ナツメレストラン株式会社の例

	前々期	前期	当期
売上高	45,673,000	71,908,000	39,000,000
売上原価	17,014,000	31,747,000	13,440,000
売上総利益	28,659,000	40,161,000	25,560,000
販管費	27,590,000	39,900,000	25,400,000
営業利益	1,069,000	261,000	160,000
支払利息	186,000	262,000	105,000
経常利益（損失）	883,000	-1,000	55,000
税引前当期純利益（損失）	883,000	-1,000	55,000
前の期から		増収減益	減収増益

大幅UP!（前期）

大幅DOWN!（当期）

売上高は上がっているのに、利益が減少している

決算書の動きの背景を探ろう

ナツメレストラン株式会社が前期に売上高を伸ばした理由を探ったところ、前期に新店舗をオープンしたことがわかりました。新店舗では売上高とともに売上原価も増えてしまいました。つまり、**調理工程での材料のムダが多かった可能性があります**。一方、売上高販管費比率は若干減っています。これは多店舗展開により、**それまで1店舗だけでかかっていた広告宣伝費や管理部門の人件費などを新店舗分も併せてまとめることができた**ためと考えられます。

しかし、営業利益率は減少し、インタレスト・カバレッジ・レシオも1を下回ってしまいました。結局、当期で新店舗を閉店しましたが、売上高は元の水準よりも落ち込んでしまいました。新メニュー開発や広告宣伝費が確保できなかったことなど、原因はいろいろと考えられます。

新店舗で売上高は増えたけれど……

	前々期	前期
売上高総利益率	62.75%	55.85%
売上高販管費比率	60.41%	55.49%
売上高営業利益率	2.34%	0.36%
インタレスト・カバレッジ・レシオ	5.75	0.99

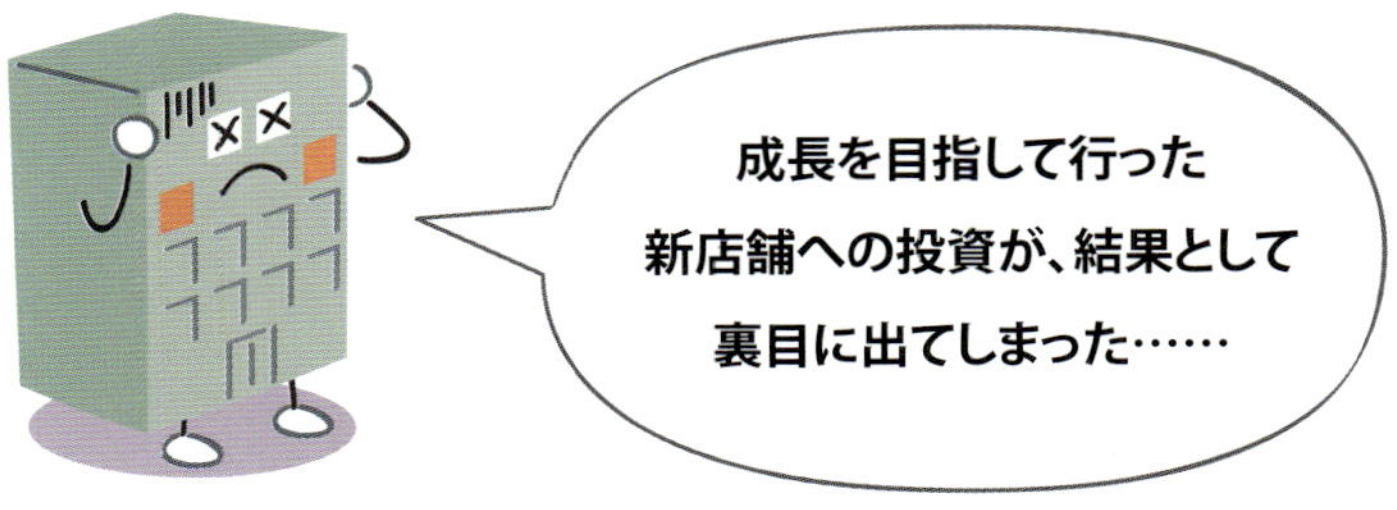
成長を目指して行った
新店舗への投資が、結果として
裏目に出てしまった……

貸借対照表はどう動く？

会社が成長しているかどうかを見るには、損益計算書とともに、貸借対照表も欠かせません。**会社の成長においては、儲けた利益を投資して会社が大きくなっていく、ということが基本の流れ**です。その投資の過程で、貸借対照表の各数字も大きくなっていくからです。

先ほどの飲食店で、貸借対照表の動きを見てみましょう。前々期から前期にかけて、現金および預金が大きく減っている代わりに、固定資産が増えているのがわかります。これは新店舗のオープンにあたって、内部留保を使って投資を行ったことが原因です。

しかし、もう一つ注目しなければならないのは、**流動比率の悪化**です。新店舗のオープンにあたって必要な投資の多くを自己資金で賄ったため、手元の現金が大きく減ってしまったのが原因です。現金がなくなってしまえば、安全性が悪化し、成長を考える前に会社が存続できるかどうかという問題になってしまいます。飲食店に限らず製造業でも、新たな生産ラインを作るために工場を建てたが、稼働率*が悪く、結局閉鎖に追い込まれた、というケースが数多くあります。

資産の利用効率も悪くなった

資産の利用効率を表すROAを見てみると、これもどんどん下がっています。これは、新店舗の収益性が低く、投資した資産の割に利益が上がらなかったためです。新店舗の閉鎖後も、手元にある現金の少なさから、広告宣伝や新メニュー開発に思い切った投資ができない状況が考えられます。

このように、会社のさらなる成長を目指して行った新店舗への投資は、結果として失敗に終わりました。このままでは会社はジリ貧です。それでは、この会社が今後どのような対策を取るべきなのか、考えてみましょう。

Keyword *1

稼働率

生産を行う工場などにおいて、100%稼働させた場合の時間に対する、実際に稼働した時間の割合のことです。

過去の決算書と比較しよう（貸借対照表編）

前々期

〈単位：円〉

現金及び預金	2,980,000	買掛金	1,540,000
売掛金	100,000	短期借入金	1,400,000
棚卸資産	200,000	未払金	100,000
その他	700,000	その他	100,000
流動資産合計	**3,980,000**	**流動負債合計**	**3,140,000**
有形固定資産	7,500,000	固定負債	4,840,000
無形固定資産	0	純資産	3,500,000
	11,480,000		11,480,000

前期（新店舗 開店）

〈単位：円〉

現金及び預金	709,000（大幅DOWN！）	買掛金	1,740,000
売掛金	400,000	短期借入金	2,400,000
棚卸資産	600,000	未払金	200,000
その他	954,000	その他	100,000
流動資産合計	**2,663,000**	**流動負債合計**	**4,440,000**
有形固定資産	10,222,000（固定資産UP！）	固定負債	5,000,000
無形固定資産	0	純資産	3,445,000
	12,885,000		12,885,000

当期（新店舗 閉店）

〈単位：円〉

現金及び預金	1,317,000	買掛金	2,046,000
売掛金	134,000	短期借入金	1,000,000
棚卸資産	373,000	未払金	420,000
その他	1,177,000	その他	100,000
流動資産合計	**3,001,000**	**流動負債合計**	**3,566,000**
有形固定資産	7,098,000	固定負債	3,000,000
無形固定資産	0	純資産	3,533,000
	10,099,000		10,099,000

	前々期	前期	当期
流動比率	127%	60%（悪化）	84%
ROA	9.31%	2.03%	1.58%（減少）

会社の成長の流れを見直そう

お金が潤沢な大企業では、ある程度の投資の失敗も許されるかもしれませんが、そこまで内部にお金が貯まっていない小さな会社では一つの失敗が命取りになるおそれがあります。新規店舗のオープンや新たな設備の導入といった投資については、大企業以上に検討に検討を重ねる必要があります。

小さな会社は、急いで会社を成長路線に乗せようと事業を拡大する前に、今の事業の収益性や安全性の指標を十分に高める必要があります。十分にお金が会社内部に貯まり、新規投資を行っても収益性や安全性が高い状態で維持できるようになれば、万が一投資が失敗しても、やり直せる可能性は高くなります。

今回のケースでは、今後、広告宣伝による来客数の増加や、新メニュー開発などによる客単価*の上昇、調理の効率化による売上原価の削減などを推し進めて、まずは既存店舗の収益性を高めることが重要です。そうすることで内部留保を増やすとともに、借り入れも利用するなどして、**できる限り手元現金を残したまま2店舗目を開店させることが成長の道**となるでしょう。

また、投資する際のシミュレーションも重要です。店舗であれば立地は大丈夫か、従業員の教育は十分か、今後の市場のニーズにマッチしているか……など。新店舗の出店であれば、現地調査や近隣の競合店舗の調査も必要となるでしょう。また、ヒトの教育もきわめて重要です。周辺の環境や立地に目が行きがちですが、お店がオープンしたあとに営業で混乱しないよう、十分に準備をしておかなければなりません。新たにお店を任せる店長候補には、まずは一定期間、店舗運営を任せてみることも大切です。

今回のケースも、失敗を糧にこのような数字以外の面での分析も行っておけば、同じ轍《てつ》を踏む懸念《けねん》は低くなるでしょう。

Keyword

客単価

お客様が支払った代金を、お客様全部の人数で割った額のこと。通常は、1か月の売上合計を1か月の来客数合計で割ったものを使います。

成長路線に乗せる前にやるべきこと

今やっているビジネスの収益性や安全性を十分に高める

投資を行う前に十分なシミュレーションを試みておく

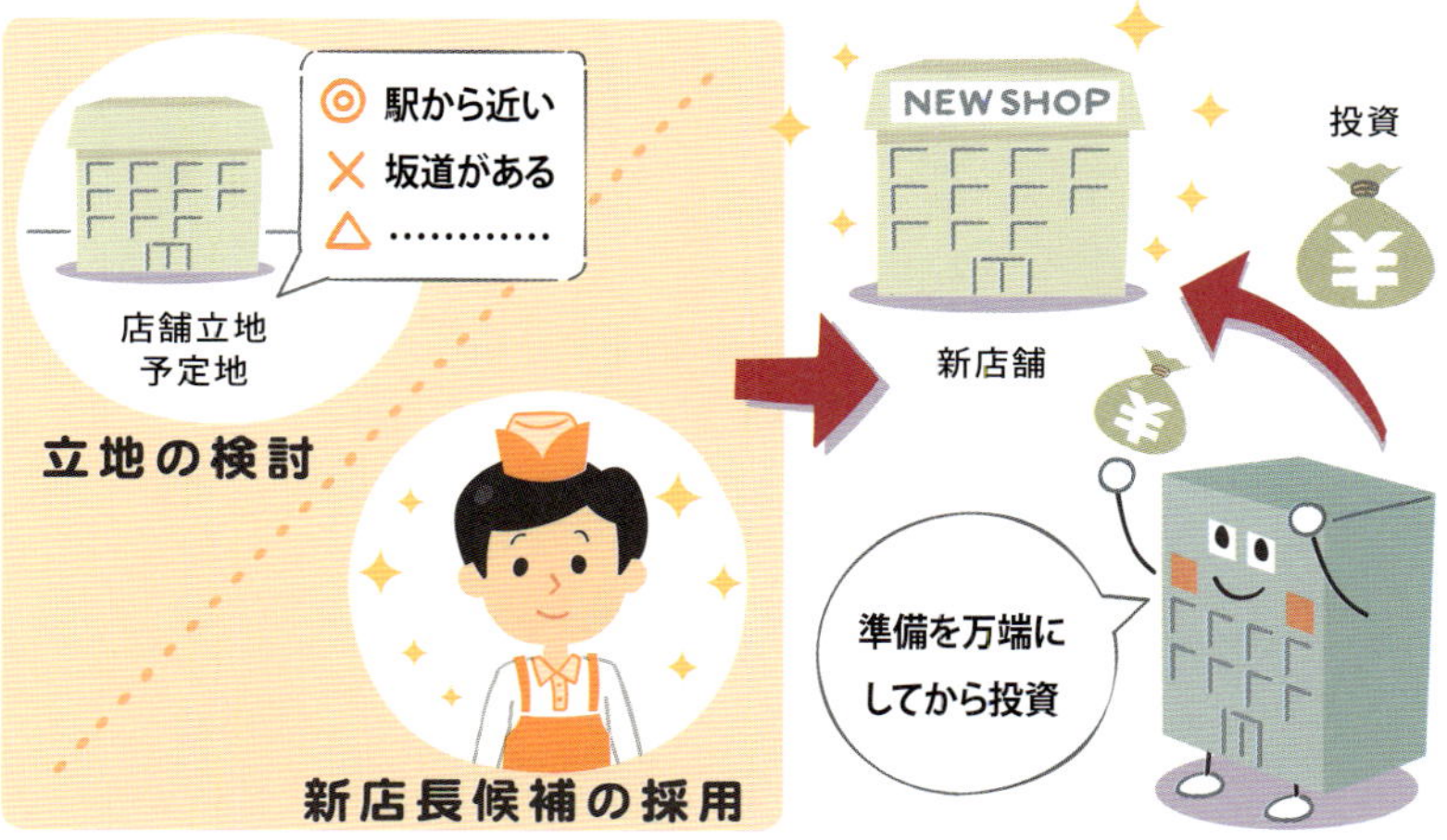

他社の力で成長することも

これまでは自社の力での成長を中心に説明してきました。しかし、自社の力とは別の方法で成長を遂げる会社もあります。それが**合《がっ》併《べい》**や**買収《ばいしゅう》**です。合併とはその名のとおり、他社と合併することであり、買収とはお金で会社を買うことです。合併・買収は**M&A《エムアンドエー》**(Mergers and Acquisitions)と呼ばれます。今では、将来性がある会社は大小問わずM&Aの対象になることがあり、また件数も増加傾向にあります。

M&Aにはいくつかの種類があります。既存事業とは別の事業を統合することを**多角化《たかくか》**、関連事業を統合することを**垂直統合《すいちょくとうごう》**や**水平統《すいへいとう》合《ごう》**といいます。

「のれん」はM&Aをした証

M&Aで他社と統合した会社に特有の項目が、決算書にはあります。それが**のれん**です。

のれんとは、簡単にいえばM&Aで自社のものになる資産と負債の差額(純資産の金額)と、統合のために支払ったお金の差額です。

M&Aを行う場合、必要な対価は相手の会社の純資産の金額とは別に、その会社の事業の成長性など、さまざまな要素を考慮して決められます。M&Aを行うということは、それだけその会社の事業に魅力があるということなので、その分対価も純資産の金額を超えることが通常です。そのため、のれんは一般的にプラスとなり、貸借対照表上の無形固定資産の一項目として計上されます。

決算書上にのれんを見つけた場合、過去にM&Aを行っているということがわかります。どんな会社を統合したのかを見れば、その会社がどのような方向の成長を目指しているのかがわかるでしょう。

のれんはその他の固定資産と同じように数年間で償却*されていくのが原則です。

*3

Keyword
のれん償却
日本の会計基準では償却できますが、国際会計基準では償却できません。

合併や買収の種類

垂直統合

ビジネスの流れにある別の会社を買収すること

食品製造会社がスーパーなど食品販売会社を買収する など

水平統合

同一業種の別の会社を買収すること

家電販売会社が別の家電販売会社を買収する など

多角化

既存事業とまったく異なる事業の会社を買収すること

化粧品製造会社が食品製造会社を買収する など

一般的に、既存事業との相乗効果（シナジー）がある垂直統合や水平統合に比べ、多角化は失敗に終わる場合も多くなります

貸借対照表のなかの「のれん」

流動資産	**2,324**
固定資産	**2,418**
有形固定資産	451
無形固定資産	409
のれん	158
投資その他資産	1,557
資産合計	4,742

「**のれん**」は、おおよそ「**統合される会社の純資産の額**」から「**M＆Aのために支払ったお金**」を引いたもので、**無形固定資産**に計上される

決算書の入手先と頼れる専門家

ここでは、決算書をもっと活用するためのお役立ち情報をご紹介します。まずは決算書の入手方法です。上場会社であれば、EDINET(▶ **P.21**)というサイトや、その会社のホームページから無料でダウンロードすることが可能です。書店に行けば、上場会社の簡易な業績情報や、業績予想などがまとめられた会社四季報が購入できます。会社四季報は、3か月に1回発行されます。非上場会社の場合、入手困難な場合が多いかもしれませんが、帝国データバンクや東京商工リサーチなど、信用調査会社が発行するレポートがあれば、ある程度の情報を得られる場合もあります。有料ですが、信用調査会社のサイトからダウンロード可能です。

起業家や経営者にとって、自らの会社の決算書をどのように読み取り、活用すればよいかを教えてくれるパートナーとして代表的なのは税理士です。税理士は中小企業の決算書作成などを行う専門家です。なかには中小企業にとって命ともいえる金融機関とのつながりが深い税理士もいますので、経営にとって強い味方となってくれます。困ったことがあれば税理士に相談してみましょう。

チャレンジ編

Part 8

有名企業の決算書を見てみよう！

この章では、実際の有名企業の決算書をもとに、
各企業の特長や問題点などを解説します。
今までに紹介した知識を思い出しながら
決算書を読んでみると、新しい発見がありますよ。

※この章に掲載している各種決算書は、EDINET 閲覧サイト（http://disclosure.edinet-fsa.go.jp/EKW0EZ0001.html?lgKbn=2&dflg=0&iflg=0）より抜粋して作成しています。

サイゼリヤ：https://disclosure.edinet-fsa.go.jp/E01EW/download?1470210546181&uji.bean=ee.bean.parent.EECommonSearchBean&uji.verb=W0EZA104CXP001003Action&SESSIONKEY=1470210544190&s=S1006GUC

すかいらーく：https://disclosure.edinet-fsa.go.jp/E01EW/download?1470210791219&uji.bean=ee.bean.parent.EECommonSearchBean&uji.verb=W0EZA104CXP001003Action&SESSIONKEY=1470210789244&s=S1007A5H

良品計画：https://disclosure.edinet-fsa.go.jp/E01EW/download?1470210821681&uji.bean=ee.bean.parent.EECommonSearchBean&uji.verb=W0EZA104CXP001003Action&SESSIONKEY=1470210819683&s=S1007LJM

ドンキホーテ：https://disclosure.edinet-fsa.go.jp/E01EW/download?1470210933373&uji.bean=ee.bean.parent.EECommonSearchBean&uji.verb=W0EZA104CXP001003Action&SESSIONKEY=1470210931076&s=S1005YR5

アステラス製薬：https://disclosure.edinet-fsa.go.jp/E01EW/download?1470210987613&uji.bean=ee.bean.parent.EECommonSearchBean&uji.verb=W0EZA104CXP001003Action&SESSIONKEY=1470210982298&s=S1004Y2O

味の素：https://disclosure.edinet-fsa.go.jp/E01EW/download?1470211011685&uji.bean=ee.bean.parent.EECommonSearchBean&uji.verb=W0EZA104CXP001003Action&SESSIONKEY=1470211006470&s=S10057BK

CASE 1

飲食業の決算書はここを見る！

サイゼリヤとすかいらーく

サイゼリヤの損益計算書（連結）

② 【連結損益計算書及び連結包括利益計算書】

【連結損益計算書】

（単位：百万円）

		当連結会計年度 （自　平成26年９月１日 至　平成27年８月31日）
売上高		139,277
売上原価		52,058
売上総利益		87,219
販売費及び一般管理費	※1	79,707
営業利益		7,511
営業外収益		
受取利息		239
為替差益		68
補助金収入		119
デリバティブ評価益		13
その他		70
営業外収益合計		511
営業外費用		
支払利息		9
為替差損		—
その他		9
営業外費用合計		18
経常利益		8,004
特別利益		
補償金収入		148
新株予約権戻入益		32
特別利益合計		181
特別損失		
減損損失	※2	1,787
固定資産除却損	※3	82
店舗閉店損失		28
特別損失合計		1,898
税金等調整前当期純利益		6,287
法人税、住民税及び事業税		2,827
法人税等調整額		△314
法人税等合計		2,513
少数株主損益調整前当期純利益		3,774
当期純利益		3,774

売上原価率＝売上原価÷売上高
＝37.3%

売上高総利益率
＝売上総利益÷売上高
＝62.6%

損益計算書は
ここに注目！

Point 1

原価率は何％か？

すかいらーくの損益計算書（連結）

②【連結純損益計算書】

（単位：百万円）

	注記	当連結会計年度 （自　2015年１月１日 至　2015年12月31日）
売上収益	24	351, 146
売上原価		△106, 471
売上総利益		244, 675
その他の営業収益	25	410
販売費及び一般管理費	26, 27 33, 37	△214, 693
その他の営業費用	28, 37	△2, 586
営業利益		27, 806
受取利息	29	33
その他の収益	29	376
支払利息	29	△3, 458
その他の費用	29	△40
税引前利益		24, 717
法人所得税費用	15	△9, 597
当期利益		15, 120
当期利益の帰属		
親会社の所有者		15, 109
非支配持分		11
当期利益		15, 120
１株当たり当期利益	31	
基本的１株当たり当期利益（円）		77. 79
希薄化後１株当たり当期利益（円）		76. 98

売上原価率
＝売上原価÷売上高
＝30.3%

売上高総利益率
＝売上総利益÷売上高
＝69.7%

飲食業は原価コントロールが重要

まずは飲食業の代表、サイゼリヤとすかいらーくの損益計算書です。飲食業にとって売上原価のコントロールはきわめて重要です。**仕入れた材料を加工してお客様に提供する飲食業では、いかに原価を低くして高品質の料理を提供できるかが成功のカギだから**です。売上原価率を見るには、売上高総利益率を見ます。

売上高総利益率から見てみると、サイゼリヤは62・6%、すかいらーくは69・7%です。売上原価は主に材料費、店舗スタッフの人件費などで構成されています。

原材料費と人件費を含めた売上原価率は、多くても40%程度が望ましいですが、両社とも売上高総利益率が60%を超え、売上原価率が40%を下回っているので、売上原価のコントロールはうまくいっているといえます。

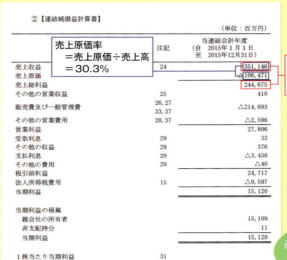

サイゼリヤの貸借対照表（連結）

1 【連結財務諸表等】

(1) 【連結財務諸表】

① 【連結貸借対照表】

（単位：百万円）

		当連結会計年度 （平成27年８月31日）
資産の部		
流動資産		
現金及び預金		24,113
テナント未収入金	※1	1,041
有価証券		4,000
商品及び製品		6,200
原材料及び貯蔵品		1,070
繰延税金資産		569
その他		2,925
流動資産合計		39,920
固定資産		
有形固定資産		
建物及び構築物（純額）	※2	26,060
	※2	2,610
	※2	4,644
		6,952
	※2	122
建設仮勘定		417
有形固定資産合計		40,807
無形固定資産		992
投資その他の資産		
負債の部		
流動負債		
デリバティブ負債		—
その他		6,612
流動負債合計		18,100
固定負債		
その他有価証券評価差額金		—
為替換算調整勘定		4,102
その他の包括利益累計額合計		4,102
新株予約権		109
純資産合計		72,424
負債純資産合計		95,485

固定比率
＝有形固定資産合計÷純資産合計
＝0.56%

流動比率
＝流動資産合計÷流動負債合計
＝2.2%

Point 2

安全性の指標は適切か？

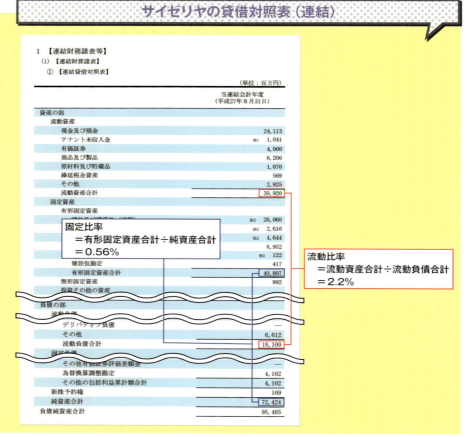

すかいらーくの貸借対照表（連結）

1 【連結財務諸表等】
（1） 【連結財務諸表】
① 【連結財政状態計算書】

（単位：百万円）

	注記	当連結会計年度（2015年12月31日）
資産		
流動資産		
現金及び現金同等物	8, 34, 35	18, 245
営業債権及びその他の債権	9, 34, 35, 37	7, 399
その他の金融資産	10, 34, 35	95
たな卸資産	11	6, 290
その他の流動資産	12	4, 019
流動資産合計		36, 048
非流動資産		
有形固定資産	13, 16	95, 450
のれん	14	146, 205
その他の無形資産	14	2, 370
その他の金融資産	10, 34, 35	23, 992
繰延税金資産	15	10, 008
その他の非流動資産	12	791
非流動資産合計		278, 816
資産合計		314, 864
負債及び資本		
負債		
流動負債		
短期借入金	16, 34, 35	9, 960
営業債務及びその他の債務	18, 34, 35, 37	23, 213
その他の金融負債	16, 17, 34, 35	6, 153
未払法人所得税等		6, 363
引当金	20	236
その他の流動負債	21	12, 266
流動負債合計		58, 191
非流動負債		
長期借入金	16, 34, 35	130, 739
その他の金融負債	16, 17, 34, 35	7, 742
引当金	20	13, 789
繰延税金負債	15	―
その他の非流動負債	21	1, 116
非流動負債合計		153, 386
負債合計		211, 577
資本		
資本金	22	2, 529
資本剰余金	22, 23	62, 961
その他の資本の構成要素	22	△717
利益剰余金	22, 23	38, 439
親会社の所有者に帰属する持分合計	35	103, 212
非支配持分		75
資本合計		103, 287
負債及び資本合計		314, 864

流動比率
＝流動資産合計÷流動負債合計
＝0.62％

固定比率
＝有形固定資産合計÷純資産合計
＝0.92％

短期と長期の安全性を比べよう

飲食業は1店舗ごとの設備費用も高くなるため、積極的な出店にあたっては借り入れが必要です。しかし、過剰に借り入れをすると安全性を損なってしまいます。**重要なのは資産と負債のバランスです**。Part7までで見てきた指標を使って、両社の安全性を測ってみましょう。

流動比率、固定比率はサイゼリヤが2・2％と0・56％、すかいらーくが0・62％と0・92％です。サイゼリヤは短期、長期の安全性ともに問題なさそうです。一方、すかいらーくは流動比率が1を割っているのが気になります。現状では、**短期で出ていくお金である流動負債が、現金などの流動資産を上回っている状態**です。**既存の借り入れを減らすとともに、安全性に問題がない程度に内部留保を高めることが課題**といえます。

サイゼリヤのキャッシュ・フロー計算書（連結）

④ 【連結キャッシュ・フロー計算書】

（単位：百万円）

	当連結会計年度（自 平成26年9月1日 至 平成27年8月31日）
営業活動によるキャッシュ・フロー	
税金等調整前当期純利益	6, 287
減価償却費	5, 946
貸倒引当金の増減額（△は減少）	[illegible]
法人税等の支払額	△1, 715
営業活動によるキャッシュ・フロー	11, 943
投資活動によるキャッシュ・フロー	
投資有価証券の償還による収入	500
定期預金の預入による支出	—
定期預金の払戻による収入	212
長期定期預金払戻による収入	1, 500
有形固定資産の取得による支出	△4, 7[illegible]
無形固定資産の取得による支出	△[illegible]
敷金・保証金・建設協力金の支出	△4[illegible]
敷金・保証金・建設協力金の回収による収入	742
その他投資に関する収入及び支出（△は支出）	△55
投資活動によるキャッシュ・フロー	△2, 915

営業活動による
キャッシュ・フロー
＋

投資活動による
キャッシュ・フロー
－

（単位：百万円）

	当連結会計年度（自 平成26年9月1日 至 平成27年8月31日）
財務活動によるキャッシュ・フロー	
長期借入れによる収入	6, [illegible]
長期借入金の返済による支出	△4, [illegible]
自己株式の取得による支出	△3[illegible]
ストックオプションの行使による収入	720
配当金の支払額	△908
財務活動によるキャッシュ・フロー	840
現金及び現金同等物に係る換算差額	323
現金[illegible]減額（△は減少）	10, 191
[illegible]	17, 921
[illegible]加額	—
[illegible]	※1 28, 113

財務活動による
キャッシュ・フロー
＋

積極的な出店を本業の稼ぎと
借り入れで賄っています

Point 3

「営業」「投資」「財務」3つのキャッシュ・フローは、プラスかマイナスか？

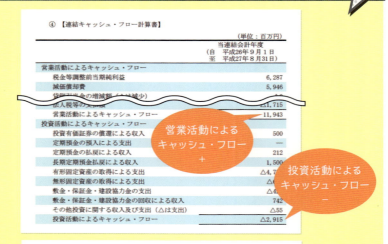

すかいらーくのキャッシュ・フロー計算書（連結）

⑤【連結キャッシュ・フロー計算書】

（単位：百万円）

	注記	当連結会計年度 （自　2015年1月1日 至　2015年12月31日）
営業活動によるキャッシュ・フロー		
税引前利益		24,717
調整：		
減価償却費及び償却費		13,600
非金融資産の減損損失		649
固定資産処分損益		1,276
受取利息		△33
その他の収益		△376
支払利息		3,458
その他の費用		40
		43,331
運転資本の増減等：		
営業債権及びその他の債権の増減額（△は増加）		△247
たな卸資産の増減額（△は増加）		△2,184
営業債務及びその他の債務の増減額（△は減少）		△81
その他		△426
営業活動による現金生成額		40,393
利息及び配当金の受取額		7
利息の支払額		△2,301
法人所得税等の支払額		△5,258
法人所得税等の還付額		1
営業活動によるキャッシュ・フロー		32,842
投資活動によるキャッシュ・フロー		
有形固定資産の取得による支出		△17,188
有形固定資産の売却による収入		5
無形資産の取得による支出		△1,104
貸付金の回収による収入		4
敷金及び保証金の差入による支出		△779
敷金及び保証金の回収による収入		1,177
その他		△390
投資活動によるキャッシュ・フロー		△18,275
財務活動によるキャッシュ・フロー		
長期借入金の返済による支出		△9,500
株式の発行による収入		－
ストック・オプションの行使による収入		85
リース債務の返済による支出		△4,262
支払配当金	23	△4,924
金利スワップ解約による支出		△717
借入関連手数料の支払による支出		△332
財務活動によるキャッシュ・フロー		△19,650
現金及び現金同等物に係る換算差額		△55
現金及び現金同等物の増減額		△5,138
現金及び現金同等物の期首残高	8	23,383
現金及び現金同等物の期末残高	8	18,245

営業活動による
キャッシュ・フロー
＋

投資活動による
キャッシュ・フロー
－

財務活動による
キャッシュ・フロー
－

資金の集め方を読み取ろう

飲食業の利益を拡大するためには、1店舗当たりの利益を上げる方法と、新規に出店する方法があります。特に大会社では、積極的な出店で利益の拡大を目指します。そこで重要なのが、**新規出店のための資金をどう賄うか**です。**この資金は投資活動のマイナスとして表示されます**。

サイゼリヤは、営業活動のプラスと新たな借り入れで新規出店を賄っていることが読み取れます。内部留保を高めるために、借り入れも活用しているのです。

すかいらーくも営業活動のプラスで新規出店の費用を賄っています。さらに、貸借対照表のところで見たように、大きな借入金を減らすために、フリー・キャッシュ・フローを借入金の返済に回していることも財務活動によるキャッシュ・フローを見ればわかります。

CASE 2

良品計画とドンキホーテ

商品価値と薄利多売、どっちを取る？

良品計画の損益計算書（連結）

②【連結損益計算書及び連結包括利益計算書】
【連結損益計算書】

（単位…）

	当連結会計…（自 平成27年… 至 平成28年…）
売上高	307,199
売上原価	157,080
売上総利益	150,118
営業収入	333
営業総利益	150,451
販売費及び一般管理費	
広告宣伝費	4,967
配送及び運搬費	11,699
従業員給料及び賞与	32,555
	66
	30,874
	6,816
	82
	28,949
販売費及び一般管理費合計	※1 116,012
営業利益	34,439
営業外収益	
受取利息	152
受取配当金	255
	—
	66
	228
	122
	251
	1,075
営業外費用	
支払利息	57
支払手数料	51
為替差損	2,654
その他	50
営業外費用合計	2,813
経常利益	32,700
特別利益	
投資有価証券売却益	1,024
固定資産売却益	※2 54
解約不能賃借契約損失引当金戻入額	105
その他	56
特別利益合計	1,240

売上高営業利益率
＝営業利益÷売上高
＝11.2%

売上高総利益率
＝売上総利益÷売上高
＝49%

販管費のうち人件費が占める割合
＝従業員給料及び賞与÷販管費及び一般管理費
＝28.1%

ROA
＝（営業利益＋受取配当金＋為替差益）
÷資産合計（▶P.174）
＝17.3%

Point 1

各売上高利益率は何%か？

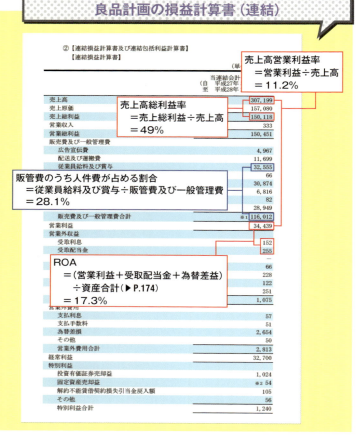

ドンキホーテの損益計算書（連結）

② 【連結損益計算書及び連結包括利益計算書】
【連結損益計算書】

（単位：百万円）

	当連結会計年度 （自　平成26年７月１日 至　平成27年６月30日）
売上高	683,981
売上原価	※1 502,240
売上総利益	181,741
販売費及び一般管理費	※2 142,638
営業利益	39,103
営業外収益	
受取利息及び配当金	639
負ののれん償却額	96
違約金収入	922
受取手数料	406
その他	1,480
営業外収益合計	3,543
営業外費用	
支払利息及び社債利息	928
社債発行費	261
債権流動化費用	675
その他	622
営業外費用合計	2,486
経常利益	40,160
特別利益	
固定資産売却益	※3 2
投資有価証券売却益	-
負ののれん発生益	168
保険差益	138
債務免除益	-
その他	9
特別利益合計	317
特別損失	
固定資産売却損	※6 368
減損損失	※7 198
固定資産除却損	※4 202
店舗閉鎖損失	※5 404
その他	148
特別損失合計	1,320
税金等調整前当期純利益	39,157
法人税、住民税及び事業税	14,379
法人税等調整額	△2,154
法人税等合計	12,225
少数株主損益調整前当期純利益	26,932
少数株主利益	3,784
当期純利益	23,148

売上高総利益率
＝売上総利益÷売上高
＝26.6％

売上高営業利益率
＝営業利益÷売上高
＝5.7％

販管費のうち人件費が占める割合
＝給与手当（51,158）÷営業利益
＝35.8％

経営スタイルで利益率も変わる

良品計画とドンキホーテの損益計算書を比較してみましょう。こちらも、売上高総利益率から。良品計画の49・0％に対して、ドンキホーテは26・6％です。オリジナル商品などに力を入れる良品計画は一つひとつの商品の粗利が大きいため、売上高総利益率も大きくなります。

売上高営業利益率はどうでしょうか。良品計画11・2％に対して、ドンキホーテは5・7％です。やはり、こちらも良品計画に分《ぶ》があります。ちなみに、いずれの会社も販管費の大部分を占めているのは人件費です。販管費のうち人件費が占める割合は良品計画28・1％に対して、ドンキホーテは35・8％です。薄利多売で利益を上げるドンキホーテでは、従業員もより多く必要となるため、人件費も高くなっているのです。

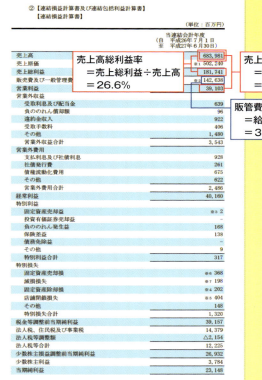

良品計画の貸借対照表（連結）

1【連結財務諸表等】
（1）【連結財務諸表】
①【連結貸借対照表】

（単位：百万円）

	当連結会計年度 （平成28年２月29日）
資産の部	
流動資産	
現金及び預金	43,692
受取手形及び売掛金	7,281
商品	56,840
仕掛品	44
貯蔵品	44
繰延税金資産	1,825
未収入金	7,727
その他	2,098
貸倒引当金	△8
流動資産合計	119,547
固定資産	
有形固定資産	
建物及び構築物	43,4[illegible]
投資その他の資産合計	[illegible],817
固定資産合計	81,372
資産合計	200,919

棚卸資産回転期間
＝（商品÷売上高（▶P.172））÷12
＝2.22

ROA
＝（営業利益＋受取配当金＋為替差益）（▶P.172）÷資産合計
＝17.3%

（単位：百万円）

	当連結会計年度 （平成28年２月29日）
負債の部	
流動負債	
買掛金	17,382
短期借入金	402
1年内返済予定の長期借入金	6,813
未払金	6,402
未払費用	4,181
未払法人税等	4,929
賞与引当金	1,136
役員賞与引当金	74
返品調整引当金	37
ポイント引当金	84
その他	3,179
流動負債合計	44,625
固定負債	
長期借入金	7,913
繰延税金負債	3,261
役員退職慰労引当金	25

債務償還年数
＝（連結貸借対照表「負債の部」短期借入金＋１年内返済予定長期借入金＋長期借入金）÷営業活動によるキャッシュ・フロー（▶P.176）
＝0.58年

Point 2

ROAや在庫の回転期間はどのくらいか？

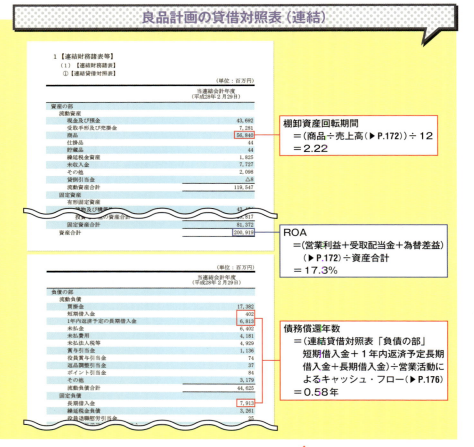

ドンキホーテの貸借対照表（連結）

1 【連結財務諸表等】
（1）【連結財務諸表】
①【連結貸借対照表】

（単位：百万円）

	当連結会計年度（平成27年6月30日）
資産の部	
流動資産	
現金及び預金	※2 49,717
受取手形及び売掛金	6,820
買取債権	※2 5,439
商品及び製品	※2 94,580
前払費用	2,918
繰延税金資産	6,644
その他	9,914
貸倒引当金	△51
流動資産合計	175,981
固定資産	
有形固定資産	
建物及び構築物	※2 165,786
減価償却累計額	△65,458
減損損失累計額	△4,307
建物及び構築物（純額）	96,021
工具、器具及び備品	50,004
減価償却累計額	△35,491
減損損失累計額	△504
工具、器具及び備品（純額）	14,009
その他	321
減価償却累計額	△237
減損損失累計額	△7
その他（純額）	77
土地	※2 150,647
建設仮勘定	1,373
有形固定資産合計	262,127
無形固定資産	
のれん	7,409
その他	10,120
無形固定資産合計	17,529
投資その他の資産	
投資有価証券	※1 6,425
長期貸付金	914
長期前払費用	2,202
繰延税金資産	2,710
敷金及び保証金	※2 32,817
その他	※2 6,716
貸倒引当金	△1,755
投資その他の資産合計	50,029
固定資産合計	329,685
資産合計	505,666

棚卸資産回転期間
＝（商品及び製品÷売上高（▶P.173））÷12
＝1.66

ROA
＝（営業利益＋受取利息及び配当金）÷資産合計
＝7.9%

資産の活用度を比べよう

損益計算書から利益率を比較したところで、貸借対照表も利用してROA（▼P.117）を計算してみましょう。

ROAは良品計画が17・3%に対して、ドンキホーテは7・9%です。実に2倍近い差があります。**良品計画のほうが、効率的に資産を活用して利益を上げている**といえます。次に、商品の売れ具合を測るために、棚卸資産回転期間を見てみましょう。こちらは良品計画の2・22に対して、ドンキホーテは1・66です。薄利多売で利益を上げるドンキホーテでは棚卸資産回転期間も短くなっています。一方、良品計画では、棚卸資産回転期間がやや長くなっています。良品計画は、在庫の回転スピードよりも一つひとつの商品の利益を大きくすることで利益を上げているといえます。

良品計画のキャッシュ・フロー計算書（連結）

④【連結キャッシュ・フロー計算書】

（単位：百万円）

	当連結会計年度 （自　平成27年３月１日 至　平成28年２月29日）
営業活動によるキャッシュ・フロー	
税金等調整前当期純利益	33,507
減価償却費	5,589
ソフトウエア投資等償却	1,415
のれん償却額	845
貸倒引当金の増減額（△は減少	△64
役員賞与引当金の増減額（△は	△7
役員退職慰労引当金の増減額（△	
利息の支	△49
法人税等の支払額	△10,041
営業活動によるキャッシュ・フロー	26,133
投資活動によるキャッシュ・フロー	
定期預金の預入による支出	△120
定期預金の払戻による収入	0
有形固定資産の取得による支出	△7,527
店舗借地権及び敷金等の支出	△1,390
店舗敷金等回収による収入	684
無形固定資産の取得による支出	△2,224
投資有価証券の売却による収入	2,516
連結の範囲の変更を伴う関係会社株式の取得による支出	※2 △521
その他	△64
投資活動によるキャッシュ・フロー	△8,647

営業活動による
キャッシュ・フロー
＋

債務償還年数
＝（連結貸借対照表「負債の部」短期借入金＋１年内返済予定長期借入金＋長期借入金）÷営業活動によるキャッシュ・フロー
＝0.58年

（単位：百万円）

	当連結会計年度 （自　平成27年３月１日 至　平成28年２月29日）
財務活動によるキャッシュ・フロー	
短期借入金の純増減額（△は減少）	△3,980
長期借入れによる収入	3,053
長期借入金の返済による支出	△879
少数株主からの払込みによる収入	707
自己株式の売却による収入	369
自己株式の取得による支出	△1
配当金の支払額	△5,717
少数株主への配当金の支払額	△72
財務活動によるキャッシュ・フロー	△6,520
現金及び現金同等物に係る換算差額	△379
現金及び現金同等物の増減額（△は減少）	10,586
現金及び現金同等物の期首残高	30,464
現金及び現金同等物の期末残高	※1 41,050

財務活動による
キャッシュ・フロー
－

キャッシュ・フロー計算書は

ここに注目！

Point 3

財務活動によるキャッシュ・フローはプラスかマイナスか？

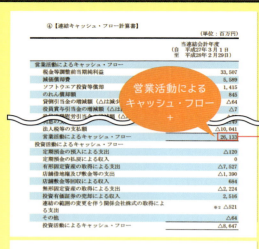

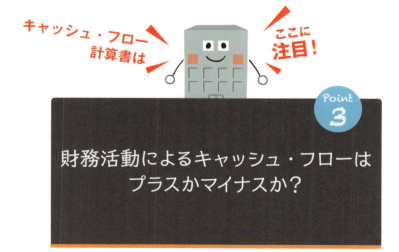

ドンキホーテのキャッシュ・フロー計算書（連結）

④【連結キャッシュ・フロー計算書】

（単位：百万円）

	当連結会計年度 （自　平成26年７月１日 至　平成27年６月30日）
営業活動によるキャッシュ・フロー	
税金等調整前当期純利益	39,157
減価償却費及びその他の償却費	13,003
減損損失	198
負ののれん償却額	△96
負ののれん発生益	△168
貸倒引当金の増減額（△は減少）	△2
[illegible]労引当[illegible]額（△は減[illegible]	△[illegible]
敷金保証[illegible]相殺	[illegible],279
売上債権の増減額（△は増加）	△93
たな卸資産の増減額（△は増加）	△4,519
仕入債務の増減額（△は減少）	4,600
その他の流動資産の増減額（△は増加）	517
その他の流動負債の増減額（△は減少）	1,466
その他の固定負債の増減額（△は減少）	△134
その他	1,704
小計	58,007
利息及び配当金の受取額	456
利息の支払額	△892
法人税等の支払額	△15,499
法人税等の還付額	557
課徴金の支払額	△109
営業活動によるキャッシュ・フロー	42,520

貸借対称表の一部

（単位：百万円）

	当連結会計年度 （平成27年６月30日）
負債の部	
流動負債	
買掛金	60,556
短期借入金	※2,※3,※4 1,921
1年内返済予定の長期借入金	※2,※4,※5,※6,※7 17,937
1年内償還予定の社債	18,740
債権流動化に伴う支払債務	※8 7,040
未払費用	9,948
未払法人税等	8,454
ポイント引当金	938
その他	※2 19,042
流動負債合計	144,576
固定負債	
社債	62,690
長期借入金	※2,※5,※6 25,156
債権流動化に伴う長期支払債務	※8 34,0[illegible]

債務償還年数
＝2.97年

財務の安全性が高いのはどっち？

ここまで、主に両社の収益性を比較してきました。今度は、安全性の面から両社を比較してみましょう。

良品計画の財務活動によるキャッシュ・フローがマイナスなのに対して、ドンキホーテはプラスになっています。これは、良品計画が借入金を減らしたのに対して、ドンキホーテは増やしたということを意味します。次に、両社の債務償還年数を比較してみます。良品計画の0・58年に比べてドンキホーテは2・97年です。**ドンキホーテのように薄利多売が必要なビジネスモデルの場合、店舗数を増やすことが利益増加のカギ**です。そのため、社債や借り入れを利用して、積極的な出店や設備投資を行っているのです。ドンキホーテは安全性よりも収益性を重視しているといえるでしょう。

CASE 3

同じ製造業でもこんなに違う
アステラス製薬と味の素

アステラス製薬の損益計算書（連結）

1【連結財務諸表等】
（1）【連結財務諸表】
①【連結純損益計算書】

（単位：百万円）

売上高総利益率＝73.3%

売上高に占める研究開発費の割合＝16.6%

	注記	当連結会計年度（自 2014年4月1日 至 2015年3月31日）
売上高	6	1,247,259
売上原価		△333,197
売上総利益		914,062
販売費及び一般管理費		△452,522
研究開発費		△206,594
無形資産償却費	17	△38,664
持分法による損益		217
その他の収益	7	12,503
その他の費用	8	△43,339
営業利益		185,663
金融収益	10	7,097
金融費用	11	△3,078
税引前利益		189,683
法人所得税	12	△53,827
当期純利益		135,856
当期純利益の帰属		
親会社の所有者		135,856
1株当たり利益		
基本的1株当たり利益（円）	13	61.50
希薄化後1株当たり利益（円）	13	61.40

損益計算書は
ここに注目！

研究開発費はどのくらいか？

味の素の損益計算書（連結）

②【連結損益計算書及び連結包括利益計算書】
【連結損益計算書】

（単位：百万円）

	当連結会計年度 （自　平成26年4月1日 至　平成27年3月31日）
売上高	1,006,630
売上原価	※1,※3 659,509
売上総利益	347,121
販売費及び一般管理費	※2,※3 272,601
営業利益	74,519
営業外収益	
受取利息	2,873
受取配当金	1,147
持分法による投資利益	5,177
為替差益	1,675
その他	3,512
営業外収益合計	14,384
営業外費用	
支払利息	2,140
支払手数料	675
その他	3,281

売上高総利益率
＝34.5％

6【研究開発活動】

味の素グループは「グローバル健康貢献企業グループ」を目指し、人類の課題である「地球持続性」「食資源の確保」「健康な生活」の実現に向けて、事業を通じて貢献していきます。２０１４－２０１６中期経営計画では、高い付加価値を生み出す「スペシャリティ化」の推進によって安定的利益成長を実現させ、「グローバル食品企業トップ１０」レベルの事業を目指しています。

他社や既存のものにはない「スペシャリティ」を技術力によって先導すべく、「Ｒ＆Ｄのリーダーシップ」を成長ドライバーに位置づけ、高い成長が見込まれる「世界一の調味料技術」と「独自の先端バイオ」技術が活かせる領域に研究開発における経営資源を重点的に投資しています。また、新製品・新事業を効率的に生み出すため、社外の研究機関や企業とのオープンイノベーションを積極的に活用します。

当連結会計年度における味の素グループの研究開発費は３２，２２８百万円であります。

また、当社グループが保有している特許は国内外あわせて約４，１９０件であります。

当連結会計年度の各事業区分における研究開発活動の概要とその成果は次のとおりであります。

（1）　国内食品セグメント

味の素㈱の食品研究所が中心となり、味覚、嗅覚、食感など、「おいしさを構成する全ての要素」を俯瞰した技術開発、商品開発、およびそのアプリケーション開発を行っています。少子高齢化、世帯人数の減少、健康志向といった国内市場における潜在ニーズを掘り起し、当社独自の素材と技術および斬新な発想による価値提案型の新商品開発に取り組んでいます。

食品研究所は、クノール食品㈱開発技術センターや上海味の素食品研究開発センター社、味の素冷凍食品㈱研

売上高に占める研究開発費の割合
＝3.2％

業界によって変わる儲け方

最後は、製薬会社と食品会社の比較です。広い意味では両社とも製造業ですが、収益を上げる方法は大きく異なります。

製薬会社は、どれだけ他社に先駆けて新たな薬を開発し販売できるか、ということが経営の重要な要素となり、この特長は損益計算書にも表れています。売上高と研究開発費の比率を見ると、アステラス製薬が16・6％、味の素が3・2％で、製薬会社では多額の研究開発費が必要だとわかります。売上高総利益率は、アステラス製薬73・3％に対して味の素34・5％なので、一度薬が開発できれば大きな利益を生み出すことがわかります。

製薬会社では、研究開発に大きな投資が必要ですが、新薬を独占的に販売することで大きな利益を得ることができるのです。

アステラス製薬の貸借対照表（連結）

③【連結財政状態計算書】

（単位：百万円）

	注記	当連結会計年度（2015年３月31日）
資産		
非流動資産		
有形固定資産	15	202,869
のれん	16	136,337
その他の無形資産	17	295,844
売上債権及びその他の債権	22	15,588
持分法で会計処理されている投資		2,007
繰延税金資産	18	51,190
棚卸資産	21	[illegible],907
売上債権及びその他の債権	22	332,923
未収法人所得税		6,918
その他の金融資産	19	59,908
その他の流動資産	20	12,732
現金及び現金同等物	23	396,430
小計		965,819
売却目的で保有する資産	24	139
流動資産合計		965,958
資産合計		1,793,578

（単位：百万円）

	注記	当連結会計年度（2015年３月31日）
資本及び負債		
資本		
資本金	25	103,001
資本剰余金	25	176,822
自己株式	25	△86,997
利益剰余金		905,083
その他の資本の構成要素	25	220,007
親会社の所有者に帰属する持分合計		1,317,916
資本合計		1,317,916

自己資本比率
＝資本合計÷資産合計
＝73.5%

Point 2

自己資本比率はどのくらいか？

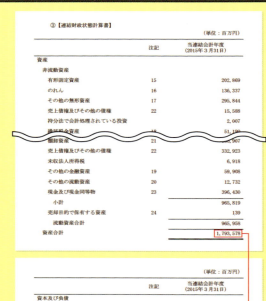

味の素の貸借対照表（連結）

1【連結財務諸表等】
（1）【連結財務諸表】
①【連結貸借対照表】

（単位：百万円）

	当連結会計年度（平成27年３月31日）
資産の部	
流動資産	
現金及び預金	168,294
受取手形及び売掛金	202,980
有価証券	608
商品及び製品	117,297
仕掛品	[illegible]
長期貸付金	2,820
繰延税金資産	3,986
退職給付に係る資産	698
その他	※2 10,784
貸倒引当金	△299
投資損失引当金	△186
投資その他の資産合計	143,244
固定資産合計	647,170
資産合計	1,255,090

（単位：百万円）

	当連結会計年度（平成27年３月31日）
負債の部	
流動負債	
支払手形及び買掛金	114,488
短期借入金	87,191
コマーシャル・ペーパー	15,000
1年内償還予定の社債	15,000
1年内返済予定の長期借入金	18,677
未払法人税等	7,725
賞与引当金	7,601
役員賞与引当金	[illegible]
株主資本合計	[illegible]
その他の包括利益累計額	
その他有価証券評価差額金	22,783
繰延ヘッジ損益	223
為替換算調整勘定	△4,655
退職給付に係る調整累計額	△14,465
その他の包括利益累計額合計	3,886
少数株主持分	73,913
純資産合計	743,489
負債純資産合計	1,255,090

両者とも自己資本比率が高くなっています

自己資本比率
＝純資産合計÷負債純資産合計
＝59.2％

借り入れもバランスが重要

アステラス製薬、味の素ともに貸借対照表で注目すべきは**自己資本比率の高さ**です。アステラス製薬が73・5％、味の素が59・2％です。このことは、**借り入れへの依存度を少なくして、稼いだお金の一部を投資してさらなる利益を生み出している**ことを意味しています。この状態は、手持ちのお金で借入金を全額返済できるということで**実質《じっしつ》無《む》借金《しゃっきん》**といいます。

実質無借金は安全性の面からみると、理想的です。ただし、あまりにも現金を積み上げすぎると、成長への投資機会を逃してしまうことにもなります。**実質無借金の状態を維持しながら、事業への投資機会を探ることが成長性を高めるために重要です**。

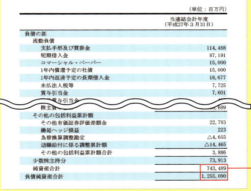

アステラス製薬のキャッシュ・フロー計算書（連結）

⑤【連結キャッシュ・フロー計算書】

（単位：百万円）

	注記	当連結会計年度 （自 2014年4月1日 至 2015年3月31日）
営業活動によるキャッシュ・フロー		
税引前利益		189,683
減価償却費及び無形資産償却費		65,474
減損損失及びその戻入益		10,329
金融収益及び金融費用		△4,019
棚卸資産の増減額		△18,150
売上債権及びその他の債権の増減額		3,912
仕入債務及びその他の債務の増減額		31,756
その他の調整		△23,048
営業活動から生じたキャッシュ・フロー		255,937
法人所得税の支払額		△68,251
営業活動による正味キャッシュ・フロー		187,686
投資活動によるキャッシュ・フロー		
有形固定資産の取得による支出		△24,159
有形固定資産の売却による収入		5,450
無形資産の取得による支出		△57,007
売却可能金融資産の取得による支出		△3,583
売却可能金融資産の売却による収入		9,739
子会社株式の売却による収入	33	—
利息及び配当金の受取額		2,291
その他		△4,207
投資活動による正味キャッシュ・フロー		△71,476
財務活動によるキャッシュ・フロー		
自己株式の取得による支出	25	△58,229
親会社の所有者への配当金の支払額	26	△62,146
その他		△744
財務活動による正味キャッシュ・フロー		△121,118
為替レート変動による影響		9,966
現金及び現金同等物の純増減額		5,057
現金及び現金同等物の期首残高	23	391,374
現金及び現金同等物の期末残高	23	396,430

無形資産の取得が大きな割合を占めている

キャッシュ・フロー計算書は

ここに注目！

Point 3

どのような投資を行っているか？

味の素のキャッシュ・フロー計算書（連結）

④【連結キャッシュ・フロー計算書】

（単位：百万円）

	当連結会計年度 （自 平成26年4月1日 至 平成27年3月31日）
営業活動によるキャッシュ・フロー	
税金等調整前当期純利益	79, 049
減価償却費	43, 376
減損損失	10, 486
のれん償却額	2, 201
受取保険金	△330
貸倒引当金の増減額（△は減少）	△56
その他の流動負債の増減額（△は減少）	1, 642
その他	4, 129
小計	117, 270
保険金の受取額	100
転籍に伴う退職金等	—
利息及び配当金の受取額	5, 370
利息の支払額	△2, 166
法人税等の支払額	△11, 344
過年度法人税等の還付額	28
営業活動によるキャッシュ・フロー	109, 259

（単位：百万円）

	当連結会計年度 （自 平成26年4月1日 至 平成27年3月31日）
投資活動によるキャッシュ・フロー	
有形固定資産の取得による支出	△45, 056
有形固定資産の売却による収入	1, 819
無形固定資産の取得による支出	△3, 875
投資有価証券の取得による支出	△129
投資有価証券の売却による収入	15
連結の範囲の変更を伴う子会社出資持分の取得による支出	※2 △91, 461
連結の範囲の変更を伴う子会社株式の取得による	—
その他	△1, 279
財務活動によるキャッシュ・フロー	52, 822
現金及び現金同等物に係る換算差額	12, 071
現金及び現金同等物の増減額（△は減少）	33, 762
現金及び現金同等物の期首残高	130, 028
新規連結に伴う現金及び現金同等物の増加額	1, 356
連結子会社の決算期変更に伴う現金及び現金同等物の増減額（△は減少）	13
現金及び現金同等物の期末残高	※1 165, 160

有形固定資産の取得が大きな割合を占めている

業種でさまざまなお金の使い方

キャッシュ・フロー計算書を見れば、業種によってお金の使いみちが異なることがわかります。重点的にお金を使っているのが何かということがわかれば、その業種で重要なことが見えてきます。

投資活動によるキャッシュ・フローに注目してみましょう。アステラス製薬の投資活動の中では無形資産の取得が大きな割合を占めています。**製薬業界のように技術が稼ぎの柱となる業種においては、特許権などで自社の技術を守ることがきわめて重要だから**です。システム開発やインターネット関連ビジネスなど、無形のものを販売する業種においても、自社の技術保護のため、同様に無形資産への支出が大きくなります。一方、一般的な製造業においては、機械の導入や工場の改修など有形資産への支出が中心となります。

おわりに

税理士として経営者の支援をしていると、決算書をうまく活用できている社長と、できていない社長との違いに気づきます。

前者は自社の強い部分、改善が必要な部分を正確に把握し、よりよい経営状態を目指して前進していきます。一方、後者は感覚だけで「なんとなく」経営をして、惰性で経営をします。年を追うごとに、両者には歴然とした差が生じてくるのです。

経営者に限らず、一般の社員でも、個人投資家でも同じことです。「正確に現状をつかんで、それを未来に活かす」。これが現代の情報戦で勝つ鉄則なのです。本書で学んだことを活かして、ぜひ、輝かしい未来を創っていってください。

税理士　中野　裕哲
税理士　渋田　貴正

資料

これだけは知っておきたい

決算書キーワード

決算書を読むうえで知っておくと便利なキーワードを、「初級」「中級」「上級」の3つに分けてまとめています。

知っておくだけで、決算書がぐんと読みやすくなりますよ。

初級編

必ず押さえておきたいキーワード

営業利益（率）

会社が本業で儲けた利益のこと。売上高から売上原価を引いた金額（売上総利益）から、販売費及び一般管理費を差し引くことで計算されます。ここが黒字であることが、会社を経営する上での最低条件です。営業利益が赤字（営業損失）であることは、会社が本業で赤字を出しているということです。また、営業利益を売上高で割ったものを営業利益率といいます。

経常利益（率）

本業以外の、通常の経済活動から生じる収益や費用を加味した利益のこと。営業利益から、営業外利益を加算して営業外費用を差し引くことで計算されます。ここが黒字であることは、会社全体として稼ぐ力があることを意味しています。経常利益を売上高で割ったものを経常利益率といいます。

損益分岐点

売上高と費用の金額がちょうど等しくなる点のこと。損益分岐点を超えれば、売上の増加に伴って利益も増加していきます。また、損益分岐点における売上高を損益分岐点売上高といいます。

資金繰り

会社にいつ、いくらお金が入ってきて、いつ、いくらお金が出ていくのかということを数か月先まで把握し、会社のお金が不足しないようにやりくりをすること。お金が足りなくなれば倒産の危険性もあるため、資金繰りは会社の存続にとって基本となる要素です。

黒字倒産

利益を上げている会社でも、売上代金の回収がうまくいかないことなどが原因で会社にお金がなくなった結果、支払いができなくなり、会社が潰れてしまうこと。会計上の売上計上のタイミングと代金回収のタイミングのズレが原因で発生します。黒字倒産をしないためには、資金繰りをしっかりと行うことが重要です。

株式

投資家が、投資の対価として受け取るもの。株式をもっている者を株主といいます。株主は、配当を受けたり、株式を売ったりすることで収入を得ることができるほか、株主総会で役員の選任などについて議決権を行使することで、経営に対して影響力を行使することができます。

中級編 知っておくと仕事に役立つキーワード

ステークホルダー

会社を経営する上で利害関係をもつ者のこと。取引先はもちろん、株主や金融機関、従業員など会社の活動によって影響を受ける者など、幅広い対象を指します。決算書には、ステークホルダーに会社の状況を伝える役割もあります。

粉飾決算

会社が、実態とは異なる数字で決算書を作成すること。利益を水増ししたり、貸借対照表の内容をよく見せようとしたりして行われます。納税額を減らすために実際の金額以上に経費を計上するなどの行為も、広い意味で粉飾決算といえます。

M&A

会社が他の会社を買い取ること。ほかの会社を消滅させて、自社の一部とする「合併」と、他社の株式を投資家から買い取って、自社の子会社とする「買収」の方法があります。M&Aは、市場における自社のシェアの向上や、自社にない部門を社内につくることなどを目的として行われます。

国際会計基準（IFRS）

全世界で共通して用いられる決算書作成のための会計ルールのこと。国ごとに異なっている会計ルールを統一することで、違う国同士の会社間の比較を可能にするなどの目的があります。日本では2011年から上場会社を中心に導入が進められています。

上級編 決算書分析に活用できるキーワード

ROA（総資産利益率）

会社が保有している資産をどれだけ有効に活用しているかを示す指標のこと。営業利益に受取利息と受取配当金を加算したものを、総資産で割って計算します。ROAが高いほど、資産を効率的に活用して利益を上げているといえます。

ROE（自己資本利益率）

株主が出したお金をもとにしてどのくらい有効に利益をあげているかということを示す指標のこと。当期純利益を株主資本で割って計算します。近年、株主の発言力が高まってきたことから、上場会社を中心に重要視されています。

た

さ

索引

英

あ

か

●著　者●
中野裕哲（なかの・ひろあき）
起業コンサルタント®、税理士、特定社会保険労務士、行政書士、CFP®。起業コンサルV-Spiritsグループ代表。年間200件の起業相談を受け、多くの起業家を輩出。窓口ひとつで起業や経営を支援する。起業に関する著書・監修書多数。

渋田貴正（しぶた・たかまさ）
2007年、東京大学経済学部卒業。大学卒業後、大手食品メーカーや外資系専門商社などに勤務。在職中に税理士、司法書士、社会保険労務士の資格を取得。2012年に独立し、司法書士事務所開設。2013年にV-Spiritsグループに合流。

●スタッフ●
本文デザイン　株式会社エディポック・柳田尚美
イラスト　原田雄也
編集協力　株式会社エディポック
編集担当　齋藤友里（ナツメ出版企画株式会社）

トコトンやさしい　決算書《けっさんしょ》の読《よ》み方《かた》

2016年10月24日　初版発行

著　者　中野《なかの》 裕哲《ひろあき》
　　　　渋田《しぶた》 貴正《たかまさ》
発行者　田村 正隆

発行所　株式会社ナツメ社
東京都千代田区神田神保町1-52　ナツメ社ビル1F（〒101-0051）
電話　03（3291）1257（代表）　FAX　03（3291）5761
振替　00130-1-58661
制　作　ナツメ出版企画株式会社
東京都千代田区神田神保町1-52　ナツメ社ビル3F（〒101-0051）
電話　03（3295）3921（代表）
印刷所　ラン印刷社

ISBN978-4-8163-6116-6　Printed in Japan

本書に関するお問い合わせは、上記、ナツメ出版企画株式会社までお願いいたします。

〈定価はカバーに表示してあります〉
〈乱丁・落丁本はお取り替えします〉